한반도평화연구원총서 1

북핵문제와 한반도 평화정착

윤영관·신성호 엮음

한울
아카데미

이 도서의 국립중앙도서관 출판시도서목록(CIP)은 e-CIP홈페이지(http://www.nl.go.kr/ecip)에서 이용하실 수 있습니다. (CIP제어번호 : CIP2008003506)

핵개발의 국제정치와 북핵문제

2006년 10월 9일 북한의 핵실험으로 한반도의 안보환경은 급변했다. 북한의 핵무기 및 핵프로그램을 완전 폐기하기 위한 베이징 6자회담의 틀은 유지되고 있지만, 우리는 핵무기를 가진 북한과 머리를 맞대고 살아가야 할지도 모를 운명에 처하게 되었다. 따라서 지금 한반도는 다른 어느 역사적 시점 못지않게 근본적인 변화의 기로에 있다.

북한은 1990년대 초 냉전종식 이후 상당한 질적 변화를 겪고 있다. 특히 러시아로부터의 경제원조가 끊어지면서 북한경제는 극심한 타격을 받았으며 경제체제 전반이 흔들리기 시작했다. 동구권 사회주의 국가들의 붕괴 및 전환과정을 목도하면서 그리고 외교적 고립하에서 북한의 위기의식은 깊어져만 갔고, 북한 당국자들의 핵개발에 대한 집착 역시 굳어졌다. 이는 1990년대 초반의 1차 핵위기와 2002년부터 시작된 2차 핵위기로 노정되었다.

지금도 2차 북핵위기를 해결하기 위해서는 수많은 난제를 풀어야 하는 상황이다. 이러한 변화의 과정에서 야기되는 정치·경제·사회적

파장을 우리는 이미 경험하고 있으며 앞으로 더 큰 문제들에 부딪치게 될 것으로 예상된다. 결국 핵문제가 협상을 통해 해결되고 북한이 연착륙을 하든, 아니면 핵협상이 실패하고 북한이 경착륙을 하든, 한반도는 상당한 변화의 소용돌이에 휘말리게 될 것이다.

그런데도 한국사회는 하루하루 터져 나오는 눈앞의 현안들에만 사로잡혀 좀 더 긴 안목으로 미래의 변화에 철저하게 대비하지는 못하고 있다. 때로는 희망사항과 객관적 현실이 혼동되기도 하고, 이념적 입장들 때문에 여러 가지 중요한 문제가 검토되지 못하는 한계도 엿보인다. 이제 우리는 다가오는 미래의 변화에 대비해서 차분하게 준비하고 대책을 마련해 발생할지도 모를 혼란을 미연에 방지해야 할 것이다.

이 같은 문제의식을 가지고 한반도평화연구원은 북핵문제에 대한 다면적인 분석을 시도해왔다. 북핵문제는 한반도 평화정착과 통일을 위한 핵심 과제라고 할 수 있기 때문이다. 우리가 북핵문제를 해결할 수 없다면 앞으로 다가올 한반도의 평화와 통일이라는 더 큰 도전을 감당하기 힘들 것이다.

최근 북한의 핵문제는 2단계 신고에서 3단계 비핵화 단계로 나아가는 길목에서 검증문제에 걸려 어려움을 겪고 있으며, 여전히 북핵문제는 언제쯤 완전히 해결될지 낙관하기 힘들다. 지난 1990년대 초반의 1차 핵위기 때는 김일성-카터의 극적인 평양 합의와 북미 간 제네바 합의를 통해 핵문제를 부분적으로 해소했다. 그러나 2002년 10월 북한의 우라늄 농축프로그램에 대한 북미 간의 논란으로 제2차 핵위기가 시작됐다. 수년 동안 진전이 없던 핵협상은 2007년의 2·13합의 이후 새로운 돌파구를 마련했다. 2005년 9.19합의에도 불구하고 2006년 미국의 금융제재와 북한의 미사일 및 핵실험으로 북핵문제는 벼랑 끝으로 내몰렸지만, 2·13합의는 이러한 악순환의 고리를 끊고 실질적인 협상의 진전을 가능하도록 했다는 점에서 의미가 있었다. 하지만 북한이 과연 그동안 만든 핵무기나 핵물질 그리고 우라늄 농축프로그램을 명백하게 밝히고, 이에 대한 철저한 검증을 수용하며 해체해나가는 전략적 결단을 내릴지는 누구도 장담할 수 없는 형편이다.

이러한 현실은 우리에게 북한 핵문제를 좀 더 차분하게 넓은 시야에서 접근할 것을 요구한다.

첫째, 핵문제가 국제정치에서 어떤 의미를 갖는지 분석해볼 필요가 있다. 우리 사회 일부에서는 핵문제를 감성적 민족주의 관점에서 접근하는 경향이 있는데 이는 핵문제의 근본을 오해하고 있음을 드러낸다.

둘째, 북한 핵문제를 이해하고 풀어가기 위해서는 이전에 비슷한 과정을 거쳤던 국가들의 경험을 되새겨볼 필요가 있다. 핵확산금지조약(NPT)에 의해 공식적인 핵보유국으로 인정된 5개국을 제외하고도 그동안 핵무기를 개발하고자 노력해온 몇몇 국가들이 있었는데, 이를 막고자 하는 국제적 노력이 성공했던 경우와 실패했던 경우의 원인과 과정에 관한 분석이 필요하다. 이 같은 국제적 사례들이 북핵문제 해결에 던져주는 시사점이 무엇인지도 살펴봐야 한다.

셋째, 1차 북핵위기가 발생한 지 벌써 15년이 지났으므로 지난 15년간의 경험이 우리에게 무엇을 말해주고 있는가를 정리해볼 필요가 있다. 특히 북핵 외교에 중요한 역할을 차지해온 미국과 중국의 외교정책은 무엇이었고 우리의 정책에 어떤 함의를 던져주고 있는지, 그리고 북핵문제와 관련된 한국사회 내부의 남남갈등을 어떻게 풀어갈 수 있을지를 탐구해보는 일이 중요하다. 한반도 평화정착의 핵심 과제인 북핵문제를 너무 미시적이거나 근시안적인 눈으로 접근하지 말고, 거시적이고 역사적인 맥락에서 입체적으로 접근해 대안을 제시하는 것이 이 책의 목적이다.

이 책은 총 3부로 구성되어 있다. 제1부에서는 핵문제를 어떤 시각에서 바라보아야 하는지를 다룬다. 우선 제1장에서 이근욱 교수는 국제체제의 불안정 요인으로서의 핵확산 문제를 고찰하고 있다. 북한의 핵실험으로 인해 동북아시아와 한반도에서 핵확산이 가속화될 가능성이 있으며, 이에 대해 많은 사람이 우려하고 있다. 하지만 냉전기간 동안 미국과 소련의 핵무기 증강은 상당 부분 안정적인 평화를 가져왔다. 그렇다면 국제체제의 측면에서 북한의 핵확산은 어떠한 의미가 있는가? 북한이 핵무기를 보유한다면 냉전기간과 같은 안정을 가져올 수 있을 것인가? 이 글은 북한의 핵개발은 냉전기와는 달리 국제체제의 불안정을 가져올 것이라고 주장한다. 북한은 다양한 요인 때문에 신뢰할 수 있는 핵전력을 구축할 수 없으며, 핵무기 사고를 유발할 가능성이 크고, 핵무기를 외부에 판매할 가능성도 있기 때문이라는 것이다. 그리고 새로운 핵확산은 국제적인 핵무기 경쟁을 초래하게 될 것이다. 만일 북한이 공격적 목표를 가지고 핵무기를 개발하였다면, 불안정성은 더욱 강화될 것이다.

국제정치의 핵심 주제인 전쟁과 평화의 문제에 대해 역사적으로 오랫동안 견해를 밝혀온 것이 기독교정치사상의 전통이다. 제2장에서 전재성 교수는 이러한 기독교 사상적 맥락에서 핵문제를 검토하고 있다. 그는 특히 북한 핵실험 이후 남북관계, 한반도 평화정착, 동북아 핵질서와 관련해 벌어지는 많은 사안에 대해 한국의 기독교가 취할 수 있는 입장에 대해서 논의한다. 핵과 폭력질서에 관한 기존의 입장은 크게 현실주의, 평화주의, 그리고 정전론으로 나뉜다. 특히 기독교는 핵평화주의의 원칙을 고수하면서도, 억제전략에 대한 조건부적 허용을 통해 핵정전론을 제시한 바 있다. 문제는 이러한 핵평화주의와 핵정전론을 통해 어떻게 궁극적인 평화에 도달할 것인가 하는 점이다. 라인홀트 니부어(Reinhold Niebuhr)는 여타 기독교 철학과 차별되는 입장에서 기독교적 현실주의(Christian Realism)를 주장했다. 니부어는 원칙상 기독교적 관점을 고수하지만, 핵문제나 국가 간 대립 등의 사안을 해결하기 위해서는 정치적 실천지가 필요하다는 점을 강조한 바 있다. 한편 20세기 중·후반부터 진행되고 있는 종교의 탈세속화의 경향은 장기적 조류로서 상당 기간 발전할 가능성이 높고, 그러한 상황에서 한국의 기독교는 근본주의 편향의 탈세속화의 한계를 넘는 새로운 조류를 보여줄 수 있으리라는 기대를 받고 있다. 더욱이 북핵문제와 같은 현실사안에서도 현실성과 기독교 원리를 종합한 한국적 기독교 현실주의를 통해 정책입안자들에게 도움을 줄 것이라고 전 교수는 기대한다.

제2부에서는 핵확산을 막고 핵무기를 제거하기 위해 국제사회가 보여온 노력을 남아프리카공화국의 비핵화 사례와 인도 및 파키스탄의 핵무장 사례를 통해 살펴본다. 제3장에서 조동준 교수는 1970년대 남아프리카공화국의 핵무기 개발은 1940년대 후반부터 지속된 백인 소수정권의 국제규범 위반에서 유래했음을 밝히고 있다. 1948년 집권한 민족당은 민족자결의 국제규범을 무시하고 나미비아를 불법 합병했고 인종차별 정책을 실시했다. 집권 민족당의 국제규범 위반은 국제사회의 무역제재와 정부 승인 거부를 초래하였고, 서남아프리카 민족해방세력에 대한 공산세력의 지원과 파병을 정당화하는 빌미를 제공했다. 국제사회의 제재와 개입은 내정불안과 안보 불안감으로 이어졌고, 집권

민족당은 1970년대 핵무기 개발로 대응했다. 역으로 남아프리카공화국의 핵무기 폐기는 집권 민족당의 국제규범 준수에서부터 시작되었다. 국제사회의 제재를 겪으면서 집권 민족당 온건파는 나미비아 불법 점거와 인종차별정책의 효용성에 대해 다시 생각하게 되었다. 결국 집권 민족당 온건파는 보수파의 반대를 극복하고 나미비아 독립을 약속했고, 이에 대응하여 쿠바와 구소련은 서남아프리카 민족해방세력에 대한 지원을 축소하고 철군했다. 이는 남아프리카공화국의 안보 불안감을 해소시켜, 핵무기 보유의 필요성을 제거했다. 결국 1991년 집권 민족당 온건파의 핵폐기 결정은 남아프리카공화국의 국제사회 복귀로 이어지는 계기가 되었다.

제4장에서 김준석 교수는 인도와 파키스탄의 핵무장과 관련된 역사적 과정을 고찰하며, 인도-파키스탄 사례가 북한 핵위기에 주는 의미를 분석하고 있다. 1998년 5월 인도와 파키스탄은 각각 핵실험을 통해 핵보유가 공식적으로 인정된 5대 핵보유국 이외에 처음으로 핵보유국으로서의 지위를 공개적으로 확보했다. 일반적으로 양 국가의 핵무장은 두 나라 간의 반세기에 걸친 분쟁과 갈등의 결과로 간주되어왔다. 하지만 양국 핵무장의 역사적 과정을 좀 더 자세히 살펴볼 경우 핵무장의 동기가 매우 복합적임을 알 수 있다. 인도의 경우 파키스탄과의 갈등 외에도 중국과의 대립, 국력에 걸맞은 강대국의 지위를 획득하려는 동기가 중요한 역할을 수행했다. 파키스탄의 경우 인도에 비해 열세인 재래식 전력의 불리함을 극복하려는 동기가 강력했지만, 1970년대 말 이후 파키스탄의 정국을 좌지우지하는 군부의 역할을 이해하지 않고서는 핵무장의 동학을 제대로 이해할 수 없다. 양국의 핵무장 결과에 대한 학자들의 평가와 예측도 엇갈리고 있다. 일부 학자들은 이들 국가

의 핵무장이 양국 관계의 안정을 가져올 것이라 예측한다. 하지만 1999년에 발생한 카르길(Kargil) 분쟁은 핵무장 이후에도 양국 간 안보갈등이 쉽게 해결되기 어렵다는 점을 보여주었다. 인도와 파키스탄의 핵무장 사례는 북핵위기를 이해하는 데도 일정한 도움을 주는데, 많은 이들이 인지하듯이 북한의 핵무장 노력은 북한이 처한 안보 딜레마를 해결하기 위한 노력의 일환으로 간주할 수 있을 것이다. 하지만 우리는 북한의 국내정치적인 상황, 특히 핵 선군주의를 내세우고 있는 북한 군부의 역할과 북한 지도부가 국제정치적인 위상 증진을 위해 핵무장이 필요하다고 이해하는 점들을 고려해야만 북핵위기의 본질에 대해 적절히 설명할 수 있을 것이다.

제3부에서는 북핵위기에 대한 국제적 해결노력과 각국의 정책을 살핀다. 우선 제5장에서 신성호 교수는 제1, 2차 북핵위기에서 미국이 보여준 정책을 비교 분석하고 있다. 신 교수는 1, 2차 북핵위기에 임하는 미국 정부의 입장이 클린턴과 부시로 상징되는 민주당과 공화당 행정부의 이념이나 정당 정책 차이의 수준을 넘어, 9·11테러 이후 근본적인 미국 외교안보 정책의 변화를 반영하고 있음에 주목한다. 클린턴 행정부가 전통적인 핵억지의 관점에서 1차 북핵사태에 접근했던 데 비해 부시 행정부는 9·11 이후 대량살상무기의 사용가능성이 한층 높아진 현실에 주목한다. 또한 클린턴 행정부는 체제생존의 수단으로 핵개발을 선택한 북한의 의도가 압도적인 미국의 핵능력에 의해 억지될 수 있다고 가정했다. 그러나 부시 행정부는 북한의 의도와 상관없이 북한의 핵능력 자체를 중시한다. 이러한 차이는 1, 2차 북핵협상에서 북한의 상징적 핵억지 능력을 어느 정도 묵인한 채 북한 핵능력의 동결에 중점을 둔 클린턴 정부의 제네바 합의와, 북한 핵능력의 완전무결한

폐기(CVID)를 목표로 한 부시 행정부의 2·13합의로 나타난다. 일부에서는 1차에 이어 2차 위기에서도 결국 북한이 핵을 포기하지 않을 것이라고 전망한다. 그러나 신 교수는 부시 행정부의 퇴진 이후에도 미국의 북핵폐기 목표는 변하지 않을 것이며, 이에 대해 북한의 현실적 판단과 한국 정부의 현명한 대응이 요구된다고 지적한다.

제6장에서 김흥규 교수는 북핵위기에 대한 중국의 정책을 분석하고 있다. 중국이 제1, 2차 북핵위기에 대응하는 과정에서 북핵문제에 대한 정책의 지속성과 변화는 어떠했는지, 그리고 그 정책의 특성을 결정하는 요인은 무엇이었는지 밝힌다. 김 교수의 글은 북핵문제가 처음으로 제기되기 시작한 1990년대 초의 시점에서부터 2007년 12월 말까지를 연구 대상으로 하고 있다. 1993년 본격적으로 쟁점화된 북핵문제는 현재도 진행형의 형태로 남아 있으며, 처리 결과에 따라 한반도의 미래는 물론이고 전 세계적 차원의 안보 구도를 변화시킬 수 있는 주요한 사안이다. 중국은 북핵위기과정에서 북한의 유일한 조력자이자 가장 직접적인 대북 영향력을 행사할 수 있는 국가로 간주되어왔다. 북핵과 관련한 중국의 외교정책은 방관자, 조언자, 균형자 및 중개자 등 보다 복합적인 역할을 수행해왔으며, 일반적인 인식보다는 더욱 적극적인 태도를 보였다. 물론 중국이 일반적으로 기대했던 것만큼 북핵위기의 촉발을 막지는 못했지만 북핵위기를 해소하는 과정에서는 주요한 역할을 수행하고 있다. 중국은 북한을 설득하기 위해 암시, 설득, 물자 제공, 조언 제공, 회유 등의 유화책뿐만 아니라 압력과 협박 등 다양한 수단을 동원했다. 특히 필요할 경우, 단호하고도 간결하게 자신들의 입장을 전하여 원칙을 관철시켰다. 제1차 위기 시에 중국은 상대적으로 양자 중심의 해결책을 선호했지만 이것이 한계에 부딪쳤다고 판단하자

UN 안보리를 활용한 다자적인 접근법을 인정하는 방향으로 선회했다. 북미 간의 관계 악화로 인한 북한의 국제적 고립감과 안보 불안이 북핵문제를 촉발시키는 주요한 계기가 되었을 가능성이 크고, 과거 호전된 남북 관계는 북핵문제의 발생을 제어할 정도의 견제장치로서는 미흡했다고 할 수 있다. 1, 2차 북핵위기 동안 미국은 국면을 타협 분위기로 전환시키는 데 가장 결정적인 역할을 수행했다. 김 교수에 의하면, 중국의 입장에서 보면 보다 보수적인 이명박 정부의 등장은 새로운 변수의 등장을 의미하며 북핵문제에서 불확실성과 불안정성을 가중시킬 것이라고 한다. 향후 중국 외교는 한국의 새로운 정권이 완고한 대북정책이나 강경책을 채택하여 상황이 악화되는 것을 방지하고, 북한에 대해서는 추가적인 상황악화 조치를 취하지 못하도록 압력을 취하면서 동시에 유인책도 강화할 것으로 보인다.

제7장에서 황지환 교수는 북한의 핵정책을 분석하고 북한 핵위기와 관련된 북한의 협상이 한국 정부에 주는 함의를 논의하고 있다. 1990년대 초반 북한 핵문제가 대두된 후 북한의 정책에 대한 다양한 설명이 제시되어왔다. 기존의 논의들이 핵위기의 본질을 제시하는 데 중요한 관점을 제시해준 것은 사실이지만, 북한이 보여준 핵정책의 변화를 설득력 있게 설명하는 데는 실패했다고 할 수 있다. 20년 가까이 지난 지금까지도 북한 핵문제가 현재진행형이라는 점은 국제사회의 정책적 처방이 그동안 근본적인 해결책을 제시해주지 못했다는 점을 의미한다. 따라서 핵문제에 대한 북한의 의도와 행동을 오해하고 당면한 상황에 대한 단기적 해법 중심으로 대응한다면 문제해결을 위한 장기적 처방은 매우 어렵고 잘못된 정책적 함의를 제시할 가능성이 높다. 이 장에서는 1990년대 초반 이후 현재까지 진행된 북한 핵위기의 과정과 이에 대한

북한의 정책변화를 살펴봄으로써 단기적 문제해결보다는 장기적인 시각과 대안을 제시한다. 특히 북한의 대내외적 인식을 분석하며, 북한의 인식 변화에 따른 핵정책의 변화를 분석한다. 마지막으로 유화책과 강경책 사이에서 변화하는 북핵문제에 대한 한국 정부의 대응책을 논의한다.

제8장에서 백종국 교수는 북한 핵문제가 한국사회의 남남갈등의 심화를 통해 국내정치에 미치는 영향을 분석하고 있다. 적지 않은 연구자들이 북핵문제를 남남갈등 촉발의 주요 원인으로 지적하고 있다. 이러한 관심사를 분석하기 위해 백 교수는 먼저 이 분야의 연구들을 정리하고, 언론보도 내용분석 자료를 통해 각 주장의 타당성을 검토했으며, 의제의 인과적 상호성을 정식화했다. 특히 제17대 대선을 둘러싸고 북핵문제를 명분으로 전개한 각 정파연합 간의 경쟁 사례를 소개했다. 이러한 경험적 자료의 검토 결과를 볼 때, 남남갈등은 이데올로기적 경쟁이라기보다 국내 권력투쟁, 즉 지배연합의 구성을 둘러싼 각종 세력들 간의 경쟁이라고 할 수 있다는 것이다. 또한 북핵문제는 햇볕정책의 피로감이라는 형태로 남남갈등을 악화시켰으며, 권력투쟁을 진행하는 각종 정파들이 북핵문제를 오히려 남남갈등의 명분으로 활용하고 있다는 점도 발견된다. 따라서 백 교수는 남남갈등의 해소책으로서 이데올로기적 관용의 일상화를 비롯해, 북핵문제와 권력투쟁의 분리 및 신냉전체제를 극복하려는 다양한 노력이 필요할 것이라고 제시한다.

이 책의 구상은 본인이 했지만 각 논문의 작성을 위해 수많은 내부토론과 대외공개포럼을 통한 의견교환이 있었다. 그 과정에서 적극적으로 협조해주신 필진들께 깊은 감사를 드린다. 특히 궂은일을 자원해주신 신성호, 황지환 교수, 행정적으로 수고해주신 한반도평화연구원의 임종헌 연구실장께도 감사드린다. 출판을 맡아주신 도서출판 한울 측에도 감사를 드린다. 많은 분들의 땀과 고뇌의 결실이 모여 한반도 평화의 꿈이 하루라도 빨리 이루어지기를 기원한다.

2008년 11월

한반도평화연구원 원장 윤영관

차례

제 1 부

핵문제, 어떻게 보아야 하는가

제1장

국제체제의 불안정 요인으로서의 핵확산

이근욱(서강대학교 정치외교학과)

1. 서론

지난 2006년 10월 9일 북한은 핵실험을 감행했다. 하지만 실험은 '부분 성공'이라고 평가되며, 폭발력과 효율성에 대해서 상당한 논란이 있다. 그러나 북한이 핵장치(nuclear device)를 제조했고 핵분열 연쇄반응을 촉발하는 초급기술을 확보했다는 사실은 부인할 수 없다.[1] 결국 한국을 포함한 전 세계는 북한이 아홉 번째 핵보유 국가로 등장했다는 사실을 인정해야 한다.[2]

---

1) 핵장치와 핵무기는 구분되는 개념으로서 핵무기는 전쟁에서 사용할 수 있는, 즉 무기의 형태로 조립된 핵폭발 장치를 의미한다. 보통의 경우 핵(核)이라는 표현은 핵무기를 지칭하지만 이 글에서는 핵장치와 핵무기를 포괄적으로 가리키는 용어로 사용하겠다.

2) 2008년 현재 핵을 보유한 국가는 미국·러시아·영국·프랑스·중국·이스라엘·인도·파키스탄·북한이다. 이 가운데 이스라엘은 공식적으로 핵실험을 하거

북한의 핵보유로 한국은 전혀 다른 상황에 직면하게 되었고 따라서 논의되어야 하는 문제도 이전과는 달라져야 한다. 지금까지 북핵문제 해결을 위한 다양한 논의가 있었다면 이제는 북핵이 가져올 결과에 대해서 논의해야 한다. 즉, 북한이 핵무기를 보유했다는 사실을 인정하고 어떠한 결과가 나타날 것인가에 대해서 논의해야 할 것이다.

현재 북한의 핵무기 보유에 대해서 모든 국가는 외교적 방법을 통해서 문제를 해결하려고 노력하고 있으며 대부분의 논의도 북한 핵문제의 해결책 모색을 중심으로 이루어진다. 즉, 북한의 핵보유를 방지하는 방법 또는 핵무기 포기를 유도하는 방법을 검토한다(조순구, 2005: 195~217; 하영선·전재성, 2006). 2005년 9월 19일 한국·미국·일본·러시아·중국·북한은 "한반도의 검증 가능한 비핵화를 평화적인 방법으로 달성한다"는 이른바 9·19공동성명을 발표했다. 17개월 동안 뚜렷한 진전이 없던 6자회담은 2007년 2월 13일에 가서야 '9·19공동성명 이행을 위한 초기조치'에 합의하면서, 핵시설의 폐쇄(shutdown)를 넘어서 불능화(disablement) 단계까지 규정하고 동시에 북한의 구체적 행동과 연계해 중유를 지원한다고 선언했다. 이후 2007년 10월 남북정상회담과 6자회담의 결과 9·19공동성명 이행을 위한 2단계 조치에 대한 합의가 이루어져 2007년 12월 31일까지 북한은 '모든 핵프로그램의 완전하고 정확한 신고'를 이행하기로 약속했다. 2008년 5월과 6월 북한은 핵무기 개발 및 영변 원자로와 관련된 문서 1만 8,000쪽을 미국에 제공했으며, 핵시

나 핵무기 보유 사실을 인정하지 않으면서, "중동지역에 핵무기를 도입하는 첫 번째 국가가 되지 않겠다"는 공식 입장을 고수하고 있다. 하지만 이스라엘이 핵무기를 보유하고 있다는 사실에는 의문의 여지가 없다. 북한 핵능력에 대한 분석으로는 전성훈(2005: 5~37)이 있다.

설 신고를 이행했다. 또한 북한은 미국 특사의 참관하에 영변 핵시설의 냉각탑을 폭파 해체했다. 이에 부시 행정부는 북한을 테러 지원국 명단에서 삭제할 의사를 표명했다. 하지만 기존에 추출한 플루토늄의 총량, 제조한 핵무기의 숫자, 우라늄 프로그램의 존재와 규모, 시리아에 대한 기술지원 문제 등을 둘러싸고 논란은 여전하다. 이와 함께 미국이 테러 지원국 명단에서 북한을 삭제하지 않자, 북한은 6자회담 합의가 이행되지 않는다는 이유로 2008년 8월 26일 핵시설 원상회복을 시작한다고 선언했다.

이런 과정에서 외교적 노력으로 북한 핵문제를 해결하려다 '한반도의 비핵화' 달성에 실패할 경우 나타날 결과에 대한 논의는 그다지 집중적으로 다루어지지 않았다. 물론 당위적으로는 이러한 외교적 노력을 통해서 비핵화에 성공해야 한다. 하지만 비핵화에 실패해 북한의 핵보유 상황이 지속되는 상황에 대한 논의도 필요하다.[3] 따라서 이 연구는 북한 핵문제에 대한 외교적 해법이 실패하고 북한이 핵무기를 보유하는 형태로 핵확산이 일어날 경우를 상정한다. 여기서 검토하려는 문제는 북한이 핵무기를 보유했을 때 나타나는 결과이다.[4]

문제의 핵심은 북한이 핵무기를 보유할 경우에 국제체제의 안정성은

---

3) 이러한 측면에서 통제된 핵확산 논의는 중요한 함의를 가진다. 이에 대한 연구로는 노병렬(2006: 103~136)이 있다.

4) 동시에 북한이 핵무기를 보유할 경우에 어떻게 사용할 것인가에 대한 논의도 필요하다. 일반적인 핵확산의 결과뿐만 아니라 핵보유의 결과에 대한 논의도 있어야 하며, 특히 어떠한 핵전략(nuclear strategy)을 선택할 것인가와 어떠한 지휘-통제 체제(command and control system)를 구축할 것인가를 논의할 필요가 있다. 이 가운데 두 번째 질문에 대한 연구로는 이근욱(2005: 97~111)이 있다.

어떠한 방식으로 변화할 것인가이다. 이에 대한 논의가 있어야만 우리는 한반도 비핵화에 실패해 북한이 핵무기를 보유하는 지금과 같은 상태가 지속되는 상황에서 나타나는 문제점을 파악하고, 그에 따른 대책을 마련할 수 있다. 따라서 핵심 질문은 북한이 핵무기를 보유하면서 한반도와 동북아시아는 안정성이 증가할 것인가, 아니면 불안정성이 증가할 것인가? 만약 불안정성이 증가할 경우에는 어떠한 요인 때문에 증가하는가? 대부분의 논의는 북한의 핵무기 보유가 가져오는 불안정성을 강조하고 있으며, 북한의 상황을 고려할 경우에 이러한 전망은 지극히 타당하다.

하지만 냉전기간 동안 미국과 소련이 핵무기를 보유하고 핵무기 군비경쟁을 했지만 평화는 유지되었다. 만약 냉전시기와 같은 상호억지와 공포의 균형이 가능하다면 북한의 핵보유는 한반도와 국제체제에 안정요인으로 작용할 것이다. 따라서 우리는 다음의 두 가지 질문에 답해야 한다. 우선 냉전시기의 핵평화는 어떠한 이유에서 가능했는가? 둘째, 북한으로의 핵확산은 어떠한 측면에서 차이를 보이는가? 북한 핵보유의 결과를 파악하기 위해서는 냉전기간의 '평화로운 경험'이 가능했던 원인과 북한의 핵무기 보유가 냉전시기의 경험을 되풀이할 것인가의 문제를 동시에 검토해야 한다.

필자는 북한이 스스로의 안전을 위해서 핵무기를 제조했다고 가정하겠다. 북한은 현상유지 국가로서 '미국과 한국의 위협'에 대해 방어적인 목적으로 핵전력을 구축했으며, 따라서 한국을 침공하는 데 자신의 핵무기를 사용하지는 않을 것이라고 가정한다.[5] 이와 같이 북한에

---

5) 현상유지 국가와 현상타파 국가를 구분하는 것은 매우 복잡하며 국제정치

'유리한 가정'에서 출발했는데도 핵확산의 결과가 국제체제의 불안정성을 강화한다면 북한은 현상타파 국가로서 공격적인 의도를 가지고 핵무기를 개발할 경우에 나타날 결과에 대해서는 더 이상 논의할 필요가 없다. 만약 북한이 현상타파 국가라면 북한의 핵무기는 국제체제의 불안정성을 결정적으로 증가시키고 전쟁을 가져올 것이다.

따라서 2절에서는 냉전시기의 경험에 대해 검토하고 미국과 소련 사이의 핵억지와 안정적인 국제체제에 대해서 논의하겠다. 이후 3, 4, 5, 6절에서는 북한이 핵무기를 보유한 상황에서는 냉전시기의 '평화로운 경험'이 반복되기 어려운 이유를 각각 검토하겠다. 7절에서는 북핵과 관련된 한국 내부의 두 가지 낭만적인 입장과 그 문제점을 지적하고, 마지막에서는 지금까지의 논의를 개괄하면서 정책적 함의를 도출하고자 한다.

2. 냉전기간의 경험: 미국과 소련의 핵경쟁과 평화

1945년 7월에는 미국이, 1949년 8월에는 소련이 핵무기를 보유했다. 이후 미국과 소련이라는 초강대국은 전 세계적 차원에서 45년 동안 경쟁했다. 양국은 최대 7만 개의 핵탄두를 보유했으나 핵무기는 사용하지 않았다.[6] 1962년 10월 쿠바 미사일 위기나 1973년 10월 4차 중동전

이론은 이 문제에 대해서 아직까지 명확한 답변을 하지 않았다. 중국이 현상유지 국가인가 또는 현상타파 국가인가를 이론적으로 분석하는 연구로는 Johnston(2003: 5~56)이 있다.

6) 핵무기가 가장 많이 존재했던 시기는 1986년이다. 미국과 소련은 7만 개

으로 인한 위기에서 미국과 소련은 상대의 행동에 신경을 곤두세웠고 긴장이 고조되었지만, 위기는 수습되었고 핵전쟁은 벌어지지 않았다(Lebow and Stein, 1994; Gaddis, 1997). 전반적 긴장이나 극단적 위기상황에서도 미국과 소련은 핵무기를 사용하지 않았고 따라서 대규모 전쟁은 발발하지 않았다. 이런 현상은 '장기적인 평화(the Long Peace)'라 불린다. 이와 같은 평화는 두 강대국이 존재하는 양극체제(bipolarity)와 함께 강력한 파괴력을 가진 핵무기 때문에 가능했다(Gaddis, 1986: 99~142).

미국과 소련은 핵무기를 이용해 서로를 위협했고 동시에 상대방의 공격적인 행동을 억지하는 데 성공했다.[7] 미국과 소련은 대규모 핵전력을 보유했기 때문에 상대방이 선제공격을 감행한다고 해도 모든 핵전력을 상실하지 않을 수 있었다. 또한 보유 핵전력을 다양한 방식으로 배치했고 따라서 높은 수준의 핵전력 생존성(survivability)을 확보했다. 예를 들어 1962년 미국은 2만 7,000개 그리고 소련은 3,300개의 핵무기를 보유했고, 따라서 미국이 소련을 공격해 소련이 보유한 핵전력을 완전히 파괴하거나 반대로 소련이 기습해 미국의 핵전력을 완전히 파괴하는 것은 불가능했다. 그리고 핵전쟁이 발발할 경우에는 미국과 소련에서 각각 1억 명의 사상자가 발생하고 유럽에서는 5,000만 명의 사상자가 추가로 발생했을 것이다(Allison and Zelikow, 1999: 1). 다른 연구에 따르면, 1987년의 시점에서 소련이 미국을 기습해도 미국의

가량을, 그리고 다른 여러 국가들이 1,000개가량을 보유했다(Norris and Kristensen, 2006: 64~66).

7) 하지만 1950년대 미국은 보복위협을 통해서 소련을 억지하기보다는 작전의 차원에서 소련에 대한 선제공격을 계획했다. 당시 미국의 핵전쟁 계획에 대해서는 Rosenberg(1983: 3~71)의 연구가 있다.

핵탄두 가운데 4,435개가, 반대로 미국이 소련을 기습할 경우에도 소련의 핵탄두 가운데 847개가 남아 있게 된다. 그리고 생존 핵탄두의 파괴력은 각각 1,411메가톤과 532메가톤으로 상대방을 완전히 파괴할 수 있었다(Salman, Sullivan, and Van Evera, 1989: 214~215).

특히 1960년대 이후의 상황은 흔히 상호확증파괴(MAD: Mutual Assured Destruction)라 불리며, 기본적으로는 핵무기를 사용해 상대방을 선제공격하기보다는 보복위협을 통해 평화를 유지하는 것이다(Jervis, 1989; Glaser, 1990). 즉, 핵무기를 사용해 상대방의 핵전력을 파괴하고 핵전쟁에서 '승리'하는 것이 아니라 상대방이 공격할 경우에도 자신의 잔존 핵전력을 가지고 상대방에 대한 '보복공격을 위협'하는 것이었다. 또한 보복공격의 위협이 가장 중요한 수단이기 때문에 상대방을 공격할 경우에도 상대의 핵전력과 같은 군사목표물을 공격하는 군사목표물 공격설정(counterforce targeting)이 아니라 상대방의 도시와 산업시설과 같은 주요 가치를 공격하는 가치목표물 공격설정(countervalue targeting)이 이루어졌다.[8]

덕분에 냉전기간 동안 매우 안정적인 평화가 가능했다. 미국과 소련의 핵무기 경쟁은 보복 중심의 핵전력 덕분에 위기와 전쟁으로 이어지지 않았고 냉전은 소련의 소멸과 함께 종식되었다. 미국과 소련은 상대방에 대한 두려움을 가지고 있었지만 그 두려움이 강렬한 민족주의와 결합해 나타나지는 않았다. 공산주의에 대한 증오심과 두려움 그리고

8) 목표설정과 관련된 논의는 냉전기간에 많이 이루어졌으나 냉전 이후에는 사실상 거의 존재하지 않는다. 그 가운데 중요한 연구로는 Ball and Richelson (1986)과 Glaser and Fetter(2005: 84~126)가 있다.

자본주의 팽창에 대한 공포심과 사회주의 체제의 생존을 위한 노력은 그 자체로서 존재했지만, 이것이 민족주의적 열정으로 확대되지는 않았으며 핵무기 경쟁을 강화하지 않았다. 프랑스의 경우에 핵무기 개발은 프랑스라는 국가의 자부심(prestige)과 결부되어 추진되었다. 하지만 이러한 강대국으로서의 상징으로 핵무기가 가지는 매력 자체는 냉전시기 민족주의와는 별도로 작용했으며 특히 선진 산업국가에서는 이와 같은 핵무기와 민족주의의 연관성이 두드러지게 나타나지 않았다.[9)]

동시에 미국과 소련은 최대 7만 개 정도의 핵무기를 보유했지만 단 한 번도 핵무기 폭발사고와 그로 인한 위기는 없었다.[10)] 자료가 공개되어 있는 미국의 경우에 몇 차례의 핵무기 사고가 있었지만 핵폭발 또는 그로 인한 대규모 위기로 비화되지 않았다. 예를 들어 1962년 쿠바 미사일 위기 당시 미국전략공군(SAC: Strategic Air Command) 소속 폭격기가 소련 영공을 침범했으나 무사히 빠져나왔다. 한편 1968년 1월 그린란드 상공을 초계 중이던 미국 핵폭격기가 기계고장으로 그린란드 툴레(Thule)의 NATO 조기경보시설에서 10km 정도 떨어진 지점에 4개의 수소폭탄과 함께 추락했으나 핵폭발은 없었다.[11)]

미국과 소련은 엄격한 조직과 기술력을 동원해 핵무기 사고를 방지하

---

9) 프랑스의 경우에 이러한 연관성은 드골(Charles de Gaulle) 특유의 정치행태에서 비롯되었다. 이 사안에 대한 연구로는 Gordon(1993)이 있다.

10) 폐기처분된 핵무기까지 포함하면 제조되었던 핵무기의 전체 숫자는 12만 8,000개에 달하며, 이 가운데 미국과 소련은 97%인 12만 4,160개 정도를 제조했다(Norris and Kristensen, 2006).

11) 다양한 핵무기 사고와 관련된 연구로는 Sagan(1994)이 있다. 소련의 핵무기 사고에 대해서는 많은 것이 알려져 있지 않으나 미국보다 많은 숫자의 사고가 있었을 것으로 추정된다.

기 위해서 많은 노력을 기울였으며, 동시에 안정적인 지휘 - 통제 체제와 핵전력의 안정성을 향상시키기 위해서 많은 투자를 했다. 냉전 초기 소련은 미사일 기술에 주력했고 결국 1957년 스푸트니크(Sputnik) 발사에 성공했다. 그 다음해인 1958년에는 스푸트니크 발사에 사용했던 로켓에 기초해 세계최초의 대륙간탄도미사일(ICBM: Inter-Continental Ballistic Missile)인 R-7의 대량생산을 시작했다. 그리고 1961년 4월 소련은 가가린(Yuri Gagarin)의 우주비행과 안전한 귀환을 성공적으로 완수하면서 자국의 미사일-로켓 기술을 과시했다(Harford, 1999; Siddiqi, 2003). 반면 미국은 핵미사일 탑재 잠수함 기술 개발에 주력했고, 탄도미사일 경쟁에서는 뒤처졌지만 대신 1954년 9월 최초의 원자력 잠수함인 노틸러스(USS Nautilus)를 배치했으며, 1958년 8월 96시간 연속 수중항해 끝에 태평양 지역인 베링 해협에서 출발해 대서양 지역의 그린란드까지 북극 항주에 성공했다. 1960년 미국은 조지 워싱턴 급(George Washington Class) 잠수함을 진수했고 잠수함 탑재 전략미사일(SLBM: Submarine Launched Ballistic Missile)을 배치했다. 이를 통해 미국과 소련은 자국의 핵전력이 갖는 안정성을 기술적 차원에서 해결할 수 있었다.

또한 조직 차원에서도 정치적인 신뢰성을 강화하고 동시에 최고지도자의 명시적인 결정 없이는 핵무기를 사용하지 못하도록 여러 제도를 강화했다. 예를 들어 최소한 2인 이상의 장교가 핵무기 사용명령을 서로 독립적인 경로를 통해서 확인하고 상호 동의한 경우에만 핵무기를 사용할 수 있게 하는 2인규칙(Two Men Rule)을 확립했다. 소련의 경우에 핵무기 사용권한을 직업군인인 전투지휘관과 소련 공산당 소속의 정치장교(Political Officer)에게 동등하게 부여했다. 즉, 소련은 국가 최고지도자의 명령이 군부에 의해서 명확하게 이행되는 것을 보장하기 위해 군부 내부의 명령계통과 함께 정치조직인 공산당 조직을 추가로 사용했다(Meyer, 1987). 또한 핵무기 사용명령 확인장치(PAL: Permissive Action Link)를 개발해 평상시에는 핵무기에 대한 접근성이 제한되도록 했다. 동시에 이 장치를 이용해 유사시에 최고지도자가 핵무기 사용을 결정할 경우에는 이러한 결정에 따른 사용명령과 접근권한이 핵무기를 사용해야 하는 지휘관에게 명확하게 전달되도록 했다(Stein and Feaver, 1987).

한편 미국과 소련은 다른 국가에게 핵무기 또는 핵무기 기술을 판매하지 않았다. 대신 자국이 신뢰할 수 있는 동맹국에 한해 매우 제한적으로 핵무기 기술을 제공했다. 미국의 핵무기 개발계획인 맨해튼 계획(Manhattan Project)에는 미국의 동맹국인 영국과 프랑스 과학자들이 참가했고, 전쟁 이후 영국과 프랑스는 자국 출신의 참가 과학자를 중심으로 핵무기를 제조했다. 소련은 미국이 공개한 핵무기 관련 정보와 자체 기술력으로 핵무기를 개발했다(Holloway, 1994). 중국은 1950년대 소련의 원조로 핵무기 개발을 추진했지만, 중소분쟁으로 소련이 지원을 철회하자 독자기술로 고농축우라늄에 기초한 핵무기를 제조했다(Lewis and Litai, 1988; Zhang, 1999: 194~215). 1970년대로 접어들면서 핵무기 기술의 공개로 인도와 파키스탄은 외부의 직접적인 도움 없이 독자기술로 핵무기를 제조했다. 오히려 핵확산 과정에서 가장 중요한 역할을 했던 국가는 미국이나 소련이 아닌 프랑스로서, 이스라엘과 한국 그리고 이라크는 프랑스를 통해서 핵무기 계획에 필요한 기술을 획득했다. 이들 가운데 이스라엘은 1960년대 중반 프랑스 기술에 기초해 핵무기 개발에 성공했다(Hersh, 1991; Cohen, 1998). 한국은 1970년대 초반에 시도했지만 중도에 포기했고 이라크는 1980년대 초반 이스라엘의 기습 공격으로 1차적으로 좌절했으며 1990년 걸프전쟁(Gulf War)으로 핵무기 개발 자체를 완전히 포기했다. 이처럼 냉전기간 동안 미국과 소련은 핵무기를 판매하지 않았다. 또한 자신들이 제공한 원자력 발전기술과 기타 상업기술의 군사적 응용을 적절하게 통제했고 덕분에 1960년대 이후 30년 동안 핵확산 추세를 억제하는 데 성공했다.

냉전기간 동안 미국과 소련은 서로 상대방 진영의 혼란을 야기하고 상대방이 관여한 전쟁을 장기화하기 위해 노력했다. 예를 들어 소련은 북베트남에 군사원조를 제공하는 등 다양한 테러 집단을 지원했고, 미국은 아프가니스탄의 무자헤딘 게릴라에 무기를 공급했다. 하지만 이러한 과정에서도 핵무기와 관련된 기술은 전혀 제공하지 않았다. 동시에 동맹국에 대해 군사원조를 할 경우에도 1950년대를 제외하고는 핵무기를 제공하지는 않았다. NATO 국가 특히 1955년 이후 창설된 서독군에는 사실상 핵무기를 제공했고, 핵무기 사용의 측면에서 서독군의 독자권한을 묵시적으로 인정했다. 하지만 이러한 핵사용 권한의 이양은 서독군과 같이 '훌륭한 군대(professionally competent military)'에 한정되었다.[12] 하지만 다른 NATO 국가와 한국군에 이러한 핵무기에 대한 접근권한이 주어졌다는 증언은 없다. 1960년대에 들어서 서독이 보유했던 사실상의 핵전력은 미국 케네디 행정부가 해외배치 핵전력에 대한 통제권을 강화하면서 소멸되었다.[13]

---

12) 당시 서독군이 누리고 있었던 특별한 지위는 다음의 에피소드에서 잘 드러난다. 서독공군 소속 비행사가 서독공군 소속의 단거리 폭격기 조종석에 앉아 미국이 제공한 핵폭탄을 탑재한 상태로 활주로 끝에서 출격명령을 기다리고 있었다. 이 상황에서 미국이 가지고 있는 핵폭탄 통제권은 비행기 옆에서 소총을 가지고 폭탄을 '경비(guard)'하고 있는 단 한 명의 사병에 지나지 않았다(Trachtenberg, 1999: 195).

문제는 이와 같은 안정적인 핵억지 상황이 계속 유지될 수 있는가이다. 특히 북한이 핵무기를 보유할 경우에 미국과 소련이 냉전기간에 누렸던 것과 같이 안정적인 평화가 유지될 수 있는가이다. 과연 북한이 안정적인 핵억지 전력을 구축할 수 있는가? 과연 북한이 핵무기를 판매하지 않을 것인가? 과연 북한이 안정적인 핵무기 관리를 수행할 수 있는가? 이러한 질문에 대한 답변에 따라서 북한이 만들어낸 핵무기가 초래하는 결과가 달라질 것이다.

3. 북한 핵개발에 대한 평가 1: 억지력을 신뢰할 수 없는 핵전력 구축

핵억지가 안정적으로 유지되기 위해서는 북한의 핵전력이 매우 높은 생존성을 가지고 있어야 한다. 우선 기술적으로 상대방의 선제공격으로 자신이 보유하고 있는 핵전력이 매우 짧은 시간에 파괴되지 않아야 한다. 기술적 생존성을 향상하는 방법으로는 우선 핵전력의 크기를 확대해 보유하고 있는 핵무기의 숫자를 증가시키는 방법이 있다. 또한 보유 핵전력을 지상에 배치하지 않고 지하에 구축한 탄도미사일 기지나 또는 해저에서 작전하는 잠수함에 탑재하는 방식이 있다.[14)]

---

13) 아이젠하워 행정부 당시 미국은 유럽동맹국 가운데 일부(서독) 국가는 핵무기를 보유해야 한다고 결정했다. 유럽 방어를 위해서 핵무기를 적극적으로 사용한다는 결정은 1954년 12월 북대서양조약기구(NATO) 최고위원회의 결정과 그 결정을 문서화 한 MC48에 의해서 추진되었다.

14) 바로 이러한 이유에서 미국과 소련은 각각 3만 개 이상의 핵무기를 제조

둘째, 핵전력 지휘-통제 체제의 측면에서 핵무기 사용권한은 극소수의 인물에게 집중되지 않아야 한다. 사용권한이 집중되지 않도록 하기 위해서는 우선 권한을 상당 부분 분산하거나 아니면 유사시에 대비해 사용권한의 승계가 자동적으로 이루어지도록 명시적인 제도화가 필요하다.[15)]

문제는 과연 북한이 핵전력의 기술적인 생존성을 달성하고 지휘-통제 체제의 권한분산 또는 승계를 제도화할 수 있는가이다. 우선 기술적 생존성의 측면에서 북한은 현재 충분한 숫자의 핵무기를 제조하거나 또는 생존성이 높은 형태로 자신의 핵전력을 배치할 수 없다. 2007년 현재 북한이 보유하고 있는 핵무기 숫자에 대한 정확한 추정은 불가능하지만, 추출한 플루토늄의 양을 최대 50kg 최소 30kg으로 추정한다면 제조한 폭탄은 10개 정도로 추정되며 실제로는 2~3개 정도에 불과할 가능성이 크다.[16)] 즉, 충분한 숫자의 폭탄을 제조해 기습공격의 피해를

했으며 동시에 지하에 대륙간탄도미사일을 배치했고 잠수함에도 탄도미사일을 배치했다. 영국과 프랑스는 잠수함에 탄도미사일을 배치했으며, 중국은 지하에 미사일 기지를 건설했다.

15) 냉전기간 동안 서방국가는 대통령 또는 국가원수의 유고(有故)에 대비해서 군사력 통수권한 승계절차와 승계순위 그리고 승계조건을 헌법과 같은 최고법에 규정했다. 예를 들어 미국의 경우 1974년 8월 9일 닉슨(Richard M. Nixon) 대통령이 사임했던 상황에서 핵전력 지휘-통제 권한은 자동적으로 부통령인 포드(Gerald Ford)에게 승계되었고 이 과정에 어떠한 갈등도 존재하지 않았다.

16) 현재 가장 널리 수용되는 추정치는 '10개 미만(below 10)'이다. 자세한 추정은 Norris and Kristensen(2005: 64~67)에 나와 있다. 추출한 플루토늄의 양에 대해서 북한은 최소치인 30kg를 고집하고 있으나 미국을 비롯한 많은 기술전문가들은 110파운드, 즉 50kg 정도라고 추정한다. 이에 대한 기술

상쇄하는 것은 현재로서는 불가능하다.

핵확산의 안정성을 주장하는 학자들은 소규모 핵전력은 은폐와 엄폐(cover and concealment) 등의 방법으로 생존성을 높일 수 있다고 본다. 하지만 이러한 주장은 북한의 경우에는 통용되기 어렵다. 현실적인 차원에서 북한의 상대방은 한국과 미국으로서 세계에서 가장 정교한 군사력을 보유한 동맹국이다. 소규모 핵전력을 은폐 또는 엄폐하면 위치를 파악하기 힘든 인도와 파키스탄과는 다른 차원의 능력을 가지고 있으며, 동시에 이를 타격하는 데 필요한 충분한 군사력을 보유하고 있다.[17] 물론 북한의 산악지형은 은폐와 엄폐에 상당히 유리한 요인으로 작용한다. 하지만 북한 미사일과 공군전력은 기본적으로 이동성이 떨어지기 때문에 은폐와 엄폐로 인한 생존성 제고 효과는 반감된다. 특히 산악지형으로 인한 도로 및 철도 부족과 연료 부족은 계속해서 이동하면서 생존성을 제고하는 스커드미사일과 그에 기초한 노동 미사일의 생존성 자체에 제약조건으로 작용한다.

또한 북한은 잠수함에 핵무기를 배치하는 형태로 핵전력 생존성을 제고할 수 없다. 현재 북한은 잠수함에서 핵무기를 발사하는 기술을 가지고 있지 않다. 잠수함에서 발사하는 탄도미사일 또는 순항미사일을 보유하고 있지 않으며 이를 개발하기 위한 노력을 기울이고 있지 않다. 북한이 노력을 기울이는 방식은 대포동이나 노동 미사일과 같이 지상발

적인 연구로는 Hecker(2006)가 있다.

17) 오늘날 일부 학자들은 미국이 다른 핵무기 보유 국가의 보복공격을 우려하지 않고 선제공격을 통해서 상대방의 핵전력을 완전히 파괴할 수 있는 능력을 보유하고 있다고 평가한다. 이러한 평가에 대한 상세한 논의로는 Lieber and Press(2006: 7~44)가 있다.

사 탄도미사일로서 잠수함에서는 사용할 수 없는 기술이다. 동시에 북한이 보유하고 있는 잠수함은 1960년대 이전의 로미오(Romeo) - 위스키(Whiskey) 급 함정으로서 탄도미사일을 탑재하거나 발사할 수 없다. 게다가 북한은 최소한 지난 10년간 탄도미사일 개발에서 많은 어려움에 직면했다. 사정거리가 1,000~1,300km로 한반도와 일본을 공격할 수 있는 노동 미사일은 사정거리 700km의 소련제 스커드 D 미사일을 연장한 형태로 1993년 5월 실험에 성공했다. 하지만 사정거리 2,000km인 대포동 1호와 미국 본토를 공격할 수 있는 8,000km의 대포동 2호 미사일은 1998년 8월과 2006년 7월에 있었던 실험에서 실패했다.[18)]

북한의 '핵억지력'이 가지는 가장 심각한 문제는 기술적 생존성이 아니라 바로 지휘-통제 체제 때문에 발생한다. 현재 북한 특유의 독재 체제에서는 핵무기 사용권한은 어떠한 경우에도 사전 위임될 수 없으며 항상 김정일 일인에 의해서 행사되어야 한다. 1인독재 체제로 어느 누구도 신뢰할 수 없고 특히 권력의 핵심인 군사력은 김정일 개인이 신뢰할 수 있는 인물이 통제하고 있다. 그리고 군부의 행동에 항상 신경을 곤두세우며 김정일 자신에 대한 도전을 미연에 방지하기 위해 선군정치(先軍政治)와 같은 군부 우대조치와 함께 다양한 쿠데타 방지조

---

18) 1998년 8월 발사한 대포동 1호에 대해서 북한은 인공위성 발사로켓이라고 주장했으나 북한의 인공위성은 궤도에 진입하지 못했다. 즉, 대포동 1호는 발사 후 2단 로켓까지는 비행에 성공했으나 3단 로켓이 작동하지 않아서 성층권에서 실패해 목표물까지 정확하게 진입하지 못한 것으로 추정된다. 2006년 7월의 실험에서 북한은 모두 7기의 미사일을 발사했으며, 그 가운데 스커드미사일과 노동 미사일은 성공적으로 비행했지만 대포동 2호는 발사 후 42초 만에 공중에서 폭발했다.

치를 마련하고 있다. 즉, 북한은 주관적 군부통제(subjective military control)를 실행하고 있다.

따라서 군부에게 핵무기 사용권한을 사전에 위임할 수 없다. 군부의 도전을 예방하고 일단 도전이 발생할 경우에 이를 제압하기 위해서는 군부를 분열시키고 끊임없이 감시해야 한다. 대개의 경우 이러한 조치는 군사적 효율성을 감소시키고 따라서 대외적 위기를 가져온다. 하지만 정권유지를 위해서는 이러한 주관적 군부통제 그리고 군부에 대한 의도적인 분열과 감시는 필요하다. 군부와 민간정치인이 서로 신뢰하지 못하기 때문에 군사적 효율성이 감소하고 동시에 핵전략에서도 심각한 문제가 발생하게 된다(Quinlivan, 1999: 131~165). 군부에게 핵무기 사용권한과 접근성을 보장할 경우에는 군부가 이를 이용해 정권에 도전할 가능성이 있기 때문에 이러한 가능성을 사전에 예방하기 위해서 사용권한은 정치 지도자가 독점적으로 그리고 그 어떠한 경우에도 위임하지 않는 형태로 보존된다.

이러한 현상이 나타난 가장 극심한 그리고 가장 최근의 사례로는 2003년의 이라크전쟁이 있다. 사담 후세인은 정권의 안정을 위해서 정규 이라크 육군과 병행해 공화국수비대(Republican Guards)를 유지했으며, 동시에 자신이 신뢰하는 바트 당 당원으로 사담민병대(Fedeyeen Saddam)를 창설하고 자신의 아들에게 지휘권을 부여했다. 그 결과 이라크 정규군은 공화국수비대와 협력해 작전을 펼치지 않았으며, 전략적으로 무능하지만 사담 후세인에 대한 충성심이 강력한 지휘관들은 미국과 영국군을 막아내지 못했다(Kevin Woods et al., 2006).

북한의 경우에도 이와 같은 현상이 나타날 가능성이 매우 높다. 상대방을 신뢰할 수 없는 상황에서 정권에 도전하는 사태를 예방하기 위해 핵무기 사용권한은 매우 어렵게, 그리고 매우 개인적인 확인절차를 통해서 부여될 것이다. 따라서 핵무기 사용은 군사적 상황을 종합해서 판단하는 군사조직이 아니라 김정일이 개인적으로 통제하고, 그 지휘권은 무능하지만 자신에 대한 개인적 충성심이 높은 인물에게 부여될 것이다. 김정일 일인만이 가지고 있는 비밀번호를 입력해야만 핵무기 사용이 가능한 형태로 권한은 극도로 집중될 것이다. 핵무기를 관리하는 조직은 기존 군사조직과는 독립적인 지휘체계와 명령계통을 가지고 오직 김정일 개인에게만 충성하는 사병(私兵)의 형태로 구성될 것이며 이에 추가적인 감시체제가 부과될 것이다.

동시에 핵무기 사용권한 승계와 관련된 모든 결정은 북한의 향후 권력자가 누구인가를 결정하는 문제이기 때문에 지금과 같이 김정일 이후 권력구도가 결정되지 않은 상황에서 사전에 결정하는 것은 불가능하다. 정치적 승계과정이 제도화되어 있지 않은 상황에서 가장 중요한 군사력을 통제한다는 사실은 결국 정치권력 전체를 승계한다는 것을 의미한다. 따라서 핵무기 사용권한은 북한의 권력구도가 결정되어야만 승계될 수 있다. 2008년 9월 초 등장한 김정일 건강 이상설의 경우에서 잘 나타났듯이, 김정일 개인이 가지고 있는 권력이 어느 순간에는 아들 가운데 하나를 후계자로 삼아 승계되겠지만 격렬한 권력투쟁의 결과로 이루어질 가능성이 크다. 하지만 아직까지도 구체적인 승계구도가 떠오르지 않고 있으며 덕분에 북한의 핵무기 사용과 관련된 불확실성과 모호성 그리고 불안정성은 그만큼 강화되고 있다.[19]

19) 김일성에서 김정일로 넘어가는 권력승계는 이미 1967년에 시작되어 김정일이 조선공산당 조직부장을 거쳐 1974년 현 정치국원인 당 정치위원회

따라서 바로 이러한 문제점 때문에 북한은 기습공격에 매우 취약하다. 기술적인 문제로 대규모 핵전력을 보유할 수 없으며 동시에 정치적인 문제로 소규모 핵전력에 대한 사용권한은 김정일 일인에 집중된다. 상대방이 소규모 핵전력을 파괴하거나 아니면 김정일을 제거해 북한의 핵전력을 무력화하는 것이 가능하다. 핵무기를 동원한 선제공격이 아니라 재래식 정밀폭격으로 이러한 목표를 달성할 수 있다.[20] 이러한 취약성은 위기가 발생할 경우에는 북한의 공격적인 행동으로 이어질 것이다. 자국의 핵전력이 상대방의 기습공격으로 쉽게 파괴될 수 있기 때문에 북한은 차분하게 외교적 해결방안을 모색하기 어렵다. 공격적인 의도를 가지고 있지 않고 오직 생존만을 고려한다고 해도, 위기상황에서 시간이 지나면 지날수록 북한 핵전력의 취약성은 증가하며 미국과 한국의 방어목적의 공격에 가장 중요한 군사력을 사용하지도 못하고

위원과 1975년 '공화국 영웅'의 칭호를 획득하면서 체계화되었다. 이러한 과정에서 아버지 김일성은 건재했으며, 1980년 공식적인 2인자로 그리고 '친애하는 지도자 동지'로 호칭되었고, 1991년 조선인민군 최고사령관 그리고 1994년 국방위원장에 선출되는 과정을 승인했다. 그 결과 1994년 7월 김일성이 죽자 김정일은 김일성의 권력을 승계하는 데 아무런 문제가 없었다. 하지만 현재 김정일은 자신의 후계자를 지명하지 않고 있다. 1942년생인 김정일은 25세의 나이로 후계자 수업을 했으며, 13년의 준비기간을 거쳐서 공식적인 2인자로 지명된 것은 1980년 38세였다 1912년생인 김일성은 당시 각각 55세와 68세였다. 하지만 김정일은 2008년 현재 66세인데도 아직까지 공식적인 후계자가 없으며 지난 10년 동안 어떠한 아들도 체계적인 후계자 수업을 하지 못했다.

20) 이스라엘은 재래식 폭탄을 사용한 급강하 폭격으로 1981년 9월 이라크의 오시라크 원자로(Osirak Reactor)를 공격해 완전히 파괴했다. 이란 핵개발계획에 대한 이스라엘의 재래식 공격과 성공 가능성에 대해서는 Raas and Austin Long(2007: 7~33) 참조.

상실할 가능성이 커진다. 결국 "너무 늦기 전에 사용해야 한다"는 순수 군사적 취약성 논리에 따라서 핵무기를 사용하게 될 것이다(Schelling, 1966). 따라서 핵무기로 인해 위기상황에서 불안정성이 증가하고 평화로운 방법으로 해결될 수 있는 문제가 결국 한반도에서 모든 것을 파멸하고 엄청난 민족적 비극으로 이끌 전쟁으로 비화될 수 있다.

4. 북한 핵개발에 대한 평가 2: 해외판매의 가능성

냉전기간 동안 핵무기는 엄격하게 통제되었으며 판매대상이 아니었다. 하지만 북한이 과연 이러한 관행을 유지할 것인가에 대해서는 많은 사람들이 의혹의 눈초리를 보내고 있다. 북한은 지금까지 자국이 판매할 수 있는 모든 것을 판매했다. 벌목공이라는 형태로 노동력을 수출하고 자국의 문화재를 거래했으며 위조지폐와 마약이라는 불법거래 재화도 판매했다.[21] 북한은 어느 국가도 탄도미사일을 판매하지 않았던 1980년대 이란과 이라크에 스커드미사일을 수출했다.

더구나 현재 북한은 경제적 어려움을 타개하기 위해 핵무기 또는 핵물질을 수출하려 할 수 있다. 특히 핵무기 또는 핵물질의 가격은 중동 출신 테러 집단의 등장과 이라크전쟁으로 수억 달러에 달할 것이다. 더구나 북한정권의 특성상 김정일과 그 최측근은 비밀자금을 확보하기 위해서 핵무기를 판매할 가능성이 크다. 즉, 핵무기는 북한에게는

21) 바로 이러한 이유에서 부시 행정부의 한 고위관리는 북한을 '범죄국가(criminal state)'라고 지칭했다(Kessler, 2005: A2).

'최고의 현금수입원(Cash Crop)'이다(Coe, 2005: 73~84; Chestnut, 2007: 80~111). 설사 핵무기 또는 핵물질을 직접 수출하지는 않는다 해도 핵무기 제조기술 또는 제조설비를 외국에 판매할 수는 있다. 2007년 9월 이스라엘은 북한이 제공한 것으로 추정되는 시리아의 핵시설을 공습해 파괴했다. 이 시설은 북한이 플루토늄 추출을 위해서 사용했던 원자로와 매우 흡사했는데 이 공습으로 완전히 파괴되었다(Albright and Brannan, 2007; Broad and Mazzetti, 2007). 이와 함께 현재는 적극적인 노력을 경주하고 있지 않으나 잠재적으로는 핵무기 생산의지를 가지고 있는 이란에게 핵기술 및 핵실험 데이터를 제공할 가능성은 충분하다. 실제로 북한은 이란-이라크전쟁 기간 동안 이란에게 5억 달러에 달하는 스커드미사일을 판매했으며, 미국 국방장관 로버트 게이츠(Robert M. Gates)는 2007년 11월 이란이 북한으로부터 "사정거리 2,500km의 탄도미사일을 수입했다"고 발표했다(Cordesman and Wagner, 1990: 367, 499; Hecker and Liou, 2007: 6~11). 따라서 북한이 이란에게 핵기술을 판매할 가능성은 핵확산 가속화의 중요한 변수이다.

북한이 핵무기 또는 핵물질을 판매할 경우에 문제는 더욱 악화된다.[22] 우선 핵무기를 구입할 정도의 재정능력을 가진 집단은 중동 출신

---

22) 핵무기 자체를 판매하는 상황과 함께 핵물질을 판매하고 구매자가 이를 이용해 폭탄을 제조하는 상황도 존재한다. 관련 연구로는 Langewiesche (2007), Allison(2004)이 있다. 하지만 국가 차원의 기술력이 없는 상황에서 플루토늄을 사용한 핵무기를 제조하기는 어렵기 때문에 테러 조직은 고농축우라늄(HEU: Highly Enriched Uranium)을 사용해 핵무기를 제조할 가능성이 크다. 하지만 현재 북한은 판매할 정도의 고농축우라늄을 가지고 있지 않다고 평가된다.

의 테러 집단이나 이란을 제외하고는 존재하지 않는다. 특히 오사마 빈라덴(Osama Bin Laden)이 이끄는 알카에다(Al Qaeda)를 제외하고는 어떠한 테러 집단도 자신들의 목적을 달성하기 위한 수단으로 핵무기를 사용할 정도의 재정능력을 갖추고 있지 않다. 북한이 핵무기를 판매할 경우, 미국이 수행하고 있는 테러와의 전쟁은 핵전쟁으로 확대될 가능성이 크다. 특히 미국을 공격하기 위해 핵무기가 사용될 경우에 테러와의 전쟁은 이전과는 다른 차원으로 확대될 것이다. 테러와의 전쟁에서 핵무기가 사용되고 테러 집단의 특성상 분산되어 있는 다양한 세부조직을 전부 파괴하기 위해서는 상당한 숫자의 핵무기가 사용될 가능성이 크다.

또한 테러 집단이 사용한 핵무기 또는 핵물질의 공급원인 북한에게도 테러와의 전쟁이 지리적으로 확대될 것이다. 문제의 근원인 핵무기 판매책을 제거하기 위해 북한의 핵무기 또는 핵물질 제조시설을 파괴할 것이다. 핵무기 테러를 통해서 핵무기 사용과 관련된 기본적인 터부(Taboo)가 깨졌기 때문에 북한의 핵시설에 대한 공격에는 핵무기가 동원될 가능성이 크다(Tannenwald, 2007). 이러한 전쟁은 결국 한반도에서의 대규모 전쟁으로 이어지게 된다. 한편 이란에 대한 핵기술 판매는 이란이 가지는 중동에서의 공격적인 성향으로 말미암아 국제체제의 불안요인을 가속화하게 될 것이다.

5. 북한 핵개발에 대한 평가 3: 핵무기 사고의 가능성

북한의 핵무기 개발이 국제체제의 안정성을 저해하는 또 다른 이유는 바로 사고 가능성이다. 모든 기술은 항상 사고를 일으키며 특히 새로운 기술은 잦은 사고를 야기한다. 자동차의 발명으로 자동차 사고가 발생하며, 비행기의 발명으로 비행기 사고가 발생하고 있다. 특히 처음 만들어진 기술은 완전하지 않기 때문에 사고를 통해서 문제점을 파악하고 개량해야 한다. 또한 새로운 기술을 관리하고 운용할 인원을 선발하고 조직을 구성해야 한다. 특히 이러한 관리를 담당하게 되는 조직은 기존의 조직과는 다른 방식으로 운영되어야 하고 다양한 절차를 새롭게 구축해야 한다.[23)]

따라서 새롭게 핵무기를 개발한 북한은 새로운 기술을 개발한 모든 국가가 경험하는 공통적인 문제에 직면한다. 새로운 기술과 그 기술을 운용하는 조직이 완전하지 않기 때문에 사고가 발생할지도 모른다. 새로운 핵무기 개발로 당연히 핵무기와 관련된 사고가 발생하며 핵무기를 운용하는 조직이 새롭게 창설되기 때문에 경험부족으로 핵무기 운용에서 핵무기가 우발적으로 폭발하는 등의 사고가 발생할 것이다. 특히 북한은 핵무기와 미사일 등의 운반체 기술을 동시에 개발해야 하는 상황에서 상당히 많은 공학적·기술적 어려움에 직면하고 있으며 때문에 사고의 가능성도 더욱 크다.

동시에 북한은 여러 가지 측면에서 핵무기와 같이 '위험한 기술'을 안전하게 운용할 수 있는 능력이 부족하다. 지속되는 식량난과 경제난 그리고 이에 따른 전반적 기술수준의 하락은 북한이 제조한 핵폭탄의 기계적 안정성과 핵무기 운용조직의 전반적 능력저하를 가져온다.

---

23) 이러한 주장은 '정상사고 이론(Normal Accidents Theory)'이라고 부르며 주요 저술로는 Perrow(1984)가 있다.

2006년 7월의 탄도미사일 발사실험에서 북한이 심혈을 기울여 제조한 최신식 대포동 2호는 발사 42초 후 공중폭발했다. 북한이 내세우는 "공화국 핵공학과 선군정치의 위대한 업적"인 핵무기의 안전성에 대한 심각한 우려를 피할 수 없다.

생각할 수 있는 가장 위험한 사례는 2004년 4월에 있었던 용천 폭발 사고와 같은 사고가 핵무기 차원에서 벌어지는 것이다. 북한이 핵무기를 이동시키는 과정에서 핵무기 운용조직 또는 철도 수송조직의 실수로 핵무기 사고가 발생해 폭발할 경우이다. 또는 핵무기 자체의 기계적 결함 또는 불안정성으로 사고가 발생할 수도 있다. 이러한 핵무기 사고는 북한지역에서 엄청난 혼란을 야기하고, 한반도와 같이 군사적 긴장 정도가 높은 지역에서는 단순한 사고로 수습되기보다는 핵전쟁의 초기 상황으로 인식되면서 문제를 초래할 수 있다.

6. 북한 핵개발에 대한 평가 4: 핵개발 경쟁의 가능성

북한이 핵무기를 갖게 될 경우에 국제체제의 안정성이 저해되는 또 다른 이유는 바로 동아시아의 핵무기 경쟁이다. 현재 동아시아는 다양한 이유에서 군비경쟁의 가능성이 매우 높은 지역으로서 북한이 핵무기를 계속 보유한다면 군비경쟁은 핵무기 경쟁으로 비화될 가능성이 매우 크다. 문제는 이러한 군비경쟁이 미국과 소련이 냉전기간에 경험했던 군비경쟁과는 달리 매우 위험하다는 사실이다. 군비경쟁이 자동적으로 전쟁으로 이어지는 것은 아니지만 북한의 핵무장으로 촉발된 핵무기 경쟁은 국제체제의 안정요인보다는 불안정요인으로 작용한다.[24]

북한이 안정적인 핵억지력을 구축하지 못한다는 가장 큰 문제점을 제외하고도, 다음과 같은 부정적 효과를 초래한다. 첫째, 북한의 핵무장은 양극체제의 안정을 가져오기보다는 다극체제로의 변화를 가져온다. 미국과 소련의 핵무장이 양극체제에서 그리고 다른 국가들의 핵무장을 압도할 정도의 규모로 이루어졌기 때문에 양극체제의 강화라는 결과를 초래했지만, 북한의 핵무장과 그로 인한 핵전력 경쟁은 국제체제를 안정적인 양극체제가 아니라 불안정적인 다극체제로 변화시킨다. 북한이 핵무기를 보유한다고 해도 미국과 더불어 국제체제의 양극(bipolarity)을 구성하는 강대국으로 부상하지는 못한다. 물론 핵무기는 국제정치의 중요한 변수인 힘(power)을 균등하게 하는 효과를 가지며 보복공격의 위협을 통해 핵무기 보유국가들 사이에서 군사력 사용을 억지하는 효과를 가진다. 하지만 이러한 효과도 미국과 북한 사이의 힘의 격차를 메우지는 못한다.

물론 북한이 핵무기를 보유하면서 지역 강대국으로 부상할 수 있다 해도, 동아시아 국제체제는 오히려 4~6개 정도의 핵무기를 보유한 강대국이 등장하는 다극체제로 변모하고 따라서 국제체제의 불안정성은 증가할 것이다.[25] 새롭게 등장할 다극체제는 국가 간의 힘의 차이가

---

24) 통념과는 달리 군비경쟁이 항상 전쟁으로 이어지는 것은 아니다. 실제로 존재했던 군비경쟁 가운데 많은 부분은 전쟁으로 이어졌으나, 동시에 상당 부분은 전쟁으로 귀결되지 않았고 평화적인 방식으로 해결되었다. 즉, 군비경쟁과 전쟁 사이의 관계는 매우 모호하다. 이에 대해서는 Glaser(2000: 251~276)에서 잘 정리하고 있다.

25) 다극체제의 불안정성에 대한 가장 중요한 연구는 Mearsheimer(1990: 5~56)이다.

상당히 벌어지는 불균형적 다극체제(unbalanced multipolarity)로서 많은 학자들은 이러한 국제체제가 가장 위험하다고 본다. 또한 이러한 변화 과정은 다음의 두 가지 힘 때문에 국제체제의 위험성을 가중시킨다. 주변 모든 국가에 대해 자국의 입장이 상대방에 비해 불리해지기 전에, 즉 '너무 늦기 이전에' 상대방을 공격해야 한다는 이른바 '기회의 창(Windows of Opportunity)' 또는 "상대방이 우리를 공격하기 전에 먼저 상대방을 공격해야 한다"는 순수한 군사논리인 '취약성의 창(Windows of Vulnerability)' 등이 작동한다.[26]

또 다른 문제점은 북한의 핵무장으로 빚어질 동아시아의 핵무기 경쟁은 냉전과는 달리 매우 강력한 민족주의와 결합해 국가들이 협상을 통해서 문제를 해결하는 데 걸림돌로 작용할 수 있다는 사실이다. 특히 중국이 점차 민족주의적인 성향을 띠고 있으며, 또 하나의 지역 강대국인 일본도 정치적 보수화와 함께 민족주의를 강조하고 있다. 한편 한국의 경우에도 지난 1987년 민주화 이후 민족주의 세력이 강화되었다(Brown, Lynn-Jones and Miller, 1996; Gries, 2004). 강렬한 민족주의가 존재하는 상황에서는 다른 국가와의 협상에서 상징적인 가치만을 가진 사안에서 양보하는 것은 매우 어려워지며 결국 협상을 통한 문제해결은 사실상 불가능해진다. 특정 사안은 '협상의 대상이 아니게' 되며 예루살렘의 템플마운트(Temple Mount)와 같은 성지(聖地)로 작용하면서 협상을 가로막게 된다.[27] 특히 이른바 핵무기 민족주의(Nuclear Nationalism)가

26) 이러한 주장을 가장 체계적으로 제시한 연구는 Mearsheimer(2001)이다. 동시에 Copeland(2000)는 세력균형이 변화하는 과정에서는 양극체제가 더욱 위험하다고 주장한다.

27) 협상이 성공적으로 이루어지기 위해서는 협상의 대상을 잘게 나눌 수 있

등장하고 핵무기가 가지는 상징성이 더욱 강화되면서 갈등은 격화된다.

인도-파키스탄의 관계에서 드러나듯이, 핵무기 경쟁과 민족주의 갈등이 서로 결합될 경우에는 핵무기가 가지는 갈등억지 또는 전쟁방지 효과가 드러나지 않는다. 1947년 8월 인도와 파키스탄이 분리 독립한 이래, 양국은 모두 네 차례에 걸친 전쟁과 세 차례에 걸친 군사적 대치상황(military standoff)을 겪었다.[28] 문제는 이러한 한 차례의 전쟁과 최소 한 차례의 군사위기 상황이 인도와 파키스탄 양국의 핵무기 보유가 확인된 다음에 벌어졌다는 사실이다. 1999년 카길전쟁에서 파키스탄은 외무장관 성명을 통해 핵무기 사용을 암시했으며, 2001~2002년의 군사적 대치상황에서는 대통령이 직접 인도에 대한 핵공격 가능성을 시사했다. 물론 이러한 '위협'은 실제 행동으로 이어지지는 않았지만, 핵무기 보유로 지역안정이 자동적으로 나타나지는 않는다는 사실을 보여준다. 또한 핵무기가 가지는 가공할 파괴력으로 인해 핵전쟁의 가능성은 사라질 수 있다. 하지만 통상전력을 사용한 무력충돌이 핵전

어야 한다. 하지만 현실적으로 더 이상 나누어지지 않는 사안이 존재하며, 이 때문에 협상으로는 문제를 해결할 수 없게 된다. 이에 대한 논의로는 Kaufmann(2005: 178~207)의 좋은 연구가 있다.

28) 양국 사이의 네 번의 전쟁은 주로 카슈미르 지역 국경분쟁에서 비롯되었다. 특히 1947년 독립과정에서 벌어진 인도-파키스탄 1차 전쟁(1947~1948년), 1965년 두 번째 카슈미르 국경분쟁과 인도-파키스탄 2차 전쟁, 그리고 핵무기 개발 이후인 1999년의 카길전쟁(Kargil War)이 있다. 이와 함께 1971년 기존의 서파키스탄이 방글라데시로 독립하는 과정에서 인도와 파키스탄은 또다시 전쟁을 치렀다. 또한 카슈미르 지역을 둘러싸고 1984년과 1986년 그리고 2001~2002년에 전쟁으로까지 확대되지는 않았지만 무력충돌과 대치상황이 있었으며, 이 과정에서 인도와 파키스탄은 최대 50만 명과 20만 명의 병력을 동원했다.

쟁으로 확대될 가능성까지 사라지기 때문에 오히려 공격적 행동이 가지는 위험성이 감소하여 전쟁억지 효과 자체가 약화된다. 핵무기를 보유한 국가들은, 특히 이 경우 파키스탄과 같이 통상전력이 취약한 국가들은 핵억지력을 이용해 역설적으로 더욱 위험한 정책을 취하고 전쟁을 더욱 적극적으로 도발해 현상타파에 노력하게 된다(Kapur, 2005: 127~152; Ladwig III, 2007/2008: 158~190).

셋째는 중국의 부상으로 인한 세력균형의 장기적인 변화이다. 냉전 기간에는 미국과 소련의 전략적인 경쟁이 있었지만 초강대국 사이의 세력균형은 장기적으로는 변화하지 않았다. 미국의 우위는 지속되었으며 미국의 동맹국들은 소련의 동맹국들에 비해서 항상 더욱 강력한 힘을 보유했다. 따라서 세력균형에서 근본적인 변화는 없었다.[29] 하지만 21세기 초인 현재 동아시아에서는 중국이 일본을 제치고 가장 강력한 국가로 부상하고 있다. 미국이 일본의 동맹국으로서 중국을 견제하고 있지만 중국의 빠른 성장은 이러한 노력을 무색하게 만들고 있다. 이미 2500년 전에 그리스의 역사가 투키디데스(Thucydides)가 설파했듯이 세력균형의 변화는 항상 국제체제의 변화를 가져온다.[30] 이러한 배경에서 북한의 핵무장과 그로 인한 핵무기 경쟁은 세력균형의 변화로 인한 국제체제의 불안정성을 더욱 증폭시킬 것이다.

---

29) 세력균형은 안정적이었지만 이에 대한 인식은 상당한 차이를 보여주었다. 이러한 부분에 대한 뛰어난 연구로는 Wohlforth(1993)의 논문이 있다.

30) 이러한 문제에 대한 가장 오래된 논의는 투키디데스(Thucydides, 1996)의 논문으로, 기원전 431~404년의 펠로폰네소스전쟁에 대하여 "페르시아전쟁 이후 갑자기 증가한 아테네의 힘과 그에 대한 스파르타의 두려움"이 원인이라고 분석했다.

마지막으로 현재 동아시아가 지구의 다른 지역에 비해서 안보갈등이 더욱 심각한 장소라는 사실이다. 냉전기간 중 미국과 소련의 관계가 아니라 21세기 유럽과 비교할 경우 동아시아는 훨씬 불안정하다. 우선 동아시아는 경제발전 정도와 민주주의 정도에서 유럽과는 달리 많은 차이가 있다. 일본과 한국 그리고 대만과 같이 선진 민주주의 시장경제 국가가 있는가 하면, 북한과 같이 파산 직전의 독재국가가 존재하고, 동시에 중국과 같이 시장경제를 도입했지만 정치적 민주화는 거부하는 국가도 있다. 또한 동아시아 국가들은 북미시장에 대한 수출을 위해서 자국의 산업을 육성하기 때문에 역내의 경제적 상호의존(economic interdependence)은 낮고 오히려 서로 경쟁하는 상황이다. 이러한 상황에서 핵무기의 등장과 그로 인한 군비경쟁은 기존의 불안정성을 강화하는 방향으로 작용하게 된다(Friedberg, 1993/1994: 5~33; 2000: 17~28).

7. 북한 핵무기에 대한 두 가지 낭만적 견해

지난 15년 동안 한국에서는 북한문제에 대한 '매우 특이한 인식'이 등장했다. 보수적인 집단에서는 이러한 인식을 '안보 불감증'이라고 비판하고 있지만 이러한 인식은 진보적인 집단에 국한되지 않으며 정치성향과는 무관하게 공통적으로 등장한다. 오늘날 한국정치가 표면적으로만 양극화되는 상황에서 북한 핵문제에 대한 두 가지 '낭만적인 생각'은 상당히 널리 퍼지고 있다.

첫 번째 낭만적인 생각은 북한이 한국에 대해서는 핵무기를 사용하지 않을 것이라는 희망이다. 보수적인 집단은 미국의 핵우산이 한국을 방어할 수 있다고 확신하며, 진보적인 집단은 북한이 같은 민족인 남한에게 핵무기를 사용하지는 않을 것이라고 생각한다. 이러한 이유에서 한국사회는 정치성향과는 무관하게 핵폭발 또는 핵무기 사용의 위험은 없다고 생각하고 있고, 한국경제는 성장하며 주식과 부동산 투자 역시 증가하고 있다.[31] 시장이 보여주는 이러한 낙관적인 전망은 북한이 보유한 핵무기가 위험하지 않다고 판단하기 때문에 나타나는 현상으로 정치적 선호와는 무관하게 드러난다.

이러한 낭만적인 생각은 현실적인 판단에 근거한 것이 아니라 환상과 희망에 불과하다. 앞에서 논의한 대로 북한의 핵무기는 기술적인 측면에서 안정적이지 못하며 또한 이를 안전하게 운용할 능력도 가지고 있지 않다. 따라서 사고로 핵폭발이 일어날 수 있으며 동시에 자신의 안전을 위해서 핵무기를 보유한다고 해도 이를 위해 신뢰할 수 있는 핵전력을 구축할 수 없다. 해외판매의 가능성이 있으며 이를 통해 한반도에서 심각한 위기가 발생할 수 있다.

그리고 무엇보다도 북한은 1950년 6월 군사력을 사용해 정치적 목표를 달성하려고 했다. 동족에게 통상병기를 이용해 정치적 목적을 달성하려고 했던 국가이기 때문에 핵무기를 사용하지 않을 것이라고 믿을 수만은 없다. 그리고 핵무기 사용은 기본적으로 '운에 맡기는 위협(threat that leaves something to chance)'이기 때문에 북한의 의도와는 달리 운용될 수 있다(Schelling, 1980).

---

31) 북한 핵실험 직후인 지난 2006년 10월 10일 종합주가지수(KOSPI)는 1,325.49였으나 1년이 지난 2007년 10월 10일 2,041.12로 54% 증가했다. 주식투자자의 정치성향이 보수적이라는 사실을 고려하면, 북한 핵무기에 대한 낭만적인 생각은 보수적인 집단에도 널리 퍼진 것이 분명하다.

북한 핵무기에 대한 또 다른 낭만적인 생각은 한국이 북한의 핵무기를 '상속'할 수 있을 것이라는 전망이다. 북한이 붕괴하거나 또는 어떠한 과정으로든 통일이 이루어질 경우에 현재 북한이 개발하고 보유하고 있는 핵무기는 통일한국 정부가 통제할 수 있을 것이라는 희망이다. 1994년 1차 북핵위기 과정에서 한국과 미국 정부는 동부유럽의 공산국가가 1989년에 붕괴했듯이 북한도 곧 붕괴할 것이라고 보았다. 따라서 미국은 북한과의 합의가 가지는 장기적인 파장에 대해서 별다른 고려를 하지 않았지만, 한국은 북한이 붕괴할 경우 통일정부가 북한 핵개발 계획을 계승할 수 있을 것으로 보았다고 한다(Sigal, 1998: 237~238; Walt, 2000: 191~226). 또한 현재에도 '국민감정'의 상당 부분은 이러한 주장에 묵시적으로 동조하고 있고 '어차피 우리 것'이라는 생각은 북한 핵문제에 대한 한국의 태도에 매우 어려운 형태로 작용한다.

하지만 독일통일의 경험에 비추어볼 때, 북한 핵무기를 상속한다는 '희망'은 현실성이 없다. 통일과정에서 한국 정부는 주변국가의 동의와 지원을 위해서 북한 핵무기의 상속을 포기하게 될 가능성이 크다. 독일의 경우 통일을 이루면서 새롭게 등장한 '독일인의 국가'가 유럽 최고의 강대국으로 부상하지만 이전과는 달리 공격적인 행동을 하지 않겠다는 사실을 주변국가에게 여러 가지 경로로 설득했으며 그 방법으로 군사력 감축을 선택했다.[32] 독일 통일정부는 보통 '2+4조약(Two Plus Four

---

32) 독일통일은 국제법적 지위 변경을 수반했고 많은 국제조약이 필요했다. 그 중 가장 중요한 조약이 바로 '2+4조약'으로 동서독의 2개국과 2차대전의 결과 독일에 군대를 배치했던 미국·영국·프랑스·소련의 4개국이 체결했다. 조약의 정식명칭은 'Treaty on the Final Settlement with Respect to Germany'이며, 원문은 http://usa.usembassy.de/etexts/2plusfour8994e.htm에

Treaty)'이라고 불리는 독일통일조약 3조 1항에서 새로운 독일정부는 핵확산금지조약을 준수한다, 그리고 3조 2항에서는 통합군사력을 37만 명 이하로 유지한다고 선언했다.[33]

따라서 남북통일이 이루어질 경우에 통일정부는 주변국가의 동의와 지원을 확보하기 위해서 비슷한 형태의 양보를 해야 하며, 이때 가장 효과적인 양보는 북한 핵무기의 포기가 될 것이다. 즉, 통일로 가장 큰 이익을 보기 때문에 상대적인 힘이 증가하는 한국 정부는 상대적인 힘이 감소하게 되는 일본·중국·러시아와의 관계에서 이러한 이익에 상응하는 정도의 양보를 해야 하며 이 과정에서 통일한국의 군사력 감축 문제가 거론될 것이다. 현재 160만 명의 재래식 군사력의 감축은 불가피하며 동시에 1991년 12월에 이루어진 남북한 비핵화 선언이 재확인되면서 핵무기의 포기가 이루어질 가능성이 크다.

8. 결론

북한은 핵무기를 보유하고 있다. 현재 북한의 핵무기를 제거하기 위한 다양한 협상과 외교적 노력이 존재한다. '완전하고 검증 가능하고

서 찾아볼 수 있다.

33) 통일이 이루어지기 직전인 1988년 서독은 48만 8,700명, 동독은 17만 2,000명의 병력을 보유하고 있었다. 따라서 1988년 동서독 전체 병력은 66만 700명이었으며, 이러한 군사력은 56% 수준으로 감축되어 37만 명으로 축소되었다. 또한 육군과 공군병력의 합이 34만 5,000명으로 규정되었다 (IISS, 1988: 48~49, 65~67).

재개할 수 없는 핵무장 해제(CVID: Complete, Verifiable, Irreversable Disarmament)'를 내세우면서 6자회담 대상국들은 북한을 압박하고 있다. 협상 당사국은 다양한 측면에서 차이를 보이며 바로 이러한 차이 때문에 협상을 통한 문제해결이 가능하다. 그리고 2008년 5월과 6월의 북한 핵활동 문서 공개와 핵시설 신고로 협상을 통한 문제해결은 큰 성과를 거두었다. 하지만 2008년 9월 현재 북한은 핵시설 복구를 행동으로 옮기고 있다. 오늘날 6자회담의 목표가 북한의 비핵화이며 따라서 북한을 제외한 모든 국가는 북한의 핵보유가 매우 위험하다고 주장한다. 그렇다면 왜 북한의 핵무기가 위험하고 반드시 제거되어야 하는가?

핵확산금지조약(NPT: Nuclear Nonproliferation Treaty)이 가지는 불평등성을 비난하면서 그리고 '한반도의 평화'를 핑계로 핵무기를 보유하고 있는 북한에 대해 논리적인 답변을 해야 한다. 이를 위해서는 핵확산금지조약의 불평등성이 상당 부분 필요하고 긍정적인 역할을 수행하며 동시에 북한의 핵무기는 한반도의 평화가 아니라 불안정성을 가져온다는 사실을 논리적으로 주장해야 한다.

이 글은 북한이 방어적인 현상유지 국가로서 자신의 안보를 위해 핵무기를 제조했고 이를 사용해 한국 또는 다른 국가를 공격하지는 않을 것이라는 가정에서 출발했다. 하지만 이러한 가정에도 불구하고 북한의 핵무기가 한반도의 평화와 국제체제의 불안정을 초래한다고 주장했다. 북한은 신뢰할 수 있는 핵전력을 구축할 수 없으며 핵무기 사고를 유발할 가능성이 크고 핵무기를 외부에 판매할 가능성이 크다. 그리고 북한의 핵무기 보유는 동아시아의 핵무기 경쟁을 초래할 것이다. 무엇보다도 통일 이후에 한국은 북한의 핵무기를 상속할 가능성이 없기 때문에 이러한 위험을 감수할 필요가 없고 필요한 경우에 북한은 의도하든 의도하지 않든 핵무기를 사용할 것이다.

따라서 북한의 핵무기는 위험하며 폐기되어야 한다. 하지만 이제는 CVID방식으로 북한 핵무기 문제를 해결하지 못한다면, 다른 방식으로 북한의 핵무기가 초래하는 불안정성을 완화시켜야 한다. 북한의 핵전력을 완전하게 폐기할 수 없다면 차라리 이를 현실로 인정하고 안정성을 높이는 방법을 모색할 필요가 있다. 북한에 대한 기술지원을 통해 북한 핵전력의 안정성을 높이고 대신 북한 핵물질에 대해 엄격히 통제하는 방안이 필요하다. 현재 국제원자력기구(IAEA: International Atomic Energy Agency)는 원자로에 대한 사찰권한을 획득하는 대신에 원자로 기술을 제공하고 있다. 바로 이러한 방식으로 핵전력의 안전성을 제고하는 대신 핵무기 또는 핵물질 생산을 사찰하는 것이다.

하지만 이러한 방안은 최후의 그리고 최악의 경우에만 한정해 사용되어야 한다. 북한의 핵무기는 국제체제를 더욱 불안정하게 만들며 따라서 반드시 폐기되어야 한다. 만약 폐기하는 데 실패한다면, 우리는 어떠한 조치를 취한다 해도 불안정한 체제에서 살아가게 된다. 하지만 현실에서는 항상 최선의 선택을 할 수는 없으며 이제는 차선의 선택을 논의해야 한다. 그리고 이를 실행에 옮겨야 할지도 모른다. 북한을 핵보유 국가로 인정하고 대신 이와 관련된 위험 자체를 관리하는 것이 필요할 수 있다.

참고문헌

노병렬. 2006.「국제사회의 핵통제 사례를 통해 본 북핵문제해결방안: '통제된 핵확산'의 필요성」. ≪국가전략≫, 12권 3호(가을), 103~136쪽.

이근욱. 2005.「북한의 핵전력 지휘-통제 체계에 대한 예측: 이론 검토와 이에 따른 시론적 분석」. ≪국가전략≫, 11권 3호(가을), 97~111쪽.

전성훈. 2005.「북한의 핵능력과 핵위협 분석」. ≪국가전략≫, 11권 1호(2005년 봄), 5~37쪽.

조순구. 2005.「핵무기 해체사례와 북한핵의 평화적 관리방안」. ≪국제정치논총≫, 45집 3호, 195~217쪽.

하영선·전재성. 2006.『북핵문제와 6자회담: 평가와 전망』. 서울: 동아시아 연구원.

Albright, David and Paul Brannan. 2007. *Suspect Reactor Construction Site in Eastern Syria: the Site of the September 6 Israeli Raid?* Washington, DC: Institute for Science and International Security. (http://www.isis-online.org/publications/SuspectSite_24October2007.pdf)

Allison, Graham T. 2004. *Nuclear Terrorism: the Ultimate Preventable Catastrophe*. New York: Times Books.

______ and Zelikow, Philip. 1999. *Essence of Decision: Explaining the Cuban Missile Crisis*. New York: Longman.

Ball, Desmond and Jeffrey Richelson(eds.). 1986. *Strategic Nuclear Targeting*. Ithaca. NY: Cornell University Press.

Broad, William J. and Mark Mazzetti. 2007.10.27. "Yet Another Photo of Site in Syria. Yet More Questions." *New York Times*.

Brown, Michael E., Sean M. Lynn-Jones and Steven E. Miller. 1996. *East Asian Security*. Cambridge. MA: The MIT Press.

Chestnut, Sheena. 2007. "Illicit Activity and Proliferation: North Korean Smuggling Networks." *International Security*, Vol. 32, No. 1(Summer), pp. 80~111.

Coe, Andrew J. 2005. "North Korea's New Cash Crop." *The Washington Quarterly*, Vol. 28, No. 3(Summer), pp. 73~84.

Cohen, Avner. 1998. *Israel and the Bomb*. New York: Columbia University Press.

Copeland, Dale. 2000. *Origins of Major War*. Ithaca. NY: Cornell University Press.

Cordesman, Anthony H. and Abraham R. Wagner. 1990. *The Lessons of Modern*

War. Volume II: The Iran Iraq War. Boulder. CO: Westview Press.
Friedberg, Aaron L. 1993/1994. "Ripe for Rivalry: Prospects for Peace in a Multipolar Asia." *International Security*, Vol. 18, No. 3(Winter), pp. 5~33.
______. 2000.11. "The Stuggle for Mastery in Asia." *Commentary*, Vol. 110, No. 4, pp. 17~28.
Gaddis, John Lewis. 1986. "The Long Peace: Elements of Stability in the Postwar International System." *International Security*, Vol. 10, No. 4(Spring), pp. 99~142.
______. 1997. *We Now Know: Rethinking Cold War History*. Oxford: Oxford University Press.
Glaser, Charles L. 1990. *Analyzing Strategic Nuclear Policy*. Princeton. NJ: Princeton University Press.
______. 2000. "The Causes and Consequences of Arms Races." *Annual Review of Political Science*, Vol. 3, pp. 251~276
______. and Steve Fetter. 2005. "Counterforce Revisited: Assessing the Nuclear Posture Review's New Mission." *International Security*, Vol. 30, No. 2(Fall), pp. 84~126.
Gordon, Phillip H. 1993. *A Certain Idea of France: French Security Policy and the Gaullist Legacy*. Princeton. NJ: Princeton University Press.
Gries, Peter Hays. 2004. *China's New Nationalism: Pride. Politics. and Diplomacy*. Berkeley. CA: University of California Press.
Harford, James. 1999. *Korolev: How One Man Masterminded the Soviet Drive to Beat America to the Moon*. New York: Wiley.
Hecker, Siegfried S. 2006.11.15. *Report on North Korean Nuclear Program*. Stanford. CA: Center for International Security and Cooperation. Stanford University. (http://iis-db.stanford.edu/pubs/21266/DPRK-report-Hecker-06-1.pdf)
______. and William Liou. 2007.3. "Dangerous Dealings: North Korea' Nuclear Capabilities and the Threat of Export to Iran." *Arms Control Today*, Vol. 37, No. 2, pp. 6~11.
Hersh, Seymour. 1991. *The Samson Option: Israel's Nuclear Arsenal and American Foreign Policy*. New York: Random House.
Holloway, David. 1994. *Stalin and the Bomb: The Soviet Unionand Atomic Energy, 1939~1956*. New Haven. CT: Yale University Press.
IISS(International Institute for Strategic Studies). 1988. *The Military Balance,*

1988/1989. London: The International Institute for Strategic Studies. pp. 48~49, 65~67.

Jervis, Robert. 1989. *The Meaning of the Nuclear Revolution: Statecraft and the Prospect of Armageddon*. Ithaca. NY: Cornell University Press.

Johnston, Alastair Iain. 2003. "Is China a Status Quo Power?" *International Security*, Vol. 27, No. 4(Spring), pp. 5~56S.

Kapur, Paul. 2005. "India and Pakistan's Unstable Peace: Why Nuclear South Asia is not Like Cold War Europe." *International Security*, Vol. 30, No. 2(Fall), pp. 127~152.

Kaufmann, Chaim. January-March 2005. "Rational Choice and Progress in the Study of Ethnic Conflict: A Review Essay." *Security Studies*, Vol. 14, No. 1, pp. 178~207.

Kessler, Glenn. 2005.9.7. "Zoellick Details Discussions with China on Futureof the Korean Peninsula." *The Washington Post*, A2.

Ladwig III, Walter C. 2007/2008. "A Cold Start for Hot Wars? The Indian Army's New Limited War Doctrine." *International Security*, Vol. 32, No. 3(Winter), pp. 158~190.

Langewiesche, William. 2007. *The Atomic Bazaar: the Rise of the Nuclear Poor*. New York: Farrar. Straus and Giroux.

Lebow, Richard Ned and Stein, Janice Gross. 1994. *We All Lost the Cold War*. Princeton. NJ: Princeton University Press.

Lewis, John Wilson and Litai, Xue. 1988. *China Builds the Bomb*. Stanford. CA: Stanford University Press.

Lieber, Keir A. and Daryl G. Press. 2006. "The End of MAD? The Nuclear Dimension of U.S. Primacy." *International Security*, Vol. 30, No. 4(Spring), pp. 7~44.

Mearsheimer, John J. 1990. "Back to the Future: Instability in Europe after the Cold War." *International Security*, Vol. 15, No. 1(Summer), pp. 5~56.

______. 2001. *The Tragedy of the Great Power Politics*. New York: Norton & Com.

Meyer, Stephen M. 1987. "Soviet Nuclear Operations." in Ashton B. Carter, John D. Steinbruner and Charles A. Zraket(eds.). *Managing Nuclear Operations*. Washington, DC: The Brookings Institution. pp. 470~531.

Norris, Robert S. and Hans M. Kristensen. 2005.5/6. "North Korea's Nuclear Program. 2005." *Bulletin of the Atomic Scientists*, Vol. 61. No. 3. pp. 64~67.

______. 2006.7/8. "Global Nuclear Stockpiles. 1945~2006." *Bulletin of the Atomic Scientists*, Vol. 62, No. 4, pp. 64~66.

Perrow, Charles. 1984. *Normal Accidents: Living with High-Risk Technologies*. New York: Basic Books.

Quinlivan, James T. 1999. "Coup-Proofing: Its Practices and Consequences in the Middle East." *International Security*, Vol. 24, No. 2(Autumn), pp. 131~165.

Raas, Whitney and Austin Long. 2007. "Osirak Redux? Assessing Israeli Capabilities to Destroy Iranian Nuclear Facilities." *International Security*, Vol. 31, No. 4(Spring), pp. 7~33.

Rosenberg, David Alan. 1983. "The Origins of Overkill: Nuclear Weapons and American Strategy. 1945~1960." *International Security*, Vol. 7, No. 4(Spring), pp. 3~71.

Sagan, Scott D. 1994. *The Limits of Safety: Organizations. Accidents. and Nuclear Weapons*. Princeton. NJ: Princeton University Press.

Salman, Michael, Kevin Sullivan and Stephen Van Evera. 1989. "Analysis or Propaganda? Measuring American Strategic Nuclear Capabilities. 1969~1988." in Lynn Eden and Steven E. Miller(eds.). *Nuclear Arguments: Understanding the Strategic Nuclear Arms and Arms Control Debate*. Ithaca. NY: Cornell University Press. pp. 214~215.

Schelling, Thomas C. 1980. *Strategy of Conflict*. Cambridge. MA: Harvard Univeristy Press.

______. 1966. *Arms and Influence*. Westport. CT: Greenwood Press.

Siddiqi, Asif A. 2003. *Sputnik and the Soviet Space Challenge*. Miami. FL: University of Florida Press.

Sigal, Leon V. 1998. *Disarming Strangers: Nuclear Diplomacy with North Korea*. Princeton. NJ: Princeton University. pp. 237~238.

Stein, Peter and Peter Feaver. 1987. *Assuring Control of Nuclear Weapons: The Evolution of Permissive Action Link*. Cambridge. MA: Center for Science and International Affairs. Harvard University.

Tannenwald, Nina. 2007. *The Nuclear Taboo: the United States and the Non-Use of Nuclear Weapons Since 1945*. Cambridge: Cambridge University Press.

Thucydides. 1996. *The Landmark Thucydides: A Comprehensive Guide to the Peloponnesian War*. New York: Free Press.

Trachtenberg, Marc. 1999. *A Constructed Peace: the Making of the European Settlement,*

1945~1963. Princeton. NJ: Princeton University Press.

Walt, Stephen M. 2000. "Containing Rogues and Renegades: Coalition Strategies and Counterproliferation." in Victor Utgoff(ed.). *The Coming Crisis: Nuclear Proliferation, U.S. Interests, and World Order.* Cambridge: MIT Press. pp. 191~226

Wohlforth, William C. 1993. *The Elusive Balance: Power and Perceptions during the Cold War.* Ithaca. NY: Cornell University Press.

Woods, Kevin et al. 2006. *The Iraqi Perspectives Report: Saddam's Senior Leadership on Operation Iraqi Freedom from the Official U.S. Joint Forces Command Report. Annapolis.* MD: U.S. Naval Institute Press.

Zhang, Shu Guang. 1999. "Between 'Paper' and 'Real Tigers': Mao's View of Nuclear Weapons." in John Lewis Gaddis, Phillip H. Gordon, Ernest R. May and Jonathan Rosenberg(eds.). *Cold War Statesmen Confront the Bomb: Nuclear Diplomacy since 1945.* Oxford: Oxford University Press. pp. 194~215.

제2장

기독교와 핵

전재성(서울대학교 외교학과)

1. 서론

2006년 10월 9일 북한이 핵무기 실험을 한 이후, 한반도의 안보환경은 급변했다. 북한의 핵무기 및 핵프로그램을 완전 폐기하기 위한 2·13 합의과정이 진행 중이지만 전망은 확실치 않다. 북한이 보유하고 있는 핵무기의 위력이 정확히 밝혀지지는 않았지만, 한국은 핵무기를 가진 북한과 머리를 맞대고 살아가야 하는 운명에 처하게 되었다. 핵무장을 한 북한과 살아가기 위한 몇 가지 방법이 있을 수 있다. 우선 핵무장을 하는 것이다. 스스로 핵무기를 보유함으로써 핵억제를 통해 북한의 선제 핵공격을 막는 것이 한 방법이다. 둘째는 한미동맹이 제공하고 있는 핵우산을 강화하기 위해 동맹을 적극 활용하는 방법이다. 셋째는 6자회담을 통해 북한핵의 완전한 폐기를 지속적으로 추진하는 방법이다. 이를 위해서 강압과 회유의 방법을 병행해나가게 될 것이다. 넷째는 핵평화주의를 주장하며, 억제보다는 설득과 회유에 의존하는 방법이다.

네 가지 방법 모두 문제점이 있다. 독자 핵무장은 동북아 및 지구 핵비확산 질서에 정면으로 어긋나기 때문에 국제적 제재를 받게 될 것이다. 한미동맹 활용은 대미 핵의존도의 지속이라는 자율성 삭감의 비용을 계속 치르게 될 것이다. 외교방법을 통한 북핵폐기는 성공하면 최저의 비용으로 목적을 달성하게 되지만, 실패할 경우 다른 대안이 없다는 점에서 국력 소모, 대가 없는 대북지원으로 인한 남북관계 훼손 및 국내의견 분열이라는 비용만 치르는 셈이 된다. 핵평화주의는 규범적으로는 옳지만, 북한이 적절한 수준의 핵평화와 정전론에 대한 의도가 없을 경우 실패할 수밖에 없다.

적이 소유하고 있는 핵무기에 대해 어떠한 정책대안을 추구할지는 비단 정책의 문제일 뿐 아니라 작게는 폭력, 크게는 핵이라는 새로운 대량살상무기에 대한 철학적·규범적 접근을 요구하는 문제이다. 기존의 규범적 입장은 크게 핵현실주의, 핵평화주의, 핵정전론 등으로 나뉘어왔다(하영선, 1994). 핵현실주의는 핵전쟁 역시 국가이익을 위해서는 다른 전쟁과 마찬가지로 피할 수 없다는 입장을 보인다. 핵평화주의는 핵무기가 전투원뿐 아니라 민간인의 대량살상을 불러오고, 결국 인류의 종적 종말을 가져올 수 있다는 점에서 핵의 사용을 무조건 반대한다. 행정전론은 핵전쟁의 개시요건, 핵무기의 전쟁 중 사용요건 등에 비추어 제한적인 사용을 고려하고, 억제의 유용성을 강조한다.

이러한 규범적 견해 간의 타협은 쉽지 않은 일이다. 근대 국제정치의 구성원리가 무정부상태 속의 국익추구이며, 폭력의 분산적 소유로 인한 자력구제, 안보 딜레마가 작동하고 있는 상황에서 핵무기와 같이 가공할 무기라 하더라도 국익을 위해 사용하는 건을 선험적으로 금하기는 어렵기 때문이다. 그러나 국가이익을 지키는 수단적 무기가 국가는 물론 인류 전체의 존속 자체를 부정하기에 이른다면, 이미 핵에 관한 근대적 사고방식 자체가 변화되어야 한다는 견해도 반드시 그른 것만은 아니다. 더욱이 원자폭탄 이후 수소폭탄과 같이 고도로 발전된 핵무기가 엄청난 파괴력을 가지게 되면서 제한핵전쟁이 사실상 가능한가에 대한 의문이 정당화되었고, 많은 핵현실주의자들이 핵평화주의의 불가피성을 인정하기도 했다. 더욱이 탈냉전기 소련이라는 핵초강대국이 붕괴하고, 핵무기를 정치적으로 이용하는 소위 불법국가와 테러 집단이 양산되면서, 핵에 관한 평화주의가 설득력을 얻고 있다.

국가이익과 인류이익 사이의 갈등이 비단 핵무기에만 국한된 것은 물론 아니다. 인도적 개입, 경제제재, 테러리즘 등 많은 국제정치 사안들이 쉽지 않은 규범적 결단을 요구하고 있다. 핵에 관한 다양한 입장을 정리하고 규범적 갈등을 해결해나가기 위해서는 국제정치 도덕에 관해 정확한 규범이론이 필요하다(Nardin and Maple, 1992). 어떠한 규범적 입장이 옳은지를 판단할 수 있는 메타규범적 원칙이 필요한 것이다. 보통 결과론적 메타윤리이론(consequentialism)과 의무론적 메타윤리이론(deontology)이 중요하게 거론된다(Amstutz, 1999; Vallis, 2000; 페드만, 1999). 규범적 선택의 결과가 옳으면 의도와 수단의 비중보다 결과가 중요하다는 논리이다. 대표적으로 공리주의가 결과론적 메타윤리이론에서 볼 때, 옳은 선택으로 이끈다. 최대다수의 최대행복 혹은 만족이 좋은 결과를 가져오고, 수단은 비윤리성을 내포하더라도 도덕적으로 옳은 행동으로 판단될 수 있기 때문이다. 반면 의무론적 메타윤리는 의도의 순수성, 원칙의 수호가 중요한 판단기준이 된다. 칸트의 논의처럼, 절대적으로 옳은 윤리적 정언명령에 따라 행동해야 하고 결과의 공리성에 상관없이 의도의 도덕성이 보장되어야 하기 때문이다.

문제는 메타윤리이론의 갈등 역시 판단이 쉽지 않다는 것이다. 끊임없는 메타이론의 회귀 속에서 다양한 규범이론이 철학적 갈등을 일으켜 정확한 판단이 어렵기 때문이다. 북한의 핵무기에 대처하는 정책을 둘러싼 갈등 역시 정치적 입장은 물론 규범적 입장, 메타규범적 원칙들 간의 갈등을 내포하고 있다. 어떠한 대북 핵정책을 세워야 할지 쉽지 않은 일이다.

다양한 국제정치 규범이론 중 종교가 제시하는 규범이론적 명제들 역시 많은 의미를 가진다. 근대에 들어 탈종교화 현상이 가속화되면서 종교는 인간의 생활양식을 규제하는 의제적 의미에서 철학적 언명으로 의미가 축소되었지만, 중요한 갈등이나 논쟁에서는 의미 있는 입장을 제시해왔다. 핵무기 사용 및 핵전쟁을 둘러싼 논쟁에서도 기독교는 핵평화주의를 끈질기게 고수함으로써 핵에 관한 중요한 관점을 제공해왔다. 문제는 이러한 종교적 관점이 얼마나 보편적인 담론으로 자리잡을 수 있는가 하는 점이다. 우선 종교가 차지하는 역할이 근대에 들어 축소된 상황을 지적할 수 있다. 비단 서구에서 기독교가 탈신비화, 탈종교화, 탈신성화의 바람 속에서 사적 생활영역으로 후퇴한 것뿐 아니라, 국제정치에서 차지하는 종교의 역할이 감소된 것도 종교적 담론의 역할감소에 중요한 요인으로 작동했다. 서구 근대 국제정치 시작의 상징으로 논의되고 있는 베스트팔렌조약 역시, 그로부터 약 100년 전의 아우쿠스부르크화의와 함께 국제정치윤리의 탈종교화를 선언한 바 있다. 신구교 간 갈등의 와중에서 신성한 종교의 선택권을 영토군주라는 세속적 권위에게 양보했기 때문이다. 전 세계로 확산되어 나간 서구 근대 주권국가 질서가 탈종교화에 깊이 뿌리박고 있다고 할 때, 이미 근대의 지구정치는 탈종교화의 기반을 가지고 있다고 보아야 할 것이다(Petito and Hatzopoulos, 2003; Thomas, 2005).

근대 국제정치의 경쟁논리의 산물로 핵무기가 출현했고, 그 윤리적 문제점을 목도한 근대인들이 이를 제어할 수 있는 윤리적 담론을 생산하려고 할 때, 탈종교화된 국제정치 상황에서 종교가 제시할 수 있는 바는 무엇인가? 다른 세속의 정치적 담론과 같은 차원에서 핵에 관한 규범적 입장을 제시해야 할 것인가? 혹은 세속의 정치적 담론과는 다른 신성한 아르키메데스적 원점의 입장에서 논리를 제시해야 할 것인가? 기독교가 현재까지 제시해온 성경에 근거한 핵평화주의를 계속 견지할 수 있을 것인가?

종교적 혹은 기독교적 국제정치 규범이론의 입장에 대한 고민은 가깝게는 한국의 기독교계에도 적용된다. 핵무기를 보유한 북한을 마주하면서 다양한 사회세력은 다양한 입장을 개진하고 있는데, 기독교계는 과연 종교교리에도 일치하면서 세속적 설득력이 있고 정책적으로도 현실성 있는 북핵정책을 제시할 수 있을 것인가? 과연 기독교계의 국제정치 인식은 북핵문제에 관한 구체적 대안을 제시할 수 있을 만큼 국제정치적 담론을 발전시켜왔는가? 이러한 문제는 기독교계만의 문제는 아니다. 작게는 종교계가 한국의 국제정치 현실에 대해 어떠한 교훈을 줄 수 있는가의 문제이며, 크게는 각 사회세력이 어떠한 철학적·규범적 입장에서 북핵문제에 대한 자신의 정책제안을 합리화할 수 있는가 하는 문제이기도 하다. 단순히 정치다원주의에 입각해 자신의 조직에 이익이 되는 입장에서 대북정책을 주장한다면, 국가에 도움이 되는 진정한 대북정책·북핵정책이 마련되기 어려울 것이기 때문이다.

이 글에서는 북한의 핵실험, 북핵문제로 불거진 남북관계 및 한반도 평화문제에 기독교의 종교논리가 어떠한 관점을 제시할 수 있을지를 국제정치 이론의 관점에서 고찰하도록 한다. 우선 종교가 국제정치에서 가질 수 있는 규범이론적 입장을 살펴본 후, 핵에 관한 기독교의 기존 정책 및 원칙을 살펴본다. 그리고 기독교적 현실주의자인 라인홀트 니부어(Reinhold Niebuhr)의 국제정치철학 및 핵전쟁관을 살펴보고, 결론에서 기독교 원리가 북한의 핵에 관해 던져줄 수 있는 규범적 함의를 추출해보도록 한다.

2. 핵현실주의, 핵평화주의/기독교 핵평화주의, 핵정전론/기독교 핵정전론

1) 핵현실주의

핵현실주의는 현실주의 국제정치사상이 가지고 있는 폭력과 정치에 대한 전체적 견해를 반영하고 있다. 현실주의 전통 역시 그 조류가 다양하지만 이념형적으로 이해되고 있는 현실주의는 폭력윤리를 규정함에 있어 국가이익 중심주의 또는 도덕무관주의(amoralism) 등의 견해를 가지고 있다. 즉, 인간은 개인이나 집단의 이익과 권력의 증대를 위해 정치적 행위를 하는 현실을 피해 갈 수 없고, 폭력은 정치적 목적을 달성하는 효과적이며 불가피한 수단이라는 것이다. 근대에 들어 국내정치의 폭력은 중앙집권적 정부에 의해 규제되고 있지만, 여전히 국제정치는 다수의 주권국가들에 의해 폭력의 분산적 소유현황을 보여주고 있다. 이러한 상황에서 전쟁은 정치의 연장에 있으며, 정당한 수단으로 여겨진다. 따라서 폭력을 행사하고 전쟁에 임하는 특정한 행위자를 도덕적으로 비난하기는 쉽지 않다는 것이 현실주의의 입장이다. 즉, 국가이익과 권력이 중요한 수단이자 목적이 되는 국제정치에서 도덕적 판단은 의미 없는 논제라는 견해이다. 이는 국가이익을 위해 비도덕적 수단도 사용해야 한다는 비도덕적 수단에 대한 지지 견해와는 차이가 나는 입장이다.

따라서 전쟁에 임하는 행위자들 중 누가 더 옳고, 누가 더 그르다는 입장을 통상 취하지 않는다. 이러한 현실주의 전쟁관 또는 폭력윤리는 결국 결과가 모든 것을 판단할 수밖에 없다는 결과론적 메타규범이론과 연결된다. 의도나 수단과는 무관하게 애초에 달성하고자 한 목적이 달성되면 그것은 도덕적으로 옳은 행위라는 견해이다. 대표적인 것이 공리주의이다. 공리주의는 행해진 행동이 효용성과 공리성의 관점에서 가장 많은 산출을 내면 도덕적 행동이라고 판단을 내린다. 즉, 행위공리주의의 입장이다. 더 나아가 일정한 원칙에 근거해 효용성과 공리성을 극대화할 수 있다면, 이 역시 도덕적 행동이라는 판단을 내릴 수 있다. 즉, 규칙공리주의의 입장이다. 현실주의 폭력윤리의 경우, 일정한 국가행동이 국가이익을 증진시키는 공리성을 도모할 때, 윤리적 행위로 평가받을 수 있다. 또한 도덕무관주의라는 원칙에 의한 행위가 최대의 공리성을 산출할 때, 이 역시 윤리적 행위로 평가받을 수 있다.

현실주의의 지적 전통은 흔히 알려진 바와 같이 뿌리가 깊다. 투키디데스에서 출발해 마키아벨리, 홉스, 클라우제비츠, 20세기 현실주의자에 이르기까지, 결과론적 메타윤리 견해를 불가피하게 만드는 다양한 정치환경에 대한 분석이 이어져 내려오고 있다. 이러한 현실주의 폭력관은 핵무기에도 적용된다. 핵무기는 다른 무기와 마찬가지로 엄청난 살상력과 무차별성을 가진 가공할 무기이다. 따라서 다른 어떤 무기보다 치명적인 결과를 낳을 수 있으므로 전쟁개시(jus ad bellum)와 전쟁수행(jus in bello) 양자의 입장에서 더욱 신중해야 한다. 문제는 이러한 핵무기의 특성이 폭력윤리의 전통을 변화시킬 만큼 질적인 것인가 하는 점이다. 현실주의는 핵무기의 질적 특성을 간과하는 것은 아니나 폭력윤리에 질적 변화를 가져올 수는 없다는 점을 중시한다. 핵무기 역시 사용방법에 따라 국가이익을 극대화하는 것이므로, 경우에 따른 핵전쟁과, 방어를 위한 핵억제를 중요한 국가의 정책수단으로 삼아야 한다는 견해이다.

2차대전 이후 미국과 소련은 핵경쟁에서 핵현실주의 입장의 핵규범을 개진해왔다. 초기의 미국 핵독점기의 핵정책, 1950년대의 상호확증파괴 전략에 의한 핵억지, 1960년대 유연반응 전략에 의한 최소억지론, 이후 ABM 논쟁과 1980년대 초 전략방위구상 논쟁에 이르기까지, 핵억제 전략은 여전히 공격과 방어의 차원에서 핵무기의 사용에 대한 가능성을 근간에 두고 논의되어왔다.

2) 핵평화주의와 기독교 핵평화주의

평화주의는 이상주의적 성격을 띠고 있음을 부정할 수 없다. 평화주의는 상대방의 폭력을 비폭력·양보·사랑의 논리로 극복하고자 한다. 폭력은 보복을 낳고 결국 폭력의 순환과 상승으로 이어지므로, 현실주의적 대응논리는 폭력의 문제를 해결하지 못한다는 판단이다. 간디와 킹 목사의 비폭력 저항주의, 톨스토이의 무저항주의 등이 이러한 범주에 들어갈 수 있는 폭력윤리이다. 이러한 평화주의는 의무론적 메타규범이론에 근거하고 있다. 이상주의적 평화주의는 폭력을 가하는 대상이 최소한의 평화주의적 규범을 가지고 있지 못할 때, 아무런 효용을 가져올 수 없다. 즉, 효용성과 공리성이 거의 없는 행동이므로, 결과론적 메타윤리이론의 관점에서 볼 때, 실로 무의미한 행동이라 할 수 있다. 그러나 의무론적 관점에서 보면 상황은 다르다. 의무론은 우선 인간은 어떠한 경우에도 수단이 아닌 목적으로 다루어져야 한다고 본다. 둘째, 개인은 보편적 타당성이 있는 원칙과 규범에 따라 행동해야 한다고 본다. 하나의 행동이 보편적 규준으로 확립될 때 이러한 행동이 확산되고, 결국 윤리적 타당성이 증가된 세상을 만들어낼 수 있기 때문이다.

의무론적 관점에서 본 평화주의가 핵문제에 적용될 때, 핵무기의 사용은 물론 억제에 관해서도 매우 엄격한 관점을 가질 수밖에 없다. 앞에서 살펴본 것처럼 핵무기는 대량살상과 무차별성으로 인해, 사용에서 의무론적 악으로 보일 수밖에 없기 때문이다. 브로디는 "군부의 목적이 전쟁을 이기는 것에서 전쟁을 회피하는 것으로 바뀌게 되었다"고 선언한 바 있다. 시민사회에서 주장하는 반전반핵운동과 평화운동 역시 이러한 범주에 속한다. 핵평화주의 입장에서는 핵억제 전략 역시 허용될 수 없다. 무엇보다 핵억제는 핵보복을 상정해 핵공격을 막고 있는 만큼, 핵무기 사용을 전제로 하고 있기 때문이다. 핵억제 전략의 결과가 결국 핵전쟁으로 귀결될 가능성이 있는 한, 핵억제 역시 악이라는 것이 핵평화주의의 입장이다.

그러나 가장 철저한 입장에서 핵평화주의를 내세우고 있는 것은 기독교계이다. 가톨릭사제단은 1983년 『평화의 도전』이라는 책자에서 기독교 핵평화주의의 원칙을 제시했다(National Conference of Catholic Bishops, 1983). 이에 따르면, 전쟁과 평화에 관한 기독교의 전통은 예수의 산상수훈에서 요한 바오로 2세에 이르기까지 유구한 역사를 가지고 있다. 기독교는 평화와 신의 초월성, 인간의 존엄성을 가장 중시하고, 평화는 인간의 존엄을 지키고 증진시키기 위해 인간에게 주어진 덕목이다. 따라서 모든 인간은 신의 의도에 대해 두려움과 존경심을 가지고 전쟁과 평화의 문제에 접근해야 한다는 것이다. 평화는 신의 선물이며, 평화를 위해 인간은 서로를 용서해야 하는 것이 의무이다. 예수는 신의 용서를 상징하고 있으며, 가족과 친구를 사랑하듯이 원수와 적을 사랑하라는 계명을 가지고 온 것이다.

따라서 기독교적 평화주의 입장에서 보면 핵무기는 물론 폭력을 사용하는 전쟁 자체가 규범에 어긋나는 행동이 된다. 그러나 기독교는 정당방위를 위한 폭력사용의 필요성은 인정하고 있다. 인간의 폭력이 실제로 행해지고 있는 국제정치에서, 정부는 모든 평화적 수단이 소진한 경우 정당방위를 위해 군사력을 사용할 권리를 가진다는 것이다. 그러나 권력목적으로 군사력이 사용될 수는 없으며, 폭력수단의 소유가 모두 합리화되는 것은 아니라는 강력한 제한을 달고 있다.

이러한 평화주의와 핵평화주의는 자연스럽게 정전론으로 연결된다. 기독교는 평화주의 입장을 기본적으로 고수하지만 불가피한 부분 때문에 정전론적 견해를 추가하고 있다.

3) 핵정전론/기독교 핵정전론

정전론은 현실주의와 평화주의 모두를 비판하면서 전쟁에 대해 제한적 관점에서 허용의 입장을 보인다. 현실주의의 도덕무관주의를 비판하면서, 전쟁 당사자 모두가 옳을 수는 없으며 이러한 관점이 인간의 도덕성에 자연스럽지도 않다는 점을 강조한다. 전쟁의 개시요건 및 수행방식에 관해 인간의 자연적 도덕성에 기반한 판단이 가능하다는 점도 강조한다. 정전론은 옳은 폭력사용은 인정하고 옳지 않은 폭력사용은 인정하지 않는 태도를 보인다고 볼 수 있다. 또 정전론은 현실의 힘에 맞서는 평화주의 및 도덕주의의 성격을 가지면서도, 동시에 평화주의가 갖는 이상주의의 함정을 피하는 근원적 도덕주의가 아닌 온건한 도덕주의의 성격을 가진다고 하겠다.

따라서 정전론은 결과만을 강조하는 결과론적 메타규범이론이나 보편적 정언명법을 강조하는 의무론적 메타규범이론 양자를 비판하면서, 목적·결과·의도·수단 모두의 정당성을 함께 고려하는 절충적 입장을 보이고 있다. 문제는 이러한 절충론이 구체적인 방법론과 내용을 제시해줄 수 있어야 한다는 것이다. 대표적인 정전론자인 월저(Walzer)는 여섯 가지 정전론의 전제를 제시했다. 첫째, 독립국가로 구성된 국제사회가 있어야 한다는 점, 둘째, 국제사회는 구성원의 정치적 주권과 영토보존을 위한 권리를 설정해야 한다는 점, 셋째, 다른 국가의 정치적 주권과 영토보존에 무력사용이나 시급한 무력위협은 침략이며 범죄행위라는 점, 넷째, 공격이 있을 경우 두 가지 무력사용이 정당화되는데, 하나는 피해국의 방어전쟁이고 다른 하나는 피해국과 다른 구성원의 징벌전쟁이라는 점, 다섯째, 이로 인한 원인 이외의 다른 공격은 정당하지 않다는 점, 여섯째, 침략국은 패퇴당한 경우라도 처벌된다는 점 등을 주장하고 있다(정태욱, 2003: 157~184).

정전론의 전통 중 한 갈래가 기독교에 의해 성립되었다는 점도 주목할 만한 일이다. 기독교 핵정전론의 시효라고 볼 수 있는 아우구스티누스의 경우 정의로운 전쟁과 정의롭지 못한 전쟁을 구별하고 전쟁의 불가피성을 논의했다. 정전의 기준으로는 첫째, 보다 나쁜 악을 막기 위해 상대적으로 덜한 악을 허용하는 방어전쟁은 정전이라는 점, 둘째, 공격전쟁이 정전으로 평가될 수 있는 경우는 상대방 국가가 자국의 시민이 저지른 잘못을 보상할 것을 거절하거나, 잘못해서 가져간 재산을 반납하지 않는 경우라는 점 등이다. 13세기의 토마스 아퀴나스 역시 기독교 정전론의 입장에서 정전의 조건으로 첫째, 전쟁은 군주의 권위에 의해 수행되어야 한다는 점, 둘째, 상대방의 불법행위와 그에 대한 시정의 거부와 같은 정당한 이유가 있어야 한다는 점, 셋째, 보다 높은 선을 달성하거나 악을 회피하려는 의도가 있어야 한다는 점 등을 강조하고 있다(하영선, 1994: 38).

20세기 기독교 역시 이러한 기독교 정전론의 입장을 계승하고 있다. 앞에서 언급한 『평화의 도전』에 따르면, 정전은 첫째, 현실을 전제로 하고 확실한 위험이 존재해야 한다는 점, 둘째, 공적 책임이 있는 권위에 의해 수행되어야 한다는 점, 셋째, 분쟁이 일어난 소지가 된 문제가 전쟁을 일으킬 만큼 중요한 것이어야 한다는 점, 넷째, 전쟁은 올바른 의도를 가지고 수행되어야 한다는 점, 다섯째, 전쟁은 모든 평화적 수단이 소진된 이후 최후의 방법으로 사용되어야 한다는 점, 여섯째, 전쟁은 확실히 성공할 가능성이 있을 때에만 사용을 고려해야 한다는 점, 일곱째, 피해의 정도에 비례해서 전쟁의 수단을 사용해야 한다는 점 등에 따라 결정되어야 한다고 본다.

기독교 정전론은 핵에 관한 문제에도 적용되고 있다. 우선 어떠한 경우라도 핵무기의 사용이나 대량살상은 허용될 수 없다는 입장이다. 또한 무차별살상을 예상한 보복행위도 금지하고 있다. 둘째, 핵선제공격을 금지하고 있다. 더욱이 통상전력에 대한 보복을 핵으로 하는 것도 금지하고 있다. 셋째, 제한핵전쟁 역시 금하고 있다. '제한적' 핵전쟁이라는 것이 과연 앞에서 제시한 금기를 지키면서 가능할지에 대해서는 대단히 회의적이며 제한적 핵전쟁을 할 책임은 전쟁 수행자에게 있다는 것이 기독교계의 입장이다.

이러한 입장에서 기독교계는 새로운 핵무기를 실험하고 생산하고 배치하는 노력을 금할 수 있는 협정을 맺을 것을 주장하고, 기존의 핵무기를 감축·해체할 수 있는 노력을 장려하며, 포괄적핵실험금지조약(Comprehensive Test Ban Treaty: CTBT)의 체결을 주장한다.

더욱 어려운 문제는 억제에 관한 것이다. 요한 바오로 2세의 입장은 무조건적 억제 반대라기보다는 정전론적 제한에 의한 부분 억제 허용이었다. 기독교계는 다음의 세 가지 조건이 충족될 때에만 억제전략을 사용하는 것이 옳다고 본다. 첫째, 억제전략은 잠정적이고 일시적인 정책으로 인정되어야 하며 장기적 정책이 될 수 없다. 둘째, 억제전략의 사용은 다른 국가가 핵을 사용하는 것을 막기 위한 것에 한정되어야 한다. 셋째, 억제전략은 그 자체가 목적이 되어서는 안 되며, 점차적인 군비해체로 나아가는 경로가 되어야 한다.

그러나 문제는 이러한 기독교 핵정전론의 입장에도 불구하고, 현실의 핵전략은 더욱 현실주의로 치닫고 있다는 것이다. 냉전이 종식되고 미소의 핵경쟁이 사라졌음에도 불구하고, 미국은 불법국가 및 테러집단에 대항하기 위해 보다 적극적인 핵전략을 사용하고 있다. 핵억제전략의 사용 측면에서도 점차적인 군비축소 및 군비해체로 나아가야 한다는 핵정전론의 입장을 받아들이지 않고, 현실주의적인 핵억제 전략을 유지하고 있다. 과연 이러한 상황에서 기독교의 핵평화주의 및 핵정전론은 어떠한 의미를 가질 수 있을 것인가?

3. 라인홀트 니부어의 기독교적 현실주의와 핵윤리

니부어는 앞에서 논한 기독교 평화주의, 기독교 정전론, 그리고 현실주의 어느 한 범주에 넣기 어려운 복합적 사고를 보인 신학자이자 국제정치사상가이다. 니부어는 1920년대부터 본격화된 근본주의 기독교 신학 대 합리주의 혹은 자유주의 신학의 논쟁, 자유주의와 공산주의 정치철학의 논쟁, 현실주의와 이상주의 국제정치철학의 논쟁을 배경으로 자신의 신학과 정치사상, 국제정치사상을 가다듬어왔다. 그 결과 니부어는 기독교 신학에 근거하고 있으면서도, 근본주의와 합리주의 양자를 비판하고 현실주의적 사고에 따라 현실에서 적용 가능한 기독교적 정치철학을 만들어내는 데 힘을 쏟았다. 그리고 그 결과 제시하게 된 정치철학이 기독교적 현실주의(Christian realism)로 체계화된다 (Reinhold Niebuhr, 1932; 1941; 1944).

또한 니부어는 2차대전 이후, 미소 간의 냉전이 격화되는 와중에 미국의 대소정책을 주도한 현실주의 국제정치사상가 그룹의 일원이었으며, 핵전략에서도 기독교적 관점을 깔고 있으면서도 핵정전론의 입장을 추구했다. 그리고 이와 동시에 정치적 현실주의의 입장에서 미소 간의 정치적 공존을 주장하기도 했다. 일면 상호 모순적으로 보이는 니부어의 사상을 통일적으로 유지하게 한 것은 기독교적 인간관·정치관·국제정치관과 현실주의 정치철학이라고 할 수 있다.

니부어의 핵정책은 한마디로, 핵무기는 제한전의 한계 내에서 국가이익을 위해 사용될 수 있다는 것이다. 즉, 핵현실주의의 입장을 부분적으로 받아들인다. 그러나 국가이익을 위한 정치행위가 도덕무관주의적으로 또는 국가이성론적으로 허용되는 것은 아니다. 국가이익을 위한 정치행위는 엄격한 도덕률에 얽매여 있다. 이는 니부어 특유의 정치도덕으로, 자신의 도덕성을 과신하고(self-righteousness) 상대방의 악함을 상정하는 일방주의적 도덕관을 비판하는 자세에 기반하고 있다. 니부어는 특유의 인간관과 정치관에 기반해서 어떠한 인간 정치조직도 절대적으로 선하고 옳을 수는 없다는 입장을 견지한다. 인간원죄론에 기반한 정치관은 그러한 점에서 매우 기독교적이다. 즉, 기독교적 정치관의 한계 속에서 핵현실주의의 입장을 부분적으로 견지하는 것이다. 또한 니부어는 핵억제의 필요성도 논의했다. 미국과 소련 어느 한 쪽도 절대적 선이 아니라는 온건성을 가지고 있다면, 유화가 아닌 공존은 불가피한 것이고, 인류의 종적 말살을 가져올 수 있는 양국의 경쟁을 현실적으로 막아낼 수 있는 방법은 핵억제 전략의 사용이라는 점을 니부어는 잘 알고 있었다. 따라서 합리적인 핵억제 전략을 사용함과 동시에, 적극적인 외교활동을 통해 미소의 평화공존을 추진하는 것이 가장 바람직한 방법이라고 니부어는 주장한다(Craig, 1992: 687~701).

이러한 니부어의 핵폭력 윤리관은 핵현실주의, 기독교적 인간관, 현실주의적 국제정치관을 복합적으로 상정한 것으로, 다음에서 좀 더 자세히 설명하기로 한다.1)

니부어의 논리구조는 ① 기독교적 인간관, 특히 원죄설에 입각한 인간관, ② 인간집단에 대한 회의론적 견해, ③ 국제정치에서 현실주의적 관점의 필요성 등으로 이루어져 있다. 우선 인간관을 살펴보자. 니부어는 합리주의적·계몽주의적 인간관을 신랄하게 비판한다. 인간이 이성에 따라 본능과 욕구를 제어하고, 합리적 타협에 의해 평화로운

1) 이하는 전재성(2005)의 논문에서 부분 발췌함.

세상을 만들 가능성이 있다는 점을 비판하는 것이다. 인간의 이성 비판과 함께 니부어의 인간관이 가지는 특성은 인간 본성이 근원적인 결함을 가지고 있다는 사실이다. 이는 니부어에게 기독교적 개념인 원죄(sin)로 표현되는데, 원죄란 인간이 자신의 피조성(creatureliness)을 망각하고 자신을 역사와 자연의 주체로 그릇 이해하며, 이로 인해 자기에 대한 사랑과 자신의 이익을 무엇보다도 앞세우는 속성에서 기인하는 것이다. 원죄를 가진 인간은 "근본적이고 무한한 자유를 타고 태어났으며, 이는 건설적일 뿐 아니라 파괴적인 힘으로도 작용할 수 있다". 인간은 어떠한 힘에 의해서도 제약되지 않기에 자신의 능력을 계발해 어떠한 역사적·자연적 상황도 초월할 수 있는 완벽한 이상을 향해 나아갈 수 있다는 것이다. 그러나 이러한 노력은 하나님에 대한 반란을 꿈꾸게 하고, 이는 원죄의 근원을 구성한다고 본다.[2]

---

2) 니부어의 기독교적 현실주의는 4세기 로마의 철학자인 성 아우구스티누스에게서 많은 영향을 받는다. 아우구스티누스는 자신의 『신국론』에서 신의 나라와 인간의 나라, 두 나라에 관해 이야기하면서 비슷한 맥락에서 종교적인 것과 세속적인 것을 비교하는데 이는 니부어의 인간세상에 관한 견해 형성에 많은 영향을 미쳤다. 아우구스티누스에 의하면 "두 개의 사랑이 이 도시들을 생겨나게 했다. 신을 경멸하는 자기애(自己愛)는 지상의 나라를 생겨나게 했고, 자기를 경멸하는 신에 대한 사랑은 천상의 나라를 생겨나게 했다. 전자는 인간의 영광을 추구하고, 후자는 양심의 증거이자 최고의 영광으로서의 신만을 추구한다. 지상의 나라에서 지혜로운 사람들은 육체나 정신 혹은 양자의 쾌락을 육체에서 찾지만 …… 천상의 도시에는 인간의 지혜는 없고 참된 신을 섬기고 거룩한 천사들과 사람들의 공동체에서 보람을 찾는 경건함만이 있는데, 이는 신이 모든 것 안에서 모든 것이 되게 하기 위함이다"(Niebuhr, 1932: 69). 아우구스티누스 신학의 체계 전반에 관해서는 이석우(1995)의 책 참조.

이러한 인간관은 소위 기독교적 현실주의로 체계화되어 니부어는 인간의 본성이 지니는 다음과 같은 특징을 지적하게 된다. 첫째 인간은 나약하고 종속적이며 유한하고 자연세계의 필연성과 우연성에 제약된다는 점, 둘째 인간은 자신에게 내재된 악으로 인해 자신의 종속성, 유한성과 불안감, 그리고 인간의 불안감을 강화시키는 악순환을 인정하고 받아들이기를 거부한다는 점, 셋째 이에 근거하지만 좀 더 낙관적인 가능성을 제시한 항목으로 인간은 '신의 형상'이라는 원칙에 근거해 인간이 자기초월을 이룰 능력을 가지고 있다는 점 등이다. 니부어가 이해한 원죄 개념을 니부어의 언명에 따라 살펴보자.

> 원죄란 인간이 자신의 '피조성'을 받아들이기를 거부한다는 사실에 의해 이해될 수 있다. 또한 인간은 삶의 전체적 통일체 안의 한 부분에 불과하다는 사실을 받아들이길 거부한다. 인간은 자신이 자신 이상인 것처럼 가장한다. 또는 합리주의적이고 신비주의적인 이원론자들처럼, 자신의 원죄가 자신의 진정한 자아가 아닌 한 부분에 내재하는 것처럼 생각하거나, 육체적 필연성의 한 부분에만 내재해 있다고 주장한다. 기독교에 의하면 유한한 인간을 심판하는 것은 무한한 인간이 아니다. 원죄를 가진 인간을 심판하는 것은 영원하고 신성한 하나님이다. 또한 유한한 인간을 구원하는 일도 영원한 인간의 손에 달린 것이 아니다. 인간은 분리될 수 있는 존재가 아니어서 본질적 부분과 비본질적 부분을 나눌 수도 없다. 인간은 자신의 진정한 본질 속에서 모순된 존재이다. 인간의 본질은 자유로운 자기결정 능력이며, 인간의 원죄는 이러한 자신의 자유를 잘못 사용해 파괴를 야기시킨다는 사실이다(David and Good, 1960: 76).

이러한 인간본성관은 자유주의적 정치관에 대한 회의로 연결된다. 니부어는 자유주의의 내적 구성요소를 다음과 같은 여섯 가지로 요약한다. 첫째, 인간 사회에서 부정의가 나타나는 것은 무지 때문이며 교육과 보다 높은 수준의 지성이 나타나게 될 것이다. 둘째, 문명은 점진적으로 더욱 도덕적이 되어가고 있으며, 따라서 점진적 발전의 불가피성이나 효율성을 의심하는 것은 문제가 있다. 셋째, 사회체제나 제도보다 개인이 사회정의를 실현하는 데 더욱 중요하다. 넷째, 사랑·정의·선의·형제애 등에 대한 호소는 결국 효과적이 될 것이다. 다섯째, 선한 본성은 행복을 가져다줄 것이며, 이러한 사실을 깨닫게 되면 인간의 이기심과 욕심은 극복될 것이다. 여섯째, 전쟁은 어리석은 짓이며 전쟁의 어리석음을 깨닫는 자보다도 더욱 어리석은 자에 의해 전쟁이 발발된다는 점 등이다. 결국 자유주의란 기본적으로 인간에 대한 믿음에 근거한 것으로, 인간의 본성을 교화할 수 있는 이성적 능력에 대한 믿음, 인간의 기본적인 선한 본성에 대한 믿음 등이 자유주의의 핵심요소라고 파악한 것이다. "자유주의는 역사에 내재한 힘에 따른 단선적 발전을 믿으며, 인간 역사의 완성을 위해서 인간의 이성을 초월하는 비이성이나 초월적 힘의 도움이 필요하다는 사실을 인정하지 않는다"는 니부어의 언명이 이러한 자유주의 역사관을 요약해 표현하고 있다.

니부어는 합리주의·계몽주의·자유주의에 대해 총체적 비판을 가하면서 자신의 인간관·사회관·정치관·국제정치관 및 역사관을 정립해가는데, 그 핵심요소는 인간 이성에 대한 과신을 비판하는 것이다. 니부어는 인간의 이성이 자동적으로 '합당성(reasonableness)'을 산출하거나 정치정의를 가져올 수 없다고 생각한다. 이성은 "언제나 개인적 혹은 집단적인 생명력의 한 중심과 유기적으로 연결되어 있으며, 따라서 이성이란 하나의 생명력과 다른 생명력의 관계에서 방어와 공격을 위한 무기로 사용되기도 하고, 상충하는 생명력을 조정하는 초월적 힘으로 작용하기도 한다". 이성은 비이성적인 영혼이나 상상력, 또는 생명력으로부터 논리적으로 추론될 수 있는 논리적 과정이 아니며 단지 비이성의 근본적인 목적에 봉사할 뿐이다. "합리주의자들은 지성 혹은 이성이 홀로 우리의 도덕적·정치적 문제들을 해결할 수 있다고 믿는데 이는 잘못된 것이며, 지성은 이익에 의해 타락될 수밖에 없는 것이다"(David and Good, 1960: 121~124).

이와 같은 인간관은 복수의 인간들이 만든 인간 사회 혹은 조직에 대한 비판으로 이어진다. 기독교 신학자로서 니부어는 인간이 자기에 대한 사랑을 초월해, 타인과 신에 대한 사랑을 고양할 무한한 자유와 능력이 있음을, 그리고 이러한 과정이 신의 은총에 의해 완성될 수 있음을 논하고 있기는 하다. 그러나 보다 현실적으로 모든 인간은 자신의 이기성과 자기애를 투사해 조직과 사회를 이루고, 이렇게 이루어진 사회와 조직들은 끊임없는 권력투쟁에 빠질 수밖에 없음을 경고한다. 따라서 니부어는 인간과 국가가 자신의 원죄성과 피조성을 철저히 깨달아 자유주의적 이상주의나 낙관론을 버리는 한편, 자신은 옳고 타인은 그르다는, 자기애의 발현인 자기확신(self-righteousness)을 경계하기를 충고하고 있다.

원죄론적 인간관과 회의론적 사회관을 바탕으로 국제정치에서 니부어는 국가단위의 자기중심성과 선함에 대한 절대적 확신이 얼마나 위험한 이데올로기인가를 경고한다. 니부어는 역사상 과도한 자기확신으로 역설적 몰락의 길을 걸은 국제정치의 역사를 제시하는 한편, 냉전기 미국의 외교정책이 공산권에 대한 과도한 자기확신에 기반하고 있다는 점을 지속적으로 비판하고 있다. 니부어는 미국이 자국의 이익에 대한 생각 없이 세계 속에서 현재의 책임을 지리라고 희망하는 것은 어리석은 일이며, 또한 국가이익이 언제나 협소하게 정의되어 우리가 하는 일의 덕목이 타락된다는 사실을 부정하는 것도 똑같이 어리석은 일이라고 주장한다. 즉, 모든 정치수단의 덕목을 평가하는 데 순수한 흑백논리를 적용할 수는 없다는 것이다. 니부어는 "역사를 볼 때 모든 정치적 정의와 질서는 자기이익을 넘어서는 선과 미덕의 여분을 가진 사람 혹은 국가에 의해서 성취된다. 그러나 그들 역시 이러한 행동을 부분적으로 가능케 하는 동기가 이익이라는 사실을 부정해서는 안 된다. 그렇지 않으면 여분의 덕목도 악으로 변화하게 될 것이기 때문이다"라고 정리하고 있다(David and Good, 1960: 282).

결국 국제정치에서 우리가 추구할 수 있는 최대의 성과는 인간으로 이루어진 비도덕적 사회의 이기성을 서로 인정하고, 타자가 자신의 이익을 추구할 권리를 인정한 상태에서 나의 이익을 조정하는 신중하고 자기규제적인 실천지(實踐智)라는 것이 니부어가 말하는 기독교적 현실주의의 권리이다. 인간이 다른 동물과는 달리 초월의 계기를 가지며 평화를 희망할 수 있다는 점에서는 기독교적 구원의 가능성을 인정하지만, 역시 기독교적 원죄론에 입각해 신의 은총에 매달리기보다 인간의 실천지적 능력에 의존해 세속에서의 평화를 추구해야 한다는 점에서 니부어의 사상은 현실주의적이다.

이러한 관점에서 니부어의 핵폭력 윤리는 니부어 사상 전체의 기독교적 현실주의와 일맥상통하고 있다. 핵폭력 윤리는 자체적으로 독립해서 존재하는 것이 아니며, 보다 넓은 의미의 정치철학과 국제정치관으로 종합될 때 비로소 완성된다. 각 국제정치의 사례 이전에 선험적으로 주어지는 윤리가 아니며, 목적·수단·의도를 모두 고려한 후 가장 신중하면서도 온건하게 행동하는 프루던스(prudence)를 가져야 하며, 이는 기독교적 인간관·정치관에 기반해야 한다는 것이다. 핵폭력 윤리는 폭력의 윤리이지만, 기본적인 철학적·정치적 국제정치관을 기반으로 하고 있어야 완성된다는 것이 니부어가 주는 교훈이라고 할 수 있다.

4. 탈세속화 시대 북핵문제에 대한 기독교의 역할

1) 탈세속화 시대의 개막?

앞에서 논의한 기독교 전반이 국제정치, 폭력윤리 혹은 핵문제에 관해 표명한 견해는 국제정치를 규범적으로 보는 여러 시각 중 하나일 뿐이다. 이는 근본적으로 근대세계의 세속화 경향에 기인한 것이다. 종교가 차지하는 사회적 역할이 정치·경제·문화 등 다른 역할과 동등한, 하나에 불과한 역할로 축소되었기 때문이다. 이러한 상황에서 종교 혹은 기독교가 국제정치에 대해 내는 목소리가 사회적으로 얼마나 의미가 있을까?

무엇보다 중요한 것은 종교가 사회문제에 대해 어떠한 근본적 의미를 가질 수 있는가 하는 점이다. 이에 대한 실마리는 종교사회학이 제공한다. 예를 들어 베버(Max Weber)는 그의 종교사회학에서 현세 속에서 종교의 영향을 받아 일어나는 인간행위, 즉 종교적 행위를 분석하고 있다. 여기서 종교적 행위란 신자 자신이 받아들이는 종교적 지식의 관점에서 이 세상과 자신의 삶에 내적으로 부여하는 의미를 내포하며,

또한 그에 따라 자신의 행위를 통제한다(양영진, 1995: 397). 신앙이란 계시된 진리나 교리를 받아들이는 것으로, 구원종교들에서 보이는 바와 같이 매우 특수한 형태의 전승된 지식을 의미하고 있다.

베버는 종교교리가 신자들이 현실을 바라보는 시각을 어떻게 바꾸는지에 관심이 있었으며, 특히 서로 다른 사회집단이 같은 혹은 다른 종교신앙을 받아들이고 이에 따라 행동을 하는 방식에 관심이 있었다. 베버는 삶과 죽음의 유의미성과 고통과 불의로 가득 찬 불완전한 세상의 무의미성 사이의 갈등에서 비롯되는 모순을 조화시킬 수 있는 의미구성의 중요성을 되풀이해 강조하고 있다(양영진, 1995: 404). 이러한 의미 있는 세계질서의 추구가 바로 순수한 종교적 합리성의 핵심이라고 본 것이다(Weber, 1948: 281).

따라서 종교는 일상적 논리가 설명해주지 못하는 세계와 인간, 죽음의 의미를 설명해주는 지식제공의 역할을 담당했다. 문제는 이러한 지식제공의 역할을 근대과학이 대체하게 된 것이다. 종교는 근대에 들어오면서, 세계와 우주에 대한 합리주의에 밀려 인간행동의 동기, 우주를 설명하는 이론으로서 효용성이 퇴조하거나, 공적 담론의 영역에서 사적 신앙의 영역으로 밀려났다. 근대화는 사회분화, 사회화, 합리화의 과정과 함께 진행된다. 사회분화가 이루어지면서 다양한 계층분화, 양성분화 등이 일어나게 되었다. 특히 산업혁명 이후, 자본가와 노동자, 도시민과 농민 등의 계층은 각자 독특한 생활양식을 가지게 되었고, 각자의 방식으로 구원을 찾게 되었다. 교파들이 나뉘고, 통합적인 종교가 사회의 공적 영역을 통제하지 못하게 된 것이다. 또한 사회화의 과정이 진행되면서, 과거 공동체적으로 연결되어 있던 유대감이 사라지고 근대적 계약관계에 의한 사회관계가 출현했다. 이로써 하나의 공동체로서 사회를 통제하던 종교의 역할이 축소되고, 소위 기독교의 민주화 현상이 일어나 각 교파들은 더욱 분리되었다. 무엇보다 중요한 점은 합리화라고 볼 수 있다. 과거 종교가 세계와 사회·인간에 대한 '과학적' 논리와 설명을 제공해주고 있었던 바, 인간의 이성과 경험에 의해 세계를 과학적으로 인식하게 되면서, 기존의 성경 축자적 해석은 비과학성의 오명과 함께 세계를 합리적으로 설명하지 못한다는 비판에 처하게 되었다. 이로써 성경을 여전히 권위적으로 해석하는 근본주의와 과학에 기반해 해석하는 근대주의 간의 갈등이 교계에서 비롯되었다.

소위 근대화 혹은 세속화는 서구뿐 아니라 전 세계적으로 진행된 현상이다. 근대화를 구성하는 민주주의, 산업혁명, 자본주의, 과학혁명, 합리주의 등의 거대조류는 자발적이든 강압적이든 세계 모든 지역에서 공통적으로 일어난 현상이기 때문이다. 각 지역에서 자생하던 세계의 설명논리로서의 종교는 사적 영역으로 후퇴하고, 공적 영역을 제의적으로 다스리던 공적 역할은 거의 소멸되었다.

그러나 근대화·세속화·합리화가 극단으로 치닫는 20세기 중·후반에 이르러 새로운 경향이 나타나고 있다. 소위 탈세속화(desecularization)의 경향이다.[3] 근대화와 합리화가 인간의 궁극적 질문과 삶의 의미에 명확한 답을 제시해줄 수 있으리라고 기대한 것과는 다르게, 과학은 궁극적인 질문에 명확한 답을 제시하지 못하고 있다. 우주의 본질과 신의 존재, 인간의 죽음과 같이 인간 삶의 의미를 구성하는 의미체계에 대해 근대의 학문체계는 여전히 불가지론의 대답을 줄 뿐이다. 반면

---

3) 세속화와 탈세속화에 관한 다양한 논의를 위해서는 김성건(2005: 174~206), 이종록(2005: 181~212), 버거·피터(2002), 류대영(2002) 등 참조.

20세기 후반의 지구정치는 테러·마약·환경 등 지구 공멸을 가져올 수 있는 다양한 문제를 새롭게 안게 되었으며, 문명의 충돌 혹은 종교의 충돌과 같은 본격적인 종교국제정치의 문제에 당면하게 되었다. 또한 제3세계 국가는 기존의 토착적 종교를 외면하고 세속화라는 새로운 경향에 임했으나, 그 결과는 제국주의와 서구 중심주의, 근대화의 한계라는 실망스러운 것이었다. 제3세계의 많은 국가들은 다시 자신들이 지켜왔던 종교를 부활시키려는 경향을 강화했다. 과거 공산주의 국가들의 움직임도 탈세속화에 일조하고 있다. 공산주의 교리에 의해 종교를 외면하던 과거와는 달리, 탈공산주의 이행과정에서 각 국가들은 다시 종교의 중요성에 주목하고 있다.

문제는 이러한 탈세속화, 혹은 종교의 부활과정이 근본주의적 성격을 강하게 띠고 있다는 것이다. 대표적인 국가로 미국은 21세기 미국의 패권적 역할의 정신적 기반을 기독교에서 찾는 경향을 보인다. 특히 부시 행정부는 남부 신교도들과 동북부 유대계의 영향을 강하게 받아 소위 네오콘의 정치분파와 기독교 근본주의가 결합되는 양상을 보인다. 탈물질주의 사회에서 보이는 많은 정치 이슈들, 즉 낙태·동성애·총기소지 등의 문제가 종교적 분파대립과 균열구조를 공유하는 양상을 보일 뿐 아니라 국제정치 이슈에서도 기독교적 관점이 투영되고 있다. 세계를 근본주의 기독교적 가치관에 의해 양분법적으로 해석하고 악으로 규정된 세력들을 응징하려는 일방주의적 실천관은 미국의 경우, 제국주의적 신정국가의 형태로까지 발전할 가능성을 보이고 있다. 물론 합리화·세속화의 영향이 여전히 지속되고 있지만, 미국의 종교적 예외주의, 즉 여전히 신을 믿고 교회에 나가는 미국민의 숫자가 다른 지역에 비해 많을 뿐 아니라 오히려 증가하는 종교적 경향은 미국의 근본주의적 경향과 맞물려 있다.

미국 이외의 지역에서도 근본주의의 부흥과 정치세력화는 잘 알려진 일이다. 9·11테러와 더불어 이슬람 근본주의는 엄청난 관심을 끌고 있으며, 이미 지역을 넘어 지구적 문제로 대두되고 있다. 이슬람의 중동·동남아 지역으로의 확대는 탈세속화 경향이 국내정치는 물론 지구정치와 맞물리는 현상을 대표적으로 보여주고 있다. 그 밖에 남미지역에서 기독교 근본주의의 등장, 그리고 제3세계에서 근본주의의 점진적 강화 및 미국과의 동조화 현상 등도 지적되고 있다.

탈세속화는 근본주의와 필연적 유대관계를 가지지 않은 근대의 비판 현상이다. 과연 근본주의가 가지는 문제점을 극복하면서 탈세속화, 종교의 부흥, 그리고 건강한 탈세속화 사회를 위한 종교의 위치찾기는 어떻게 이루어질 수 있는가? 그리고 이러한 종교의 새로운 임무 속에서 국제정치 사안은 어떻게 다루어져야 할 것인가?

2) 북한 및 북핵문제에 대한 기독교의 역할

한국의 경우, 정치 및 국제정치 사안에 대해 각 종교단체가 꾸준한 역할을 해온 바 있다. 한국 역시 급격한 근대화·산업화·합리화의 조류에 부딪히면서 세속화의 경향을 걸은 것은 주지의 사실이나, 공적 사안에서 종교는 많은 목소리를 내왔다. 과거 권위주의 시대의 독재타도, 냉전기 공산주의와의 대결, 그리고 인도주의적 사회활동에서 종교는 다른 사회운동의 한 부분으로 많은 공헌을 했다.[4)]

---

4) 이삼열은 KNCC의 대북 활동을 시기별로 구별해 ① 1980년대 평화운동과

냉전이 종식되고 탈냉전기에 접어들면서 한국은 전반적인 사회민주화, 새로운 탈물질주의 사안들의 등장, 세계화되면서 새롭게 등장한 문제들, 한국의 위상 증대로 인한 다양한 국제적 활동 증가, 그리고 무엇보다 분단과 한반도의 평화문제에 직면하고 있다. 새로운 시대에 한국의 종교, 특히 기독교가 할 수 있는 역할은 무엇이며, 특히 북한, 북핵, 한반도 평화에 대해 어떠한 기독교적 입장을 취하고 사회에 건강한 자극을 줄 것인가는 중요한 문제가 아닐 수 없다. 그리고 탈세속화의 경향이 점증하는 가운데, 종교가 제공해줄 수 있는 정신문명의 한 축을 기독교가 어떻게 담당해나갈지도 중요한 과제라고 할 수 있다.

북한문제에 관해 그간 기독교는 많은 활동을 해왔다. 한국기독교교회협의회(KNCC)와 한국기독교총연합회(한기총)는 기독교의 양대 축으로, 남북나눔운동, 선교활동, 북한인권 관련 활동, 북한동포돕기운동, 인도주의적 지원활동, 평화통일활동, 남북기독교 교류 등의 활동을 해왔다. 최근 한기총의 경우 서울-평양 상호 방문, 소래교회 복원, 금강산 수양관 건립, 여의도순복음교회의 경우 평양 어린이 심장병원 건립, KNCC의 경우 북한사회개발 컨소시엄 구성, 예장통합의 경우 북한 봉수교회 재건축, 감리회의 경우 북한 칠골교회 재건축, 기장의 경우 평양 탁아소 건립, 기하성의 경우 북한 가정교회 물자지원, 구세군의 경우 식료품 지원 등의 다양한 활동을 벌여온 것도 잘 알려져 있다(유영대, 2007.6.1).

한반도의 분단극복 운동(1981~1988), ② 탈냉전시기의 남북대화와 통일논의(1988~1995), ③ 북한의 곤경과 남북의 교류협력운동(1995~1999)으로 설명하고 있다(2000: 126).

그러나 2002년 제2차 북핵위기가 다시 발발하고 이에 따라 남북관계와 한반도 평화문제가 다시 불거지면서 기독교가 어떠한 입장을 취하고 있는지, 혹은 앞으로 취할 것인지에 대한 기대가 모아지고 있다.[5] 현재까지 개신교와 천주교는 ① 분단의 극복과 평화통일, ② 북핵문제의 평화적 해결, ③ 한반도 평화정착, ④ 대북 인도적 지원 및 선교활동 강화 등의 대원칙에 관해서는 일치하고 있는 것으로 보인다. 이 글의 주제와 관련해 문제는 북핵실험 이후 북한의 핵무기에 관해 어떠한 입장을 취할 것인가 하는 점이다.

앞서 살펴본 바와 같이 총론적 기독교의 입장은 핵평화주의와 핵정전론의 절충형태라 할 수 있다. 이러한 견해는 최근 표명된 KNCC의 입장에서도 확인된다. 박종화는 1988년 2월 29일 '민족의 통일과 평화에 대한 한국기독교회 선언'에 논의의 뿌리를 두면서, 평화정착의 당면 핵심요소가 '반핵평화'라고 보고 있다. 그리고 이러한 논리는 88선언에 기초하고 있으며, 북핵문제의 해결에 관한 교회의 입장은 양비론이나 양시론이 아닌 '반핵'임을 분명히 하고 있다. 또한 핵문제에 대해서는 북핵만도 아니고 '잠재적 남핵'만도 아닌 한반도 전체와 주변의 비핵화를 주장하고 있다. 즉, "한반도에 배치되었거나 한반도를 겨냥하고 있는 모든 핵무기는 철거되어야 한다"는 입장이다. 주목을 끄는 것은 남북한의 비핵화만이 아니라 한반도 주변의 '비핵지대화'라는 원대한 목표를 천명하고 있다는 점이다. 필자는 스스로 이 부분이 북핵위기와 함께 거론되고 있는 일본핵, 남한핵, 대만핵 등의 잠재적 가능성도

5) 한국 기독교계의 대북한활동에 관해서는 허문영(2005: 6~29), 김연중(2002: 289~329), 이삼열(2000: 122~159) 등 참조.

거부하는 신앙 고백적 선언이라 할 만하다고 평가하고 있다.[6)]

이러한 입장은 핵평화주의의 한 형태로서 한반도 및 동북아적 적용이라 할 수 있다. 문제는 현실성이다. 21세기 초 국제정치의 전개과정에서 부각되고 있는 미국 중심의 군사적 단극체제, 미·중 간 동북아 경쟁 및 협력구도, 반테러 전쟁과 핵비확산의 강화, 북미관계의 대립구도 등을 고려해볼 때, 핵평화주의가 적용될 수 있는 현실적인 조건들을 찾아가야 한다는 점이다.

중요한 것은 핵평화주의가 이상주의적 형태를 띠게 되면 적용 가능성이 극도로 낮아진다는 것이다. 북한이 이미 핵무기를 개발해 핵국가로 자처하고, 향후 한반도 문제에서 북한의 생존은 물론 영향력 강화를 추진할 때, 이를 정치·외교적으로 해결할 수 있는 정책수단이 구비되어야 핵평화주의도 의미가 있을 수 있다. 우선은 북한의 핵무기에 대한 억제전력의 강화와 북핵의 완전한 폐기를 위해 정치·외교적 노력을 기울이는 것이 중요하다. 그리고 이는 매우 구체적인 국제정치학적 전략과 철학에 기반하고 있을 때 가능한 것이다.

앞서 살펴본 니부어는 궁극적인 인간의 목적에 대한 기독교적 관점을 견지하면서도, 인간의 원죄설과 인간 사회의 불완전성에 기반해 국가 간 대립을 매우 신중한 자세로 접근할 것을 강조한 바 있다. 특히 자신의 국가와 사회가 절대선을 대표한다고 자처할 때 타협과 공존이 불가능하며, 군사적으로는 단기적 억제와 협상이 불가피하다는 것을 주장한 바 있다. 이러한 점에서 기독교적 현실주의는 한국 기독교계가 북한문제에 접근할 때 가질 수 있는 원칙에 하나의 실마리를 제공해줄

---

6) 2007년 KNCC 평화통일정책협의회, 5월 3일 발표문 참조(박종화, 2007).

수도 있다고 본다.

첫째, 북한에 대한 기독교적 관점을 철저히 하는 노력이 필요할 것이다. 기독교적 관점에서 보는 인간 삶의 의미, 평화의 가치, 신의 섭리, 인간이 지켜야 할 도리 등을 고려해 북한의 향후 발전방향에 대한 명확한 제시가 필요할 것이다.

둘째, 핵에 관한 전통 기독교 핵평화주의 관점을 원칙론의 관점에서 고수할 필요가 있을 것이다. 핵평화주의는 전쟁방지는 물론 억제전략 사용에 대한 제한, 핵무기 사용에 대한 새로운 접근 등의 측면에서 원칙론적 의미를 가진다고 하겠다. 따라서 북핵문제를 바라볼 때도 핵평화주의 원칙을 고수할 필요가 있을 것이다.

셋째, 한반도의 비핵화와 평화정착을 위한 구체적인 정책에 관해서도 명확한 견해를 가질 필요가 있다. 현실 국제정치는 권력과 국가이익을 축으로 진행되고 있으며 이를 회피할 방법은 없다. 니부어의 경우 신의 계시와 은총을 중시하면서도, 인간이 신중하고 온건하며 자기중심주의를 탈피한 정치적 노력에 의해 상황을 개선할 수 있음을 주장한 바 있다. 한국의 기독교도 현실 국제정치의 모습을 고려한 상태에서, 정책 결정자들에게 도움이 되는 대안을 제시하는 방안을 생각해볼 수 있을 것이다.

5. 결론

이 글은 북한 핵실험 이후의 남북관계, 한반도 평화정착, 동북아 핵질서와 관련해 벌어지는 많은 사안들에 대해 한국의 기독교가 어떠한 입장을 가지고 있는지, 그리고 어떠한 입장을 가져야 하는지에 관해 논의하고자 했다. 핵과 폭력질서에 관한 기존의 입장은 크게 현실주의, 평화주의, 그리고 정전론으로 나뉘며, 이는 핵에 관한 논의에도 적용된 바 있다. 특히 기독교는 핵평화주의의 원칙을 고수하면서도, 억제전략에 대한 조건부적 허용을 통해 핵정전론을 제시한 바 있다.

문제는 이러한 핵평화주의와 핵정전론을 통해 어떻게 궁극적인 평화에 도달할 것인가 하는 점이다. 니부어는 다른 기독교 철학과는 차별되는 입장에서 기독교적 현실주의를 주장하면서 기독교적 관점을 원칙상 고수하지만 핵문제, 국가 간 대립 등의 사안을 해결하기 위해서는 정치적 실천지가 필요하다는 점을 강조한 바 있다.

20세기 중·후반부터 진행되고 있는 탈세속화의 경향은 장기적 조류로서 상당 기간 발전할 가능성이 높고, 그러한 상황에서 한국의 기독교는 근본주의 편향의 탈세속화의 한계를 넘는 새로운 조류를 보여줄 수 있으리라는 기대를 받고 있다. 더욱이 북핵문제와 같은 현실사안에서도 현실성과 기독교 원리를 종합한 한국적 기독교 현실주의를 통해 정책입안자들에게 도움을 줄 수 있으리라는 희망을 가져본다.

참고문헌

김성건. 2005. 「유럽중심주의와 한국의 종교사회학: 세속화이론을 중심으로」. ≪담론 201≫, 제8집 제1호, 174~206쪽.

김연중. 2002. 「북한선교활동의 분석과 정책 제안」. ≪북한연구학회보≫, 제6집 제1호, 289~329쪽.

김종순. 1976. 「라인홀트 니이버의 권리정치에 관한 연구」. ≪신학과세계≫, 제2집, 157~174쪽.

노정선. 1991. 「맑스주의와 기독교사상: 맑스주의와 니이버의 기독교 윤리사상: 분단 신학에 대한 분석의 입장에서」. 숭실대학교 기독교사회연구소 편. 『맑스주의와 기독교사상』. 서울: 한울, 125~143쪽.

류대영. 2002. 「세속화 이론과 미국 종교사」. 서울대학교 종교문제연구소. ≪종교와 문화≫, 제8집.

박종화. 2007.5.3. 「한반도 평화정착과 북한사회개발」. 2007년 KNCC 평화통일정책 협의회 발표문.

버거·피터(Berger and Peter) 편. 2002. 『세속화냐, 탈세속화냐?: 종교의 부흥과 세계 정치』. 김덕영·송재용 옮김. 서울: 대한기독교서회.

양영진. 1995. 「막스 베버의 종교사회학에 대한 일고찰」. 배동인 외. 『막스 베버 사회학의 쟁점들』. 서울: 민음사.

유영대. 2007.6.1. "북 조그련, 남 교계에 잇단 러브콜". ≪국민일보≫.

이삼열. 2000. 「민족통일을 향한 기독교의 평화운동」. 숭실대학교 기독교사회연구소. 『한국사회발전과 기독교의 역할』. 서울: 한울. 122~159쪽.

이석우. 1995. 『아우구스티누스』. 서울: 민음사.

이우찬. 1999. 「라인홀트 니이버의 그리스도의 사랑과 사회정의의 실현」. ≪한국전문대학기독교교육학회 논문집≫, 제3집, 291~314쪽.

이종록. 2005. 「탈세속화 시대와 기독교 보수주의: 미국의 보수적 기독교에 대한 비판」, ≪종교연구≫, 제39집(여름), 181~212쪽.

이형대. 1997. 「미국 지성사에서 라인홀트 니이버의 위치」. ≪미국사연구≫, 제6집, 183~209쪽.

장종철. 2003. 「라인홀트 니이버와 국제정치에서의 권력의 사용에 대한 소고」. ≪신학과세계≫, 제46집, 114~136쪽.

전재성. 2005. 「라인홀트 니이버의 기독교적 현실주의 국제정치사상」. ≪서울대 국제지역연구≫, 제14권 제4호, 겨울호.

전현식. 2004. 「인간실존, 초월 그리고 죄에 대한 생태학적 재구성: 라인홀트 니이버와 마조리 수하키를 중심으로」. ≪한국기독교신학논총≫, 제32집, 151~ 176쪽.

정태욱. 2003. 「마이클 월저의 정전론에 대한 소고: 선제방어전쟁론을 중심으로」. ≪법철학연구≫, 제6권 제1호, 157~184쪽.

페드만, 프레드(Fred Fedman). 1999. 『기초윤리학』. 박은진·장동익 옮김. 서울: 철학과현실사.

하영선. 1994. 「핵무기의 윤리학」. ≪국제문제연구≫, 제18집 제1호.

허문영. 2005. 「성경적 관점에서 본 남북통일」. ≪통합연구학회 통합연구≫, 제18집 제1호, 6~29쪽.

Amstutz, Mark R. 1999. *International Ethics: Concepts, Theories, and Cases in Global Politics*. New York: Rowman & Littlefield.

Andrew, Vallis(ed.). 2000. *Ethics in Internatioanl Affairs: Theories and Cases*. New York: Rowman & Littlefield.

Craig, Cambell. 1992. "The New Meaning of Modern War in the Thought of Reinhold Niebuhr." *Journal of History of Ideas*, Vol. 53, No. 4, pp. 687~701.

David, Harry R. and Robert C. Good(eds.). 1960. *Reinhold Niebuhr on politics; His political philosophy and its application to our age as expressed in his writings*. New York: Scribner.

Diggins, John Patrick. 1992. "Power and suspicion: The perspectives of Reinhold Niebuhr." *Ethics & International Affairs*, 6.

Donnelly, J. 1992. "Twentieth-century realism." in T. Nardin and D. Maple(eds.). *Traditions of international ethics*. Cambridge: Cambridge University Press.

Forde, Steven. 1992. "Classical realism." in T. Nardin and D. Maple(eds.). *Traditions of international ethics*. Cambridge: Cambridge University Press.

Loriaux, Michael. 1992. "The realists and Saint Augustine: Skepticism, psychology and moral action in international thought." *International Studies Quarterly*, 36, pp. 401~420.

Nardin, Terry, and David Maple. 1992. *Traditions of international ethics*. Cambridge: Cambridge University Press.

National Conference of Catholic Bishops. 1983. *The Challenge of Peace: God's Peace and Our Response*. Washington, DC: United States Catholic Conference.

Niebuhr, Reinhold. 1928. *Does civilization need religion?: A study in the social resources and limitations of religion in modern life*. New York: The Macmillan Company.

______. 1932. *Moral man and immoral society: A study in ethics and politics*. New York: C. Scribner's Sons.

______. 1935. *An interpretation of Christian ethics*. New York: Harper & Brothers.

______. 1940. *Christian realism and political problems*. New York: C. Scribner's Sons.

______. 1941. *The nature and destiny of man; A Christian interpretation*. New York: C. Scribner's Sons.

______. 1944. *The children of light and the children of darkness; A vindication of democracy and a critique of its traditional defense*. New York: C. Scribner's Sons.

______. 1953. *Christian realism and political problems*. New York: C. Scribner's Sons.

______. 1954. *The irony of American history*. New York: Scribner.

______. 1955. *The self and the dramas of history*. New York: Scribner.

______. 1959. *The structure of nations and empires; A study of the recurring patterns and problems of the political order in relation to the unique problems of the nuclear age*. New York: Scribner.

Petito, Fabio, and Pavlos Hatzopoulos(eds.). 2003. *Religion in International Relations: The Return from Exile*. New York: Palgrave MaCmillan.

Rice, Daniel F. 1993. *Reinhold Niebuhr and John Dewey: An American odyssey*. Albany: State University of New York Press.

Thomas, Scott M. 2005. *The Global Resurgence of Religion and the Transformation of International Relations: The Struggle for the Soul of the Twenty-First Century*. New York: Palgrave MaCmillan.

Weber, Max. 1948. *From Max Weber: Essays in Sociology*, tr. and ed. with an introduction by Gerth & Mills. London: Routledge & Kegan Paul.

제 2 부

핵무기 제거를 위한 노력: 국제적 사례

제3장

남아프리카공화국의 비핵화 사례 연구

조동준(서울시립대학교 국제관계학과)

1. 서론

남아프리카공화국은 보유했던 핵무기를 스스로 폐기한 유일한 국가다.[1] 비핵화 과정에서 남아프리카공화국은 핵무기 폐기를 조건으로 보상을 요구하지 않았으며, 국제사회는 남아프리카공화국의 핵무기를 폐기하기 위해 경제제재와 같은 직접적인 압력을 가하지도 않았다.[2] 1993년 3월 24일 데클레르크(de Klerk) 대통령은 의회연설을 통해 핵무

---

1) 우크라이나, 카자흐스탄, 벨로루시는 미국으로부터의 경제지원과 러시아로부터의 안전보장을 조건으로 자국에 배치되었던 구소련의 핵무기를 러시아로 인도했다(조순구, 2005: 203~204; The Carnegie Endowment for International Peace and the Monetary Institute of International Studies, 1998: 3~23).

2) 국제사회는 남아프리카공화국의 인종차별, 나미비아 불법 점령, 로디지아(현재 짐바브웨) 백인정권에 대한 지원을 이유로 경제제재와 무기수출 금지를 시행했다. 남아프리카공화국에 대한 국제사회의 제재에 관해서는 Klotz(1995)와 Rodman(1994)을 참조.

기 보유 사실과 자발적 의사에 따른 폐기를 공개했다. 남아프리카공화국의 자발적 폐기는 '핵반전(nuclear reversal)'의 한 가지 경로를 제시한다(e.g., Albright and Hibbs, 1993; Levite, 2002: 84~85; Liberman, 2001: 71~82; Long and Grillot, 2000; Paul, 2000: 115~117; Pabian, 1995: 9~10). 비록 유일한 사례를 가지고 핵무기 폐기를 위한 요건을 엄격히 일반화하기 어렵지만, 기존 사례연구는 엄격한 연구방법을 적용해 희소 사례연구가 가질 수 있는 어려움을 제한적으로나마 극복했다.

이 글은 두 가지 목적에 따라 남아프리카공화국의 핵무기 보유 시도와 폐기과정에 관한 기존 연구를 검토한다. 첫째, 핵무기 확산에 관한 기존가설의 적실성을 남아프리카공화국의 사례에 비추어 검토한다. 핵무기 확산에 관한 기존가설과 주장은 엄밀한 검증작업을 거치지 않았다. 남아프리카공화국의 핵무기 보유와 비핵화는 핵무기 확산에 관한 기존가설과 주장을 검증할 수 있는 중요한 사례다. 둘째, 남아프리카공화국의 핵무기 폐기는 한반도 비핵화의 가능성과 요건을 검토해볼 수 있는 기회를 제공한다. 이미 행정부와 학계는 남아프리카공화국 사례에서 북한의 핵무기 폐기를 위한 교훈을 언급하고 있지만, 남아프리카공화국 사례에 대한 엄밀한 분석에 기반하고 있는지 검토해보아야 한다. 남아프리카공화국 사례가 한반도 비핵화를 위한 노력에 적용 가능한 교훈을 제공할 수 없는 상황에서 남아프리카공화국 사례를 비핵화 원형으로 삼고 있을 수도 있다.

이 글은 다음과 같이 구성된다. 첫째, 남아프리카공화국의 핵무기 보유과정을 정리하고, 핵확산을 추동하는 원인에 관한 가설과 남아프리카공화국 사례 간의 일치 여부를 검토한다. 둘째, 남아프리카공화국의 핵무기 폐기과정을 정리하고, 지금까지 제기된 '핵반전'의 가설과 남아프리카공화국 사례 간의 일치 여부를 검토한다. 셋째, 남아프리카공화국의 사례가 북한의 핵무기 폐기에 주는 교훈을 추론한다. 두 사례 간의 차이점과 유사점을 검토해, 남아프리카공화국 사례를 한반도 비핵화에 적용할 수 있는지 검토한다.

2. 남아프리카공화국의 핵무기 개발

남아프리카공화국의 핵무기 개발 의혹은 1960년대 후반부터 제기되었다(e.g., Burns, 1965: 868; Zoppo, 1969: 116). 2차대전부터 우라늄 채굴이 이루어졌고 1960년대 중반 핵무기 제조에 필요한 능력을 구비했기 때문에 핵무기 개발 가능성이 제기된 것이었다. 하지만 실제 남아프리카공화국이 핵무기를 개발하기로 결정한 시점은 1970년대이다.[3] 왜 남아프리카공화국은 1970년대에 핵무기 개발을 시작했을까? 이 절은

---

3) 핵무기 개발을 위한 전략적 선택의 시점에 관해 세 가지 입장이 있다. 첫째, 데클레르크 대통령은 1993년 3월 24일 의회연설을 통하여 1974년을 전략적 선택의 시점으로 지목했다. 둘째, 1970~1980년대 핵무기 개발에 직접 관여했던 인사들은 1971년을 지목했다. 이들에 따르면, 1970년 원자력위원회가 핵폭발 장치 개발을 제안했고, 1971년 3월부터 연구를 시작했다. 1974년 원자력위원회가 연구결과를 보고할 때, 포어스터 총리가 공식적으로 핵무기 개발을 승인했지만, 이미 포어스터 총리는 1971년부터 핵무기 개발의 가능성을 인지했다(Hibbs, 1993: 8; Liberman, 2001: 50~52; Reiss, 1995: 7~8). 셋째, 핵무기 폐기 직전 핵무기 프로그램을 검토했던 인사들은 1977년에 들어서 핵무기 개발이 본격화되었다고 증언했다(Liberman, 2001: 52~53). 세 입장은 핵무기를 개발하기 위한 연구와 핵무기 보유 사이의 과정에서 특정 국면의 중요성에 대한 다른 견해를 반영한다.

기존 핵확산 가설과 남아프리카공화국 사례 간의 일치 여부를 검토한다. 이 절은 세 부분으로 구성된다. 첫째, 핵확산을 추동하는 원인에 관한 기존 가설을 정리한다. 둘째, 남아프리카공화국이 1960년대 중반까지 핵무기 보유를 시도하지 않은 사실을 이해하기 위해 핵확산 가설과 1960년대 남아프리카공화국의 국내외 상황 간의 일치 여부를 검토한다. 셋째, 남아프리카공화국의 핵확산 결정을 이해하기 위해 핵확산 가설과 1970년대 남아프리카공화국의 국내외 상황 간의 일치 여부를 검토한다.

1) 핵확산의 두 요인: 기술적 · 경제적 능력과 의지

핵무기 보유를 시도하는 국가는 핵무기를 제조할 수 있는 기술적·경제적 능력과 강한 의지를 가지고 있어야 한다. 핵무기 제조를 열망하는 국가는 핵무기 제조에 필요한 기술적 능력 일부를 구비하려 노력할 수도 있지만, 핵무기 제조에 필요한 기술적·경제적 능력이 구비되지 않는다면 핵무기 보유를 처음부터 고려하지 않게 된다. 예를 들어 리비아는 핵무기 보유를 열망했지만 핵무기 제조에 필요한 기술적·경제적 능력을 구비하지 못하자 화학무기로 방향을 전환했다(Spector, 1990: 175~180).[4] 이처럼 핵무기 제조에 필요한 기술적·경제적 능력의 구비

---

4) 핵무기를 제조할 기술적·경제적 능력을 구비하지 못했던 이집트·리비아·스위스는 1960년대 핵무기 구매를 고려했다. 이집트는 중국과 구소련으로부터 핵무기를 구매하려고 했다(Bhatia, 1988: 59; Lefever, 1979: 73). 리비아는 몇 차례에 걸쳐 중국에 핵무기 구매의사를 타진했다(Heikel, 1975). 핵무기 구매가 불가능하다는 사실을 인지한 리비아는 1995년 칸(Khan) 연

여부는 핵개발 시도에 영향을 미치는 첫 장벽이다.

핵무기 제조에 필요한 기술적·경제적 능력은 세 가지로 분류될 수 있다(e.g., Jo and Gartzke, 2007: 169; Meyer, 1984). 첫째, 핵무기 제조에 필요한 기술이다. 핵무기를 제조하는 데 필요한 이론적 지식은 광범위하게 전파된 반면 핵무기 제조에 필요한 기술은 여전히 많은 국가에게 장벽으로 남아 있다. 둘째, 핵무기 탄두에 사용될 물질이다. 천연 우라늄과 재처리된 우라늄 거래가 국제적으로 엄중하게 감시되고 있다는 점을 고려한다면, 핵무기 개발을 시도하는 국가는 핵물질을 국내에서 생산할 수 있는 능력을 갖추어야 한다. 셋째, 핵무기 개발에 필요한 제반 경제적 능력이다. 핵무기 개발을 위한 재원조달과 인력동원은 여전히 어려운 과제이고, 특히 핵무기 개발 의혹으로 발생할 수 있는 국제제재를 견뎌낼 수 있을 만큼 튼튼한 경제가 필요하다.

핵무기 개발의 또 다른 측면은 의지이다. 핵무기 개발이 알려질 경우 초래될 국내외의 압력과 불이익을 감수할 수 있을 만큼 강한 의지를 가진 국가만이 핵무기를 개발한다. 핵무기 개발을 추동하는 원인은 안보, 국내정치, 규범으로 유형화할 수 있다(e.g., Jo and Gartzke, 2007: 169~171; Sagan, 1996). 첫째, 안보와 관련된 세부사항은 통상무기 혹은 재래식 무기에 기반한 안보불안(e.g., Beaton and Maddox, 1962; Potter, 1982; Quester, 1973), 국가로 인정받지 못할 정도의 심한 외교적 고립(e.g., Betts, 1997; Harkavy, 1977; Rosen, 1975), '핵우산'의 존재 여부

결망을 통해 핵무기 개발에 필요한 부품을 조달하려 했다(International Atomic Energy Agency, 이하 IAEA, 2004: 3~7). 스위스 군부는 연방정부에게 미국·영국·소련에서 핵무기를 구매하자는 제의를 했다(Stussi-Lauterburg, 1995: 7).

등이다. 둘째, 국내정치와 관련된 세부사항은 국내정치구조와 국내불안 등이다. 국내정치구조와 핵확산의 관계를 실증적으로 분석한 결과를 보면, 민주주의 국가가 핵무기 개발 프로그램을 시작할 가능성은 비민주주의 국가와 차이가 없지만, 핵무기 개발 프로그램을 가진 민주주의 국가는 핵무기를 보유할 가능성이 크다(e.g., Jo and Garzke, 2007: 177~179, 184). 핵무기 보유와 민족 자존감이 결합되는 현상은 정치인으로 하여금 핵무기 개발을 통해 국내불안을 해결하는 미봉책을 구상할 유혹을 가지게 한다(e.g., Nizamani, 2000; Perkovich, 1999: 404~424). 따라서 국내불안의 정도는 핵무기 개발로 이어질 가능성을 높인다. 셋째, 규범은 핵무기 보유를 용인하는 정도에 영향을 미친다. 핵확산금지조약은 핵무기 보유를 용인하지 않는 규범의 성장을 나타내며(e.g., Sagan, 1996: 73~82; Scheinman, 1995: 222~224), '핵금기(nuclear taboo)'는 핵무기 보유의 경계를 넘은 상태에서 핵무기 사용을 금지하는 규범의 발전을 의미한다(e.g., Paul, 1995; Tannewald, 1999).[5]

---

5) 국제지위가 핵확산의 추동원인일 수도 있다(e.g., Greenwood et. al., 1977; Wildrich and Taylor, 1974). 영국 수상 애틀리(Clement Attlee)는 핵무기 개발동인에 대해 다음과 같이 말했다. "미국인은 자신을 큰 소년(big boys, 강대국)으로, 우리(영국인)를 작은 소년(small boys, 약소국)으로 생각한다. 우리(영국)는 미국인이 모든 것을 알지 못한다는 사실을 보여주어야만 했다"(Barasch, 1983: 14). 이처럼 국제지위가 핵확산의 추동원인일 수 있지만, 국제지위는 남아프리카공화국의 핵확산의 변화를 설명할 수 없다. 남아프리카공화국의 지역패권국 지위에는 변함이 없기 때문에, 이 글에서는 국제지위가 미치는 영향을 고려하지 않는다.

2) 1960년대 핵무장 능력 구비 대 비핵 기조 유지

남아프리카공화국은 1960년대 이미 핵무기 제조에 필요한 기술적·경제적 능력을 대부분 구비하고 있었다. 첫째, 남아프리카공화국은 우라늄을 풍족하게 보유하고 있었다. 1944년 핵무기 개발에 전력을 기울이던 영국은 우라늄 매장을 확인하기 위해 남아프리카공화국에 탐사를 요청했고, 탐사 결과 다량의 우라늄이 매장되어 있다는 사실이 판명되었다(Fisher, 1990: 273). 남아프리카공화국은 1948년 우라늄 개발과 원자력 이용을 관할하는 원자력위원회(South African Atomic Energy Board)를 설치했고, 1952년부터 본격적으로 우라늄을 채굴하기 시작했으며, 1959년에는 천연 우라늄을 처리하기 위한 연구를 시작했다(Newby-Fraser, 1979: 5, 92). 1967년에는 우라늄 농축을 위한 연구를 진행했고, 1970년부터 우라늄 농축을 시작했다(Stumpf, 1995: 3).

둘째, 남아프리카공화국은 무기로 사용될 수 있는 핵융합 기술을 보유하고 있었다. 남아프리카공화국은 1957년 원자력의 평화적 이용을 전제로 미국과 협정을 체결해 연구용 원자로를 도입하기로 합의했고, 미국이 제공한 사파리-I(Safari-I) 원자로는 1965년부터 작동되기 시작했다. 이 과정을 통해 남아프리카 핵연구자들은 원자력의 생성과 이용에 관한 기술과 정보를 습득했다(Spector, 1988: 303). 1969년 원자력위원회는 핵폭발의 기술적·경제적 측면을 평가하기 위한 전문가 모임을 조직해 운영하기 시작했다(Horthon III, 1999: 5).

셋째, 남아프리카공화국은 핵무기 제조에 필요한 충분한 경제력을 보유하고 있었다. 1965년 당시 남아프리카공화국의 국내총생산액은 약 259억 달러(1996년 기준으로 환산하면, 1,170억 달러)로 125개 국가

〈그림 3-1〉 남아프리카공화국의 외교 고립

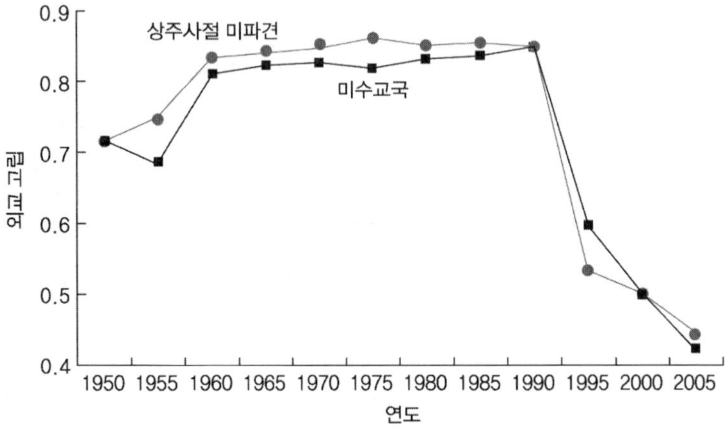

자료: Bayer(2006).

가운데 19위였으며, 일인당 국민소득은 당시 1,304달러(1996년 기준으로 환산하면 5,901달러)로 30위를 차지했다(Heston, Summers and Aten, 2002). 1965년 남아프리카공화국의 경제발전 수준과 능력은 5대 강대국을 제외하고 핵무기 프로그램을 가졌던 국가들 가운데 가장 우수했다.[6)]

남아프리카공화국은 1960년대까지 핵무기 보유를 고려할 상황에 놓여 있지 않았다. 첫째, 남아프리카공화국의 안보를 저해할 정도의 능력과 의사를 가진 집단이 주변에 존재하지 않았다. 보츠와나(1966년 독립), 레소토(1966년 독립), 스와질란드(1968년 독립)는 영국 식민지에서 독립했고, 독립 이후 영연방(Commonwealth of Nations)의 회원국으로서

6) 한국이 핵무기를 보유하기 위해 본격적인 활동을 시작한 1971년을 기준으로 보면, 당시 한국의 1인당 국민소득은 874달러(1996년 가격으로 환산하면 2,894달러)였다. 1996년 가격으로 환산해 한국이 1인당 국민소득 7,000달러에 도달한 시점은 1985년이었다.

정치·경제적으로 남아프리카공화국과 우호적 관계를 유지하고 있었다. 나미비아는 1차대전 후 남아프리카공화국의 신탁통치에 맡겨졌고, 2차대전 이후에는 국제사회의 승인을 얻지 못했지만 합병된 상태였다. 나미비아에서는 비정규전을 통해 인종차별을 폐지하려는 '서남아프리카인민기구(South-West African People's Organization)'가 1966년부터 비정규전을 벌이기 시작했지만, 1974년 포르투갈에서 쿠데타가 발생하기 전까지는 '상대적으로 사소한 염증'이었다(Leys and Saul, 1994: 125). 짐바브웨는 1965년까지 영국의 식민지였고, 1965~1979년에는 스미스 정권이 남아프리카공화국의 지원 아래서 인종차별 정책을 펼쳤다(Parsons, 1993: 318~320). 모잠비크는 1974년까지 포르투갈의 식민지였다. 종합하면, 남아프리카공화국의 주변 지역은 1960년대 중반까지 유럽 국가의 식민지거나 직할 통치지역이었고, 1960년대 중반 이후 독립한 주변국가들은 남아프리카공화국에 우호적이었다.

둘째, 남아프리카공화국의 외교적 고립은 1960년대까지 심각하지 않았다. 1965년을 기준으로 하면, 5대 강대국 가운데 미국·영국·프랑스가 상주 외교사절을 파견했다(외교적 고립 척도=.4). 1965년 전까지 남아프리카공화국 주변이 모두 식민지였기 때문에 외교적 고립의 명확한 척도로 사용되기 어렵지만, 이 정도의 외교적 고립은 당시 125개국 가운데 57위에 해당했다. 1965년과 1970년을 비교했을 때 남아프리카공화국의 외교적 고립이 심화된 듯 보이는 현상은 독립한 주변국이 상주 외교사절을 유지할 만큼 여력이 없었기 때문이다.

셋째, 남아프리카공화국은 1960년대까지 심각한 내정불안을 경험하지 않았다. 남아프리카공화국은 1950년 이후 숙청, 게릴라 활동, 암살, 위기, 반란 등 고강도 내정불안을 적게 경험했다(<그림 3-2> 참조).

〈그림 3-2〉 남아프리카공화국의 내정불안

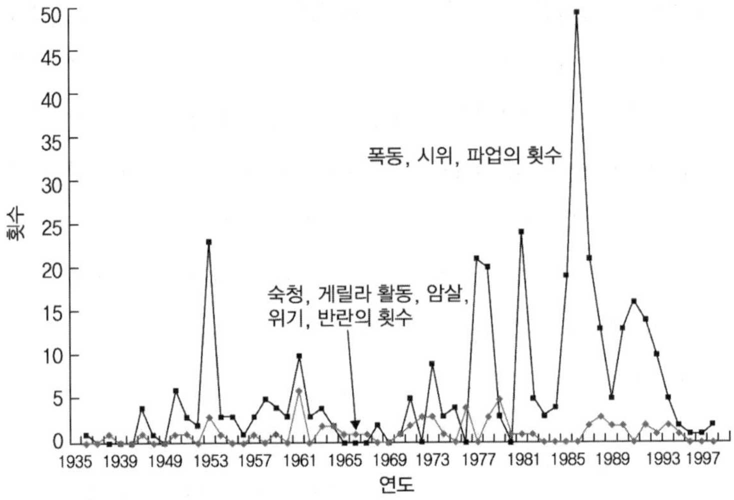

자료: Banks(2005).

이는 남아프리카공화국 정부가 국내치안을 효과적으로 장악하고 있음을 의미한다. 반면 폭동, 시위, 파업과 같은 저강도 내정불안은 1940년대 후반부터 증가했는데, 이는 1948년부터 시작된 인종차별과 연관되어 있다. 1948년 선거에서 민족당(National Party)은 인종차별을 정강으로 내세워 승리해, 아프리카당과 함께 연합정권을 구성했다. 새로운 연합정권은 1949년부터 백인과 다른 피부색을 가진 인간집단을 차별하기 시작했다. 1949년 피부색이 다른 남녀 간의 결혼을 금지하는 법(Mixed Marriage Prohibition Act), 1950년 피부색이 다른 사람간 성적 접촉을 금지하는 법(Immorality Act)과 거주지구별법(Group Area Act), 1953년 공공장소 구별법(Reservation of Separate Amenities Act) 등 일련의 인종차별 정책을 시행했다(Louw, 2004; Meredith, 1988). 이와 같은 인종

〈그림 3-3〉 남아프리카공화국의 민주주의 추이

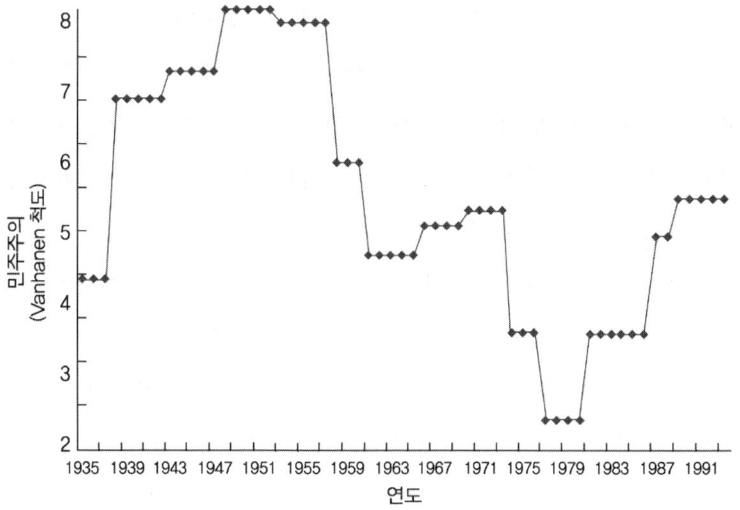

자료: Vanhanen(2000).

차별 정책에 대한 저항으로 저강도 내정불안이 초래되었다. 하지만 남아프리카공화국의 저강도 내정불안은 1960년대까지 미약한 수준이었다. 1952년을 제외하면 1950년대는 상대적으로 안정적이었다. 안정 추세는 1960년대에 들어 더욱 강화되었다. 이는 남아프리카공화국 정부가 인종차별 정책에 대한 저항을 무력화시켰기 때문이다.

<그림 3-3>은 1948년 이후 남아프리카공화국의 민주주의가 후퇴하는 추세를 보여준다. 1948년 인종차별 정책은 국내 저항을 초래했고, 정부는 이에 대해 억압정책을 실시했다. 1970년 반하넨(Vanhanen)의 민주주의 척도를 보면 남아프리카공화국은 척도를 부여할 수 있는 71개국 가운데 55위였다. 이는 비민주주의가 핵확산과 연결되어 있다는 주장에 무게를 실어주는 듯하다. 하지만 1960년대에 집중하면, 남아

프리카공화국의 민주주의 척도가 1960년대 후반 호전되고 있음을 알 수 있다. 비민주주의와 핵확산이 인과관계로 연결되어 있다면, 핵무기 보유를 시도하기 전 남아프리카공화국의 민주주의는 더 악화되어야만 한다. 오히려 1960년대 남아프리카공화국의 민주주의 추이에 따르면 민주주의와 핵확산은 인과관계를 가지지 않거나, 민주주의가 핵확산의 저지 요인임을 추론할 수 있다.

넷째, 1960년대 핵확산금지규범이 강화되고 있었다. 핵확산금지를 위한 노력을 개별 국가에서 국제합의로 끌어올리려는 노력이 1960년대 유엔에서 구체화되었다. 유엔 총회는 1960년 12월 20일 핵무기 확산을 초래할 수 있는 행동을 임시적·자발적으로 자제하는 결의안[Resoution 1576(XV)]을, 1961년 12월 4일 핵확산을 규정하는 국제조약 체결을 권고하는 결의안[Resolution 1665(XVI)]을, 1965년 11월 19일 핵확산금지조약의 5대 원칙을 확인하는 결의안[Resolution 2028(XX)]을 채택했다. 핵확산금지조약을 만들기 위한 노력은 1968년 7월 1일 핵확산금지조약으로 이어졌고, 62개국이 서명을 마쳤다. 1970년 3월 5일 미국과 소련이 핵확산금지조약 비준서를 제출함에 따라 핵확산금지조약은 발효되었다.

종합하면 1960년대까지 남아프리카공화국은 핵무기 제조에 필요한 기술적·경제적 능력을 구비했지만, 핵무기 개발을 추동할 강한 의지를 가지지 않았다. 주변국으로부터 오는 안보불안은 없었고, 인종차별 정책으로 인한 내정불안은 상대적으로 미약했으며, 1960년대 후반 민주주의는 회복되고 있었다. 또한 1960년대 핵확산금지규범이 점차 강화되고 있었다.

3) 1970년대 핵무장의 배경

남아프리카공화국은 왜 핵무기 개발을 시도했는가? 첫째, 안보불안 때문이다. 남아프리카공화국의 안보불안은 두 가지로 요약할 수 있다. 먼저 1974년 포르투갈 군부 쿠데타는 아프리카의 정치지형을 바꾸어놓았다. 2차대전 이후 아프리카 식민지의 저항운동을 효과적으로 대처하지 못했던 포르투갈은 식민지에서 철수할 계획을 세우고 있었다. 이에 반대하는 군부가 1974년 쿠데타를 일으켰지만, 군부 쿠데타가 실패하면서 식민지 포기는 가속되었다. 이는 포르투갈 식민지에서 급격한 힘의 공백을 초래했고, 1975년 포르투갈 식민지는 독립했다.

포르투갈 식민지 해체는 남아프리카공화국의 안보에 부정적 영향을 미쳤다. 나미비아 저항세력은 남아프리카공화국의 탄압을 피해 본거지를 앙골라로 옮겨, 앙골라 내전에 참전하면서 세력을 키웠다. 나미비아 저항세력은 공산주의 저항세력인 '앙골라해방인민운동(People's Movement for the Liberation of Angola)'과 함께 다른 경쟁세력을 물리치고 내전에서 승리했다. 또한 모잠비크는 남아프리카공화국의 저항단체인 아프리카민족회의(African National Congress)와 로디지아(현재 짐바브웨) 백인소수정권에 저항하는 짐바브웨아프리카민족동맹(Zimbabwe African National Union)에게 피난처를 제공했다. 두 국가는 남아프리카공화국에 적대적인 정책을 견지했다.

포르투갈 식민지의 해체와 적대국가의 등장은 남아프리카공화국의 안보에 부정적인 영향을 초래했지만, 핵무기 개발로 이어질 만큼 심각하지는 않았다. 남아프리카공화국의 군사력은 적대적 주변국을 압도하고 있었다(<그림 3-4> 참조). '서남아프리카 인민기구(SWAPO)'가 나미

〈그림 3-4〉 남아프리카공화국과 주변 적대국(앙골라, 모잠비크)의 상대적 군사력

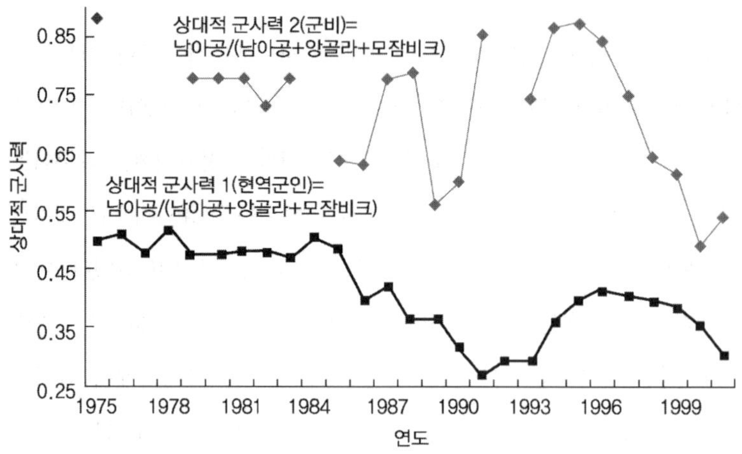

자료: Bennet and Stam(2002).

비아 국경을 넘는 행위가 가장 실현 가능한 위협요인으로 간주될 수 있었지만, 남아프리카공화국은 이에 충분히 대처할 수 있는 능력이 있었다. 남아프리카공화국은 앙골라에서 '앙골라독립민족동맹(National Union for the Total Independence of Angola)'을, 모잠비크에서 '모잠비크 민족저항(Mozambican National Resistance)'을 지원해, 주변 적대국을 약화시키려 했다. 또한 당시 로디지아의 백인소수정권을 지원해 주변국으로부터의 안보위협을 제거하려 했다.

또한 앙골라 내전에 쿠바와 소련이 개입하면서 남아프리카공화국의 안보에 부정적 영향을 초래했다. 쿠바는 남아프리카공화국의 앙골라 진입에 맞서 11월 4일 앙골라 내전에 개입하기로 결정했고, 1만 5,000명 병력을 파견했다(Falk, 1987; Gleijeses, 2002). 쿠바군은 '앙골라해방인민운동(MPLA)'을 도와 미국과 자이레가 지원하던 '앙골라해방민족전선

(National Front for the Liberation of Angola)'을 진압했다. 이후 쿠바군은 1989년까지 앙골라에 주둔했다. 소련은 항공수송과 군수물자 지원을 통해 쿠바군과 앙골라해방인민운동이 앙골라를 장악하고 남아프리카공화국의 진입을 저지하도록 했다.

하지만 남아프리카공화국 군부는 앙골라에 주둔한 쿠바군이 실제로 가졌던 위협보다 매우 강한 가공의 위협에 시달렸다. 쿠바군은 앙골라 정부군을 훈련시켜 남아프리카공화국의 앙골라 진주를 저지하는 데 집중했지, 남아프리카공화국을 공격할 능력과 의사는 없었다. 또한 쿠바군은 본토에서 멀리 떨어져 있었기 때문에 보급선 유지에 어려움을 겪었다. 이런 상황에서도 남아프리카공화국의 군부 지도층은 쿠바군과 소련인들이 이미 핵무기와 화학무기를 배치했다는 보고를 믿었다(Liberman, 2001: 61). 이 거짓정보는 앙골라독립민족동맹에서 유래되었다. 앙골라독립민족동맹은 쿠바군과 소련의 위협을 과장해 남아프리카공화국으로부터 더 많은 지원을 받거나, 자신들의 무능함을 감추기 위해 거짓정보를 만들어낸 것으로 추정된다.

남아프리카공화국이 가졌던 근거 없는 안보불안은 핵전략에서도 잘 나타난다. 남아프리카공화국의 핵전략은 세 단계로 구성되어 있었고, 핵무기를 통한 억지와 외교적 압박을 결합했다(Liberman, 2001: 56~58; Pabian, 1995: 7~8; Reiss, 1995: 15~17).[7]

단계 1: 군사적 위협이 없는 한, 남아프리카공화국은 핵무기 보유를

7) 핵전략 수립을 위한 논의는 1978년부터 시작되었지만, 핵전략은 1986년에 승인되었다.

긍정도 부정도 하지 않는 핵모호성(nuclear ambiguity)을 유지한다.

단계 2: 소련 혹은 소련의 지원을 받는 국가가 남아프리카공화국 본토 혹은 나미비아를 공격하면, 서방국가에게 비공식적 경로를 통해 핵무기 보유를 알리고 서방국가가 이를 소련 혹은 소련의 지원을 받는 국가에게 전달한다. 만약 서방국가가 믿지 못한다면, 서방국가의 외교관과 전문가를 초대해 핵무기를 공개한다. 서방국가가 소련 혹은 소련의 지원을 받은 국가의 공격을 막지 않는다면, 지하 핵실험을 언급한다.

단계 3: 소련 혹은 소련의 지원을 받은 국가가 공격을 지속하고 서방국가가 개입하지 않으면, 핵무기 보유를 공식적으로 선언하거나 지하 핵실험을 감행한다. 만약 남아프리카공화국에 대한 공격이 지속되면, 남방 1,000km 지점에서 핵폭발 실험을 한다. 최후수단은 핵무기를 전장에 직접 사용할 수 있음을 경고한다.

남아프리카공화국의 핵전략은 소련이나 소련의 지원을 받은 국가로부터 핵공격 또는 화학무기 공격에 대한 직접적 억지를 추구하지 않고, 서방국가의 개입을 통한 확대억지를 추구했다. 이런 핵전략은 이스라엘과 남아프리카공화국의 긴밀한 유대에서 비롯되었을 가능성이 있다(Liberman, 2001: 62~63; Stevens and Elmessiri, 1977). 1973년 이스라엘은 이집트와 시리아의 양면공격을 받은 후 핵무기 사용을 암시했고, 이는 미국의 무기공급에 긍정적 효과를 낳았다(Haney, 1994: 951~953; Hersh, 1991: 225~231). 이스라엘의 경험이 남아프리카공화국에 전달된 경로는 명확히 규명되지 않았다. 하지만 당시 이스라엘과 남아프리카공화국의 밀접한 관계와 관련자의 증언에 따르면, 남아프리카공화국이 이스라엘의 핵전략과 1973년 이스라엘의 경험에 기반해 핵전략을 만들었다고

〈그림 3-5〉 유엔 총회에서 남아프리카공화국의 고립

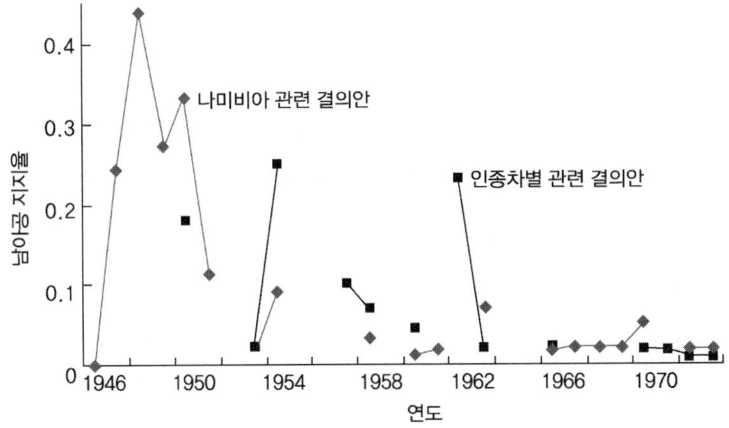

자료: Newcombe, Hanna, Schopen(1975).

추정할 수 있다.[8)]

둘째, 남아프리카공화국의 인종차별과 나미비아 불법점거로 인한 국제압력이다. 남아프리카공화국은 신탁통치 지역으로 위임받는 나미비아에서 1차대전 이후 자치를 허용하지 않았고, 2차대전 이후 합병시켰다. 나미비아 불법점거는 1차대전 이후 국제규범으로 인정받은 민족자결의 원칙에 위반되었다. 국제사회는 남아프리카공화국의 불법점거에 대해 1946년부터 반대의사를 분명히 했다. 유엔 총회는 1946년 12월 14일 결의안 65(I)를 통해 남아프리카공화국의 불법점거를 용인할 수 없으며 나미비아가 국제 신탁통치 지역임을 명확히 했다(찬성 37,

8) 1970년대 중반 이스라엘과 남아프리카공화국의 군사협력은 광범위했다. 이스라엘이 남아프리카공화국에 제공한 군사원조품에는 천연 우라늄 봉도 포함되어 있다(Central Intelligence Agency, 1981; Central Intelligence Agency, 1983: 2~4).

기권 9, 반대 0, 불참 8). 냉전기간 동안 남아프리카공화국은 나미비아 불법점거에 대한 서방진영의 묵인, 심지어 소극적 지지를 얻어낼 수 있었다. 나미비아 불법점거로 공산진영의 공격을 받게 되자, 서방국가가 동서냉전의 틀에서 남아프리카공화국을 지지했기 때문이다(<그림 3-5> 참조). 하지만 냉전이 가져온 긍정적 영향도 1950년대 초반 이후 급격히 사라졌다. 1960년대 이후 남아프리카공화국의 나미비아 불법점거에 대한 국제사회의 규탄은 강력해졌다.

인종차별은 국제사회로부터 더 심각한 반발을 초래했다. 유엔 총회는 1950년 12월 2일 남아프리카공화국의 인종차별이 국제규범에 위반된다는 결의안 395(V)를 채택한 후 압력을 강화했다(반대 6, 찬성 33, 기권 21, 불참 0). 유엔 총회의 압력은 1960년대 들어 더욱 강화되었다. 유엔 총회는 1961년 4월 13일 남아프리카공화국에 대한 제재 가능성을 경고하는 결의안 1598(XV)을 채택했고(반대 1, 기원 0, 찬성 95, 불참 3), 1965년에는 남아프리카공화국의 유엔 회원자격에 대한 논란이 제기될 정도였다. 유엔 총회는 1970년 무기수출금지를 촉구하는 결의안 2624(XXV)까지 채택하게 되었다(반대 2, 찬성 99, 기권 8, 불참 18). 유엔 총회는 1974년 11월 12일 유엔에서 남아프리카공화국의 활동을 부분적으로 제한했다. 이후 남아프리카공화국은 유엔의 활동에서 제외되었다. 1976년 500명 이상의 사망자가 발생한 소웨토(Soweto) 시위진압과 1977년 흑인운동가 비코(Stepehn Bantu Biko) 사망사건 이후, 국제사회는 수출입금지와 무기수출금지를 더욱 강화해 남아프리카 인종차별에 압력을 가했다. 1970년대 후반 남아프리카공화국에 대한 국제사회의 압력은 더욱 강화되었다.

남아프리카공화국 집권층 일부는 핵무기 보유를 외교적 방패로 간주했다. 또 핵확산금지규범과 핵확산금지를 위한 핵보유국의 강박을 위선적이라고 보았다. 반면 남아프리카공화국의 핵무기 보유는 (국제사회의 압력으로부터) '심리적 억지'로 이어지고 '국가위상 제고'를 의미한다고 생각했다(Liberman, 2001: 70). 핵무기를 국제사회의 압박에 대처하기 위한 수단으로 간주했기 때문에 남아프리카공화국의 핵무기는 '외교폭탄(diplomatic bomb)'으로 불리게 되었다.

1970년대 현상을 종합하면, 안보불안과 국제사회의 압력 증가가 남아프리카공화국 집권층의 핵무장 의지와 연관되어 보인다. 또한 남아프리카공화국의 비민주주의는 앞의 두 가지 원인이 핵무기 개발 시도로 이어지는 데 유리한 환경처럼 보인다. 남아프리카의 민주주의는 1970년대 들어 더욱 악화되었고, 남아프리카공화국이 최초로 핵무기를 보유한 1979년 최저점을 기록했다(<그림 3-3> 참조). 반면 내정불안은 1970년대 후반 더욱 악화되었다(<그림 3-2> 참조). 집권층은 점증하는 불만을 해소하기보다는 억압을 선택했다. 핵무기 개발로 인한 정치적·경제적·심리적 이익이 없다는 객관적 의견이 국내정치에 반영되기보다는, 집권층의 핵무기 보유의지가 다른 목소리를 잠재웠다.

1970년대 남아프리카공화국의 핵무장과 관련된 현상을 상세히 보면, 남아프리카공화국의 비정상적 인종차별이 모든 현상의 원인처럼 보인다. 인종차별이 국내불안정으로 이어지고, 국내불안정은 집권층으로 하여금 억압기제를 강화시켰다. 그러나 이는 더 큰 사회 혼란으로 이어졌다. 또한 인종차별이 국제사회의 혐오와 약한 제재로 이어졌고, 주변국의 적대적 정책으로 악화되었다. 이는 안보불안으로 인식되었다. 핵무장은 비정상적 인종차별로 파생된 여러 부정적 현상을 해소할 수 있는 계기로 받아들여졌다.

3. 핵무기 폐기 결정

남아프리카공화국의 핵무기 폐기 결정과 실행은 핵무기를 보유하는 데 들인 노력과 시간에 비해 매우 신속하게 진행되었다. 1989년 9월 14일 당선된 데클레르크 대통령은 핵무기 프로그램에 대한 보고를 받으면서, 핵무기 폐기와 핵확산금지조약 가입의 장단점을 검토하라고 지시했다. 더 나아가 핵무기 폐기와 핵확산금지조약 가입을 신속하게 처리할 수 있는 일정표를 만들라고 지시했다. 대통령 지시에 따라 2주 만에 관련 부처 출신의 고위관료로 임시위원회가 구성되었고, 단시간의 논의를 거쳐 1990년 1월 핵무기 폐기 일정의 개요가 마련되었다. 데클레르크 행정부는 이를 승인했고, 1990년 2월 1일부터 농축우라늄 공장(Y-Plant)의 가동을 중지시켰다. 1990년 7월 핵무기 폐기의 세부 일정표가 마련되었고, 핵무기와 관련 프로그램이 1991년 7월 폐기 완료되었다(Reiss, 1995: 17~18).

왜 남아프리카공화국은 핵무기를 포기했는가? 이는 남아프리카공화국의 핵무기 보유를 추동한 원인 또는 환경이 변화했기 때문이라고 추정할 수 있다. 실재하지 않았던 안보불안, 국제규범 위반에 대한 국제사회의 압력, 비민주주의가 핵확산으로 이어졌다면, 1980년대 후반 세 부분에 변화가 생겼음을 추정할 수 있다. 다음에서는 남아프리카공화국이 핵무기 폐기를 결정하는 데 기여한 긍정적 요소를 검토한다.

1) 핵능력 강화와 핵포기의 갈등

남아프리카공화국은 1978년 핵폭발 장치를 처음으로 완성했고,

1979년 농축우라늄까지 포함한 완전한 핵무기를 보유했다. 비록 두 핵폭발 장치는 실험용으로 만들어졌지만, 핵무기 보유의 시작이었다. 1982년 운송 가능한 핵무기를 처음 만들었고, 1989년까지 총 6개의 핵무기를 보유했다(Albright, 1994a: 42~45; Reiss, 1995: 11~12). 또한 운송체계를 개선해 미사일에 장착된 핵무기를 개발하려고 노력했다. 남아프리카공화국과 이스라엘이 공동으로 개발한 로켓을 미사일로 발전시키려는 연구도 진행되었다. 비록 남아프리카공화국의 최고 결정권자가 승인하지는 않았지만, 대륙간탄도미사일 수준의 발사체를 연구하기도 했다. 핵무기 보유를 늘리려는 노력은 1980년대 후반에 가속되어, 1년에 핵폭발 장치 2~3개를 생산하고 핵폭발 물질까지 만들 수 있는 공장이 1989년에 완성되었다(Albright, 1994b: 15~16; Liberman, 2001: 54).

반면 1980년대에는 핵무기 보유에 대한 회의적인 견해도 등장하기 시작했다. 데클레르크 대통령의 전임자였던 보타(Botha, 1978~1984년에 총리, 1984~1989년에 대통령)는 1985년보다 더 정교한 핵무기를 개발하자는 제안을 승인하지 않았고, 1987년 핵확산금지조약에 가입하기 위한 논의를 할 준비가 되어 있다고 공식적으로 밝혔다.[9] 1987~1989년에는 국방부·외교부 등 관련 부처장 회의가 열려 핵무기 폐기와 핵확산금지조약 가입을 논의했지만, 국방부와 핵무기 관련 프로그램을 책임진 인사들의 반대로 합의에 도달하지는 못했다(Liberman, 2001:

9) 핵확산금지조약에 가입할 준비가 되어 있다는 선언이 국제사회의 압력을 무마하려는 임시방어책이라는 해석이 있다(Jaster, 1989: 168). 관련자들은 이 선언이 핵불투명성을 유지하기 위해서였다고 증언한다(Liberman, 2001: 73).

72~73). 1988년 9월 16일 남아프리카공화국은 "우라늄의 생산과 판매와 관련된 사항에서만 국제원자력기구의 사찰을 할 수 있다는 전제조건"으로 핵확산금지조약에 가입할 의사가 있음을 통보했다(Fisher, 1990: 279). 당시 보타 대통령이 핵무기를 폐기할 의사가 없었고 그의 영향력이 매우 컸다는 사실을 고려하면, 내각 차원의 논의가 큰 의미를 가지긴 어렵다고 해석될 수 있지만, 이를 통해 핵무기 보유에 관한 회의론이 행정부에 존재했음을 알 수 있다. 실제로 1989년 6월 남아프리카공화국은 국제원자력기구와 함께 재처리 시설에 관한 사찰에 대해 협의하기 시작했다.

2) 안보환경의 변화

남아프리카공화국의 안보상황은 1988년 급변했다. 앙골라·남아프리카공화국·쿠바는 앙골라 내전에 참전했던 쿠바군의 철수를 합의했다.[10] 1988년 앙골라에 진주한 쿠바군은 5만 명 수준이었고 앙골라 남부에 배치되어 남아프리카공화국의 안보에 위협이 되었다. 3국 대표단은 1988년 7월 20일 뉴욕에서 만나 유엔 안전보장이사회 결의안 435에 따라 나미비아의 독립, 영토보존, 쿠바군 철수 등에 관한 쟁점을 해결하는 '서남아프리카의 평화적 해결을 위한 원칙(Principles for a Peaceful Settlement in South-western Africa)'에 합의했다. 이 합의는 보완

10) 1988년 1월과 2월에 전개된 쿠이토 쿠아나발레(Cuito Cuanavale) 전투에서 남아프리카공화국군은 쿠바군과 앙골라 정부군에 심대한 타격을 가했다. 쿠바군의 무력함과 국내사정으로 쿠바는 더 이상 내전에 개입하지 않게 되었다.

되어, 1988년 12월 22일 '3국합의(Agreement among the People's Republic of Angola, the Republic of Cuba, and the Republic of South Africa)'로 이어졌다. 실재하지 않았지만 남아프리카공화국이 두려워하던 쿠바군의 핵무기와 화학무기에 대한 공포에서 벗어날 수 있는 계기가 마련되었다.

'3국합의'와 함께 앙골라와 쿠바는 '쿠바군 활동 종결을 위한 양국합의(Agreement between the Government of the Republic of Cuba and the Government of the People's Republic of Angola for the Conclusions of the International Missions of the Cuban Military Contingent)'를 체결했다. '양국합의'에 따르면 쿠바군의 철수계획은 다음과 같다.

> 재배치: 남위 15도 이북으로 쿠바군 재배치는 1989년 8월 1일까지 완료한다. 남위 13도 이북으로 쿠바군 재배치는 1989년 10월 31일까지 완료한다.
>
> 철수: 1989년 1월 1일까지 쿠바군 2만 5,000명(50%)이, 1990년 4월 1일까지 3만 3,000명(66%)이, 1990년 10월까지 3만 8,000명(76%)이, 1991년 7월 1일까지 5만 명(100%)이 철수한다.

쿠바군 철수와 더불어 소련도 앙골라, 모잠비크, 아프리카민족회의(ANC)에 대한 지원을 줄였다. 이는 남아프리카공화국의 적대국인 앙골라와 모잠비크를 급속히 약화시켰다. 쿠바군 철수 이후, 앙골라 정부군은 반군단체 앙골라독립민족동맹의 도전으로 고전하게 되었다. 또한 모잠비크 정부도 반군의 도전에 효과적으로 대처할 수단을 마련할 수 없게 되었다(Crocker, 1992: 373~464; Kempton, 1990). 또한 소련의 지원이 줄어들자 아프리카민족회의는 인종차별을 종식시키기 위한 무장투장을 지속하는 데 어려움을 겪었다. 이로써 남아프리카공화국의 안보를 위협하던 주변국과 내부 무장단체의 영향력은 쇠퇴하게 되었다.

이런 안보환경의 변화는 데클레르크 대통령의 안보관을 변화시켰다. 데클레르크 대통령은 "참모들의 안보분석에 따르면 안보위협이 극적으로 변화했다"고 하면서 안보상황의 변화를 우회적으로 표현하고 있다(de Klerk, 1999: 114). 소련과 쿠바의 위협이 사라지자, 주변 적대국의 군사력을 압도하고 있던 남아프리카공화국은 군사비를 줄일 수 있는 여력까지 생겼다. 남아프리카공화국의 군비는 1990~1992년에 23% 감소했다(Bennett and Stam III, 2002). 핵무기로 견제하려던 위협이 사라지자, 핵무기를 보유할 필요성도 사라졌다.

3) 국제규범에 따른 압박

1970년대 후반 남아프리카공화국은 인종차별 정책으로 심대한 국제사회의 압박을 받았다. 남아프리카공화국에 대한 압박은 교전 이전에 취할 수 있는 모든 수단을 포함했다. 무기금수와 경제제재는 물론 심지어 국가로 인정을 받지 못할 정도였다. 1974년 이후 유엔 주관 활동에 대한 참여를 금지당한 남아프리카공화국은 1970년대 후반부터 1980년대 초반까지 유엔에 대표단 파견마저 여의치 않았다. 남아프리카공화국 대표단의 신임장을 심사하자는 요청이 유엔 총회에서 다수 의견으로 상정되었다. 남아프리카공화국은 표 대결에서 승리할 수 없자, 아예 1984~1993년에는 유엔 총회에 대표단을 파견하지도 않았다.[11)]

---

11) 1994년 선거에서 만델라가 대통령으로 당선된 후 남아프리카공화국은 유

남아프리카공화국의 핵확산금지 위반도 국제사회의 심각한 압박을 초래했다. 이미 1977년 핵실험 징후로 인한 국제사회의 압박은 남아프리카공화국의 예상과 상치했다. 남아프리카공화국은 1975년부터 칼라하리 사막에서 지하 핵실험 준비를 시작했다. 1977년 8월 핵실험 징후가 소련 위성에 의해 포착된 후, 1977년 8월 6일 소련은 관련 정보를 미국에 전달했다. 미국은 위성촬영을 통해 핵실험 징후를 확인했고, 미국·소련·프랑스는 관련 정보를 공유하면서 남아프리카공화국을 압박했다(Central Intelligence Agency, 1977; Reiss, 1995: 10). 이로써 핵보유 시도가 국제사회의 압박으로부터 보호막 역할을 하는 것이 아니라 국제사회의 압박을 심화시키고 있음이 분명해졌다.

핵무기 보유 이후, 남아프리카공화국은 보유한 핵무기로 안보위협과 국제사회의 압력에 대처하려고 시도했다. 1987년 쿠바와 소련이 앙골라 내전에 개입을 확대하자 칼라하리 사막의 핵실험 장을 공개해 핵능력을 보여주려고 했다(Hibbs, 1993: 9). 1988년 8월 19일 보타 대통령은 기자회견을 통해 핵무기 제조능력을 갖추었다고 밝혔다. 남아프리카공화국은 핵불투명성에서 한발 나아가 핵보유를 암시하며 국제사회로부터 관심을 끌고, 백인소수정권의 생존을 모색하려 했다.

핵무기 카드는 남아프리카공화국의 예상과 다르게 국제사회의 압박을 줄이지 못했다. 1985년 5월 23일 미국·독일·프랑스는 남아프리카공화국과의 핵협력을 중단했다. 1985년 6월 4일 미국 하원은 반인종차별법(Anti-Apartheid Bill)을 통과시키면서, 남아프리카공화국과 모든 형태의 핵협력을 중단했다. 9월 9일 레이건 대통령은 대통령 명령으로 몇

엔에 재등장했다.

가지 예외사항을 두고 남아프리카공화국과 핵협력을 중단했다. 하지만 의회와 시민운동은 남아프리카공화국에 대한 제재수위를 높이라고 압박했고, 레이건 행정부는 1986년 남아프리카공화국에 핵무기 개발에 관련될 수 있는 모든 협력을 중지했다(Fig, 1999: 87~89; Pabian, 1995: 6~7). 남아프리카공화국과의 정상적 교류마저 '부역(collaboration)'으로 불리고, 비난 대상이 되었다.

국제사회의 압박은 집권 '민족당' 온건파로 하여금 핵무기 보유로 인한 피해를 심각하게 고려하도록 했다. 데클레르크 대통령은 핵무기가 아니라 핵포기가, 인종차별이 아니라 정치개혁이, 국제사회와 주변국과 긴장관계를 해소하는 데 기여할 수 있다고 판단하게 되었다(de Klerk, 1999: 274). 더 나아가 "만약 우리(남아프리카공화국)가 더 이상 기피국(pariah)이 아니면, 어떤 위협이 닥쳐도 우방(서방)이 우리를 도와줄 수 있다"고 하면서, 핵폐기가 서방세계로부터 지원을 얻는 방법임을 인지하게 되었다(Liberman, 2001: 75). 핵무기 보유와 인종차별에 대한 국제사회의 지속된 압박은 이로써 남아프리카공화국의 핵포기와 연결되었다.

4) 민주화

남아프리카공화국의 민주주의는 1977~1981년에 최저점을 기록하다가 1982년부터 서서히 회복되기 시작했다(<그림 3-3> 참조). 국제사회의 제재로 피해를 받은 백인마저 인종차별주의 강경파의 입장에 등을 돌리게 되자, 1980년대 초반 집권 '민족당'은 온건한 방향으로 전환을 모색하게 되었다. 집권당의 정책변화에 반대해 1982년 인종차별주의 강경파가 집권 '민족당'을 떠나 '신보수당(new Conservative Party)'을 형성했다. 이로써 집권 '민족당' 내 온건파의 영향력이 커졌고, 민주주의 회복의 기틀이 마련되었다(Giliomee, 1992). 1980년대 후반, 집권 '민족당'은 경제개혁과 정치개혁을 동시에 수행할 준비가 되어 있었다.

민주주의의 회복은 남아프리카공화국의 핵포기에 긍정적 환경을 마련했다. 1980년대 후반 남아프리카공화국의 내정불안은 인종차별과 이에 따른 국제사회 제재의 결과였기 때문에 핵무기 개발로 해소될 수 없었다(<그림 3-2> 참조). 핵무기 개발이 소수백인의 지지를 얻을 수는 있었겠지만, 국민 다수인 흑인으로부터 지지를 받을 수 없었기 때문이다. 민주화는 핵무기의 국내정치적 효과를 증가시키기보다는 핵보유로 인한 일반국민의 불만을 집권층에 전달할 수 있는 통로를 마련했다고 추정할 수 있다.

4. 결론

남아프리카공화국은 1970년대 초반 실재하지 않았던 안보불안에 대처하는 수단으로, 인종차별이라는 국제규범 위반에 대한 국제사회의 압력에 대처하는 수단으로 핵무기 개발을 시도했다. 1970년대 중반 이후 앙골라 내전에 쿠바군과 소련 고문단이 참여하면서, 남아프리카공화국의 안보불안은 증가했다. 또한 인종차별에 대한 국제사회의 압박도 증가했다. 이 두 가지 압박은 남아프리카공화국이 핵무기 개발을 서두르는 원인이 되었다. 이 과정에서 남아프리카공화국의 민주주의는 후퇴했다. 인종차별과 핵무기 개발을 반대하는 국내의견은 독재정권에 의해

묵살되었다. 이 사례는 기존 연구를 통해 핵확산의 요인으로 지목되었던 안보위협과 비민주주의의 적실성을 보여준다. 또한 단순한 외교적 고립이 아니라, 국제규범의 위반으로 인한 외교적 고립이 핵확산의 요인임을 보여준다.

남아프리카공화국의 핵포기는 호전된 안보상황, 민주화, 국제사회의 압력으로 설명될 수 있다. 쿠바군의 철수는 남아프리카공화국으로 하여금 실재하지 않던 안보불안으로부터 벗어날 계기를 마련했다. 남아프리카공화국은 앙골라에서 쿠바군, 앙골라 정부군, '서남아프리카인민기구(SWAPO)'군을 압도하면서 존재하지 않던 핵무기와 화학무기 공포를 겪었다. 1989년 쿠바군 철수를 핵심으로 하는 '3국합의'가 마련되자, 남아프리카공화국의 핵무기 보유의지는 약화되었다. 국제규범 위반에 대한 국제사회의 압박도 핵포기에 긍정적인 영향을 미쳤다. 집권층은 핵무기가 외교적 효과를 가지지 못함을 인지했다. 남아프리카공화국의 국민은 핵확산과 인종차별이 초래한 국제제재의 피해를 겪었다. 집권 '민족당'은 소수백인에게 특혜를 줌으로써 정권을 유지하려 했지만, 백인마저도 국제제재가 가져온 피해를 받을 수밖에 없었다. 일반국민도 핵확산의 부정적 효과를 체험하게 되면서, 국제규범 위반을 통한 생존보다는 국제규범 준수를 통한 생존을 선호하게 되었다. 이 과정에서 민주화는 핵포기에 긍정적 영향을 미쳤다. 국제규범 준수의 필요성을 인지한 일반국민의 목소리가 집권층에 전달될 수 있는 환경이 마련되었기 때문이다.

남아프리카공화국은 핵무기를 보유했다가 폐기한 유일한 국가이다. 따라서 일반화를 하기에는 한계가 있지만, 이 사례는 북한의 핵무기 보유를 이해하는 데 간과되었던 국제규범의 중요성을 보여준다. 남아프리카공화국이 핵무기를 보유하게 된 근본 원인은 국제규범의 위반이다. 남아프리카공화국이 나미비아의 자결을 보장하고 인종차별을 하지 않았다면, 1970년대 안보불안과 외교적 고립은 발생하지 않았을 가능성이 크다. 이는 북한의 핵무기 보유를 이해하는 데 도움을 준다. 북한이 핵무기를 보유하게 된 원인으로 안보불안, 국내불만의 전환, 정권생존 등이 거론된다. 하지만 이는 현상으로 드러난 요인이다. 근본 원인은 북한이 국제규범을 준수하지 않기 때문이다. 북한이 국제규범을 준수하는 정상국가라면, 정권생존을 걱정하지 않아도 되고 안보불안을 과장할 필요도 없으며 국내불만을 핵무기 보유를 통해 전환할 필요가 없다. 지금까지 국내학계는 북한의 주장과 핵확산에 관한 기존논의에 집중하다가, 북한이 핵무기를 보유하게 된 근본 원인을 간과했을 수 있다.

또한 남아프리카공화국 사례는 북한의 핵무기 포기과정에서 북한정권의 변화 필요성과 국제규범 위반에 대한 국제사회의 압박의 중요성을 시사한다. 지금까지 북한 핵무기 포기를 위한 수단으로 '햇볕정책'으로 표현되는 관여와 경제적 제재를 핵심으로 하는 압박이 제기되었다. 남아프리카공화국 사례에 비추면, 압박이 더 효과적일 수 있다. 인도주의적 개입을 제외한 부분에서 국제규범 위반이 초래하는 압박을 북한에게 명시할 필요가 있는 것이다. 이 과정에서 북한정권의 변화가 필요하다. 현상적으로 북한의 안보상황이 좋아진다 하더라도, 이를 인지하고 핵포기를 선택하는 최종 행위자는 북한 집권층이다. 핵무기 보유를 결정한 세력이 실각하고 새로운 세력이 등장한 후 남아프리카공화국은 핵포기를 결정했다. 북한에서 동일한 현상이 발생하기까지 시간이 걸린다 하더라도, 북한의 핵포기까지 가기 위해서는 인내가 필요하다.

참고문헌

조순구. 2005. 「핵무기 해체사례와 북한 핵의 평화적 관리방안」. ≪국제정치논총≫, 45(3), 195~217쪽.

Albright, David. 1994a. "South Africa and the Affordable Bomb." *Bulletin of the Atomic Scientists*, 50(4), pp. 37~47.

_____. 1994b. "South Africa's Secret Nuclear Weapons." *ISIS Report*. from http://www.isis-online.org/publications/southafrica/ir0594.html

Albright, David and Mark Hibbs. 1993. "South Africa: The ANC and the Atom Bomb." *The Bulletin of Atomic Scientists*, 49(3), pp. 32~37.

Banks, Arthur. S. 2005. *Cross-National Time-Series Data Archive*. Binghamton, NY: Databanks International.

Barasch, Marc. 1983. *The Little Black Book of Atomic War*. New York: Dell.

Bayer, Reşat. 2006. "Diplomatic Exchange Data Set"(v2006.1). from http://correlatesofwar.org

Beaton, Leonard and John Maddox. 1962. *The Spread of Nuclear Weapons*. New York: Praeger.

Bennett, Jr. D. Scott and Allan C. Stam III. 2002. "EUGene: Expected Utility Generation and Data Management Program(version 3.1)." The Pennsylvania State University.

Betts, Richard K. 1977. "Paranoids, Pygmies, Pariahs and Non-Proliferation." *Foreign Policy*, 26, pp. 157~183.

_____. 1979. "A Diplomatic Bomb for South Africa?" *International Security*, 4(2), pp. 91~115.

Bhatia, Shyam. 1988. *Nuclear Rivals in the Middle East*. New York: Routelege.

Burns, Eedson L. M. 1965. "Can the Spread of Nuclear Weapons Be Stopped." *International Organiztion*, 19(4), pp. 851~869.

Central Intelligence Agency(National Foreign Assessment Center). 1977.8.18. "South Africa: Policy Considerations Regarding a Nuclear Test." from http://www.gwu.edu/~nsarchiv/NSAEBB/NSAEBB181/sa18.pdf.

_____. 1981.6.8. "South Africa-Israel: Status of Relations." from http://www.gwu.edu/~nsarchiv /NSAEBB/NSAEBB181/sa25.pdf

_____. 1983.3.30. "New Information on South Arica's Nuclear Program and South African-Israeli Nuclear and Military Cooperation." from http://www.gwu.edu/~nsarchiv/NSAEBB/NSAEBB181/sa26.pdf

Crocker, Chester A. 1992. *High Noon in Southern Africa: Making Peace in a Rough Neighborhood*. New York, NY: Northon.

de Klerk, F. W. 1999. *Last Trek-a New Beginning: the Biography*. New York, NY: St. Martin's.

de Villers, F. W. and Mitchell Reiss. 1993. "Why South Africa Gave Up the Bomb?" *Foreign Affairs*, 72(5), pp. 98~109.

Falk, Pamela S. 1987. "Cuba in Africa." *Foreign Affairs*, 65(5), pp. 1077~1096.

Fig, David. 1999. "Sanctions and the Nuclear Industry." in Neta C. Crawford and Audie Klotz(eds.). *How Sanctions Work: Lessons from South Africa*. New York, NY: St. Martin's.

Fisher, David. 1990. "South Africa: As a Nuclear Suppler." in William C. Potter(ed.). *International Nuclear Trade and Nonproliferation: the Challenges of the Emerging Suppliers*. Toronto: Lexington Books.

Frankel, Benjamin. 1993. "The Brooding Shadow: Systemic Incentives and Nuclear Weapons Proliferation." *Security Studies*, 2(3/4), pp. 37~78.

Giliomee, Hermann. 1992. "Broedertwis: Intra-Afrikaner Conflicts in the Transition from Apartheid Broedertwis." *African Affairs* 91(364): 339-364.

Gleijeses, Piero. 2002. *Conflicting Missions: Havana, Washington and Africa, 1959~1976*. Chapel Hill, NC: University of North Carolnia Press.

Greenwood, Ted, Harold A. Feiveson, and Theodore Taylor. 1977. *Nuclear Proliferation: Motivations, Capabilities, and Strategies for Control*. New York: McGraw-Hill.

Haney, Patrick J. 1994. "The Nixon Administration and Middle East Crises: Theory and Evidence of Presidential Management of Foreign Policy Decision Making." *Political Research Quarterly*, 47(4), pp. 939~959.

Harkavy, Robert E. 1977. "The Pariah State Syndrome." *Orbis*, 21(3), pp. 623~665.

Heikel, Mohamed. 1975. *The Road to Ramadan*. New York: Quadrangle: The New York Times Book Co.

Hersh, Seymour M. 1991. *The Samson Option: Israel's Nuclear Arsenal and American Foreign Policy*. New York, NY: Vintage.

Heston, Alan, Robert Summers and Bettina Aten. 2002. "Penn World Table(version

6.1)." Center for International Comparisons at the University of Pennsylvania. from http://pwt.econ.upenn.edu/php_site/pwt_index.php

Hibbs, Mark. 1993.5.24. "South Africa's Secret Nuclear Program: the Dismantling." *Nuclear Fuel*, pp. 9~13.

Horthon, III, Roy E. 1999. "Out of (South) Africa: Pretoria's Nuclear Weapons Experience." *INSS Ocassional Paper 27. USAF Academy.* Colorado: USAF for National Security Studies.

International Atomic Energy Agency. 2004.2.20. "Implementation of NPT Safeguards Agreement of the Socialist People's Libyan Arab Jamihiriya" Retrieved October 2, 2007, form http://www.fas.org/nuke/guide/libya/iaea0204.pdf

Jaster, Robert S. 1989. *The Defense of White Power: South African Foreign Policy under Pressure*. London, UK: Macmillan.

Jo, Dong-Joon. 2007. "The Interaction between Sino-US Rapprochement and Inter-Korean Relationship in the 1960-70s." *Journal of Peace Studies*, 8(2): 447-478.

Kempton, Daniel R. 1990. "New Thinking and Soviet Policy toward South Africa." *Journal of Modern African Studies*, 28(4), pp. 545~572.

Klotz, Audie. 1995. "Norms Reconstituting Interests: Global Racial Equality and U.S. Sanctions Against South Africa." *International Organization*, 49(3), pp. 451~478.

Lefever, Ernest. 1979. *Nuclear Arms in the Third World: U.S. Policy Dilemma*. Washington, DC: Brookings Institution Press.

Levite, Ariel E. 2002. "Never Say Never Again: Nuclear Reversal Revisited." *International Security*, 27(30), pp. 59~88.

Leys, Colin and John S. Saul. 1994. "Liberation Without Democracy? The Swapo Crisis of 1976." *Journal of Southern African Studies*, 20(1), pp. 123~147.

Liberman, Peter. 2001. "The Rise and Fall of the South African Bomb." *International Security*, 26(2), pp. 45~86.

Long, William J. and Suzette R. Grillot. 2000. "Ideas, Beliefs, and Nuclear Policies: the Cases of South Africa and Ukraine." *Nonproliferation Review*, 7(1), pp. 24~40.

Louw, P. Eric. 2004. *The Rise, Fall and Legacy of Apartheid*. Westport, CT: Praeger.

Meredith, Martin. 1988. *In the Name of Apartheid: South Africa in the Postwar Period.*

New York, NY: Harper and Row.

Meyer, Stephen M. 1984. *The Dynamics of Nuclear Proliferation*. Chicago, IL: The University of Chicago Press.

Newby-Fraser, A. R. 1979. *Chain Reaction: Twenty Years of Nuclear Research and Development*. Pretoria, South Africa: Atomic Energy Board.

Newcombe, Hanna and Lynn Schopen, *James Wert and Chris Young. 1975. Nations on Record: United Nations General Assembly Roll-Call Votes(1946~1973)*. Oakville-Dundas, Ontario: Peace Research Institute-Dundas.

Nizamani, Haider K. 2000. *The Roots of Rhetoric: Politics of Nuclear Weapons in India and Pakistan*. Westport, CT: Praeger.

Pabian, Frank V. 1995. "South Africa's Nuclear Weapons Program: Lessons for Nonproliferation Policy." *Nonproliferation Review*, 3(1), pp. 1~19.

Parsons, Neil. 1993. *A New History of Southern Africa(2nd ed.)*. London: Macmillan.

Paul, T. V. 1995. "Nuclear Taboo and War Initiation in Regional Conflicts." *Journal of Conflict Resolution*, 39(4), pp. 696~717.

Perkovich, George. 1999. *India's Nuclear Bomb: The Impact on Global Proliferation*. Berkeley: University of California Press.

Potter, William. 1982. *Nuclear Power and Nonproliferation*. Cambridge, MA: Oeleschlager, Gunn, and Hain.

Preston, Matthew. 2004. *Ending Civil War: Rhodesia and Lebanon in Perspective*. I.B. Tauris(e-book).

Quester, Geroge H. 1977. *Offensive and Defense in the International System*. New York: John Wiley.

Reiss, Mitchell. 1995. *Bridled Ambition: Why Countries Constrain Their Nuclear Capabilities*. Washington, DC: The Woodrow Wilson Center Press.

Rodman, Kenneth A. 1994. "Public and Private Sanctions against South Africa." *Political Science Quarterly*, 109(2), pp. 313~334.

Rosen, Steven J. 1975. "Nuclearization and Stability in the Middle East." in Onkar Marwah and Ann Schulz(eds.). *Nuclear Proliferation and Near-Nuclear Countries*. Cambridge, MA: Ballinger Publishing Co.

Sagan, Scott D. 1996. "Why Do States Build Nuclear Weapons?: Three Models in Search of a Bomb." *International Security*, 21(3), pp. 54~86.

Scheinman, Lawrence. 1995. "Does the NPT Matter?" in Joseph F. Pilat and Robert E. Pendley(eds.). *A New Beginning of the NPT?*. New York: Plenum Press.

Spector, Leonard S. 1988. *The Undeclared Bomb: The Spread of Nuclear Weapons 1987~1988*. Cambridge, MA: Ballinger.

_____. 1990. *Nuclear Ambitions: The Spread of Nuclear Weapons, 1989~1990*. Boulder, CO: Westview Press.

Stevens, Richard P. and Abdelwahab M. Elmessiri. 1977. *Israel and South Africa: the Progression of a Relationship*. New York, NY: New World Press.

Stumpf, Waldo. 1995. "South Africa's Nuclear Weapons Program: From Deterrence to Dismantlement." *Arms Control Today*, 25(10), pp. 3~8.

Stussi-Lauterburg, Jrg. 1995. *Historical Outline on the Question of Swiss Nuclear Armament*. Berne, Switzerland: Bibliothque Militaire Fdrale. from http: //www.solami.com/ach4.pdf

Tannewald, Nina. 1999. "The Nuclear Taboo: The United States and the Normative Basis of Nuclear Non-Use." *International Organization*, 53(3), pp. 433~468.

The Carnegie Endowment for International Peace and the Monetary Institute of International Studies. 1998. *Nuclear Successor States of the Soviet Union*(5th ed.). Washington, DC: The Carnegie Endowment for International Peace. from http://cns.miis.edu/pubs/reports/pdfs/statrep.pdf

Vanhanen, Tatu. 2000. "A New Dataset for Measuring Democracy, 1810~1998." *Journal of Peace Research*, 37(2), pp. 251~265.

Wildrich, Mason and Theodore Taylor. 1974. *Nuclear Theft: Risks and Safeguards*. Cambridge, MA: Ballinger.

Zoppo, Ciro. 1969. "Nuclear Technology, Weapons, and the Third World." *Annals of the American Academy of Political and Social Science*, 386, pp. 113~125.

제4장

인도와 파키스탄의 핵무장

역사적 과정에 대한 분석과 북핵위기에 대한 함의를 중심으로

김준석(가톨릭대학교 국제학부)

1. 문제 제기

1998년 5월 11일과 13일 인도는 서부의 라자스탄(Rajahstan) 사막에서 핵실험을 실시함으로써 1974년 첫 핵실험 이후 24년 동안 유지해오던 '자제(self-restraint)'정책에 종지부를 찍었다. 당시 핵실험을 주도한 바즈페이(Atal Bihari Vajpayee) 인도수상의 외교안보 보좌관 싱(Jaswant Singh)은 미국의 ≪포린어페어(Foreign Affairs)≫지에 기고한 글에서, 핵무기가 확산되고 있는 시대에 독립국가가 자국의 안보를 보장할 수 있는 유일한 길은 세계 모든 국가가 핵무기를 포기하거나 아니면 모든 국가에게 핵무기의 보유가 정당한 권리로 인정되는 것뿐이라는 주장을 폈다.[1)]

1) 1998년 ≪포린어페어≫에 실린 기고문에서 당시 바즈페이 인도수상의 외

같은 달 28일과 30일에는 미국의 만류에도 불구하고 파키스탄 역시 역사상 최초의 핵실험을 강행함으로써 1980년대 이래 고수해오던 NCND정책을 공식적으로 포기했다. 냉전 종식과 함께 전 세계적으로 화해 무드가 최고조에 달한 시기에 행해진 이 두 핵실험은 많은 이에게 매우 충격적인 사건으로 다가왔다. 이에 학자들과 전문가들은 두 국가의 정책 결정자들이 핵실험 결정을 내리게 된 동기와 과정을 본격적으로 검토하기 시작했다.

흔히 인도와 파키스탄의 핵무장 문제는 동전의 양면에 불과한 것으로 여겨져 왔다. 즉, 근본적으로 동일한 원인에서 비롯된 문제로 간주되었다. 물론 양국 간의 갈등적 상호작용이 핵무장을 가져온 가장 중요한 원인이라는 점에서 이는 일면 타당한 견해라 할 수 있다. 하지만 양국의 핵무기 개발 역사를 좀 더 자세히 살펴보면 상황이 그렇게 간단하지 않음을 쉽게 알 수 있다. 파키스탄 핵무장의 경우 확실히 인도와의 갈등과 분쟁이 결정적인 역할을 했다. 하지만 인도의 경우에는 상황이 다소 복합적인데 이를 위해서는 안보환경적 요인과 국내정치적 요인, 국제적 지위와 위신에 대한 고려 등 다방면에 걸친 검토가 필요하다.

이 글은 기존의 5대 핵무기 보유국(미국·러시아·영국·프랑스·중국)을 제외하고 전 세계적으로 유일하게 핵무기 보유에 성공한 세 국가 중 인도와 파키스탄의 핵무장 사례를 자세하게 살펴봄으로써 핵무기 제거의 실패 사례가 북핵문제의 해결 노력에 주는 교훈을 이끌어내는 것을 목적으로 한다. 이를 위해 일단 양국의 핵무기 개발사(史)를 상세하게

교안보 보좌관이었던 싱은 인도 핵실험의 동기를 인도를 둘러싼 안보환경의 근본적인 불안정성으로 돌렸다(Singh, 1998).

살펴보는 것이 필수불가결한데, 특히 이 글에서는 국가가 핵무기를 보유하게 되는 세 가지 동기에 관한 스콧 세이건(Scott Sagan)의 논의를 바탕으로 개발사에 접근한다. 우리는 이와 같은 역사의 검토를 통해 북핵문제에 대한 보다 현실적인 접근법이 마련될 수 있으리라 기대해볼 수 있다.

이를 위해 이어지는 2절과 3절에서는 인도와 파키스탄의 핵무장 사례를 자세하게 살펴본다. 4절에서는 앞의 두 절에서 얻은 역사적 지식을 바탕으로 북핵문제에 대한 보다 비판적인 분석을 시도한다.

2. 인도의 핵무장: 역사적 개요와 분석

인도와 파키스탄의 핵무기 개발과정에서 공통적인 특징은 과학자들이 결정적인 역할을 했다는 것이다. 인도의 바바(Homi Bhaba), 파키스탄의 칸(A. Q. Kahn)이 대표적인 인물인데, 이들은 정부의 적극적인 지원과 보호를 받아 핵개발 프로그램을 주도했다. 바바의 경우 1930년대 영국의 케임브리지에서 물리학을 전공한 뒤 1954년 8월 핵에너지부(Department of Atomic Energy)를 창설하고 그 수장이 되었다. 인도 정부는 수상이 직접 핵에너지 개발계획을 지휘하면서 이에 종사하는 과학자들에게 높은 수준의 독립성을 보장해주었다. 하지만 핵에너지 개발이 핵무기 개발에 대한 관심으로 직접 이어지지는 않았다. 당시 인도수상 네루(Jawaharlal Nehru)는 인도의 국제정치적 위상에 대해서 다소 이상주의적인 원칙을 고수했는데, 그에 따르면 인도는 서구국가가 추구해온 전통적인 국제정치를 거부하고, 고대부터 이어져 내려온 인도의 고유한 전통에 근거한 문화적 이상을 추구해야 할 역사적인 사명을 지니고 있었다(Ganguly, 1999: 150~51).

이와 같은 원칙에 근거해 네루는 핵무기 개발에 강력하게 반대하는 입장을 고수했을 뿐만 아니라 국제적으로도 핵무기폐기운동에 앞장섰다. 네루 수상은 1954년 유엔 연설에서 보편적 핵실험금지조약의 체결을 주장했는데, 이는 1963년에 체결된 대기권에서의 핵실험을 금지하는 부분적핵실험금지조치(Partial Test Ban Treaty)의 단초를 제공했다.[2] 하지만 네루의 인도 정부는 평화적인 용도의 핵개발 프로그램은 적극 지원했다. 오히려 높은 과학기술 수준이 신생독립국 인도의 국가 위신을 높여준다는 믿음을 지닌 엘리트와 일반대중의 지지 속에서 당시 인도의 전반적인 경제 수준에서는 다소 무리가 따르던 핵개발 프로그램을 강력하게 추진했다. 영국으로부터 독립하던 바로 그해 핵에너지위원회(Atomic Energy Commission)를 설치해 핵기술 개발에 돌입한 것은 바로 이러한 맥락에서 이해할 수 있다. 1960년대 인도의 핵무기 개발은 바로 이 시기에 놓인 기술적 기초 위에서 가능했다.

흔히 인도와 파키스탄의 핵무장은 양국 간의 갈등과 분쟁에서 비롯된 것으로 여겨져 왔다. 파키스탄의 경우 인도와의 관계가 핵무장에 결정적이었음은 주지의 사실이지만, 인도의 경우에는 좀 더 복합적인 원인이 존재한다. 실제로 인도의 핵무장에 결정적인 계기를 제공한 것은

2) 이러한 이상주의적인 경향은 핵무기를 보유한 이후에도 계속되었다. 예를 들면 인디라 간디 수상은 1983년 보편적 핵실험금지를 위한 6개국 제안(Six-Nation Initiative for a Universal Test Ban)을 주도했고, 라지브 간디 수상은 1988년 유엔에서 2010년까지 전 세계 모든 핵무기의 제거를 목표로 하는 행동계획을 제안하기도 했다.

— 그리고 결과적으로 파키스탄의 핵무장으로 이어진 과정의 단초를 제공한 것은 — 1960년대 초반에 일어난 인도와 중국 간 국경분쟁이었다. 1962년 중국의 인민해방군은 인도-중국 간 히말라야 국경지대를 침공해 약 1만 4,000평방마일에 해당하는 인도 영토를 무력 점령했고, 인도군은 변변한 저항도 해보지 못하고 퇴각해야 했다. 이는 평화주의적이고 이상주의적인 외교정책을 주장해온 네루의 인도 정부에 엄청난 타격을 주었다. 인도-중국 국경분쟁이 터진 지 정확히 2년 뒤인 1964년 10월 중국은 핵실험에 성공해 인도에 또 한 번의 타격을 주었다. 핵실험을 계기로 더 이상 이상주의적인 접근법으로는 인도의 안보를 보장할 수 없다는 위기의식이 널리 확산되면서 이전부터 핵무기 개발을 주장해 온 일부 과학자들과 정치가들의 목소리가 설득력을 얻기 시작했다. 인도의 핵개발 프로그램을 이끌고 있던 바바는 이미 1958년부터 핵무기 개발에 대한 관심을 보여왔던 터였다.

결국 1964년 12월 당시 인도의 수상이었던 샤스트리(La Bahadur Shastri)는 핵무기 개발에 대한 인도 정부의 의지를 천명했다. 물론 반대의 목소리가 없었던 것은 아니다. 특히 집권당인 인도 의회당(Congress Party)은 핵무기 개발에 엄청난 비용이 소요될 것이라는 점, 비핵화에 대한 인도의 전통적인 신념, 간디로부터 이어져 내려오는 인도의 평화주의적·이상주의적 전통 등의 이유를 들어 핵무장 정책에 반대하는 입장을 고수했다. 그러나 1965년 9월 제2차 인도-파키스탄 전쟁이 발발함에 따라 인도의 안보상황은 다시 한 번 급변했다.[3] 소련의 중재에

3) 1947년 인도와 파키스탄의 분리 독립 이후 양국 사이에는 지금까지 총 4차에 걸쳐 전쟁이 발발했다. 이 중 1947년, 1965년, 1999년의 전쟁은 카

따라 1966년 양국은 전쟁 전의 국경선으로 복귀하기로 합의했지만, 전쟁 결과 인도의 정책 결정자들은 자신들의 조국이 안보상으로 심각한 위협에 처했음을 깨닫게 되었다. 파키스탄군이 인도가 통제하고 있는 카슈미르 지역에 반복적으로 침투함에 따라 이에 맞서기 위해 인도군이 파키스탄과의 전면전에 돌입하면서 시작된 이 전쟁 기간 동안, 중국은 파키스탄에 외교적인 지원을 제공하면서 만일 전세가 파키스탄에 일방적으로 불리하게 돌아갈 경우 중국-인도 간 히말라야 국경지대에 제2의 전선을 형성하겠다고 위협하고 나선 것이다. 이는 인도가 최악의 경우 '두 전선에서의 동시전쟁(war of two fronts)'의 위험에 처하게 되었음을 의미한다.

이러한 상황에서 사스트리를 대신해 권력을 장악한 인디라 간디 수상은 일단 미국과 소련에게 안전보장을 요청했다. 그러나 양국 모두 별다른 반응을 보이지 않았고, 이에 인도 정부는 핵무장 방안을 적극적으로 고려하기 시작했다. 인디라 간디 수상은 아버지의 도덕적인 원칙에 근거한 외교·안보정책 대신 보다 현실주의적인 고려에 기초한 정책을 추진할 의지를 가진 정치가였다. 간디 수상의 집권기 동안 인도의 외교·안보정책은 급격하게 방향전환을 하게 되었고, 핵무기 개발을 위한 과학기술자들의 노력도 배가되었다. 결국 1970년대 초반 무렵까지 인도는 핵무장의 기술적인 능력과 함께 정치적인 의지도 갖추게 되었다. 그러나 1974년 5월 인도의 핵실험 결정을 설명하기 위해서는 이상과 같은 국제적 변수 이외에도 이 시기 인도의 고유한 정치상황을

슈미르 지방의 영유권 문제를 둘러싸고 일어났고, 1971년의 전쟁은 동(東)파키스탄, 즉 방글라데시의 독립을 인도가 지원하는 가운데 일어났다.

고려할 필요가 있다. 당시 인도는 오일쇼크로 인한 국제적인 불경기의 여파로 경제적으로 상당히 어려운 상황에 처해 있었고, 인디라 간디 정부는 대중적 인기 몰락의 위험에 처하게 되었다. 이러한 상황을 극복하고자 하는 동기가 1974년 이른바 '평화적인 핵폭발(Peaceful Nuclear Explosion)'이라는 아이러니컬한 구호하에 핵실험을 감행하게 했다는 데에는 의심의 여지가 없다.

실험이 감행되자 프랑스를 제외한 거의 모든 강대국들이 인도를 격렬하게 비난했다. 특히 미국 정부가 가장 강력하게 반발했는데, 실험 2년 뒤인 1976년 미 상원은 국제원자력기구(IAEA)의 승인 없이 핵원료의 재처리와 농축을 위한 장비를 도입하는 국가에 특정 종류의 경제적·군사적 지원을 중단한다는 결의안을 통과시키기도 했다. 이러한 제재조치는 인도가 핵개발을 계속할 수 있는 여지를 크게 좁혔고, 결국 인도는 1974년 이후 대외적으로 일종의 '자제'국면에 들어서게 되었다. 올라팔리는 이 시기의 인도가 "핵무기를 보유하는 데 따르는 온갖 불이익을 감수해야 하지만 정작 핵보유국으로서의 이점은 누리지 못하는" 상황에 처해 있었다고 지적한다(Ollapally, 2001: 931). 하지만 핵실험 이후 인도가 단순히 다른 국가들의 위협에 직면해 강제적인 조정국면에 들어선 것으로 볼 수만은 없다. 한편으로는 핵능력을 입증해 당당히 핵보유국의 반열에 들어서게 되었고, 적어도 상당 기간 동안 파키스탄에 대한 군사적 우위를 확보할 수 있게 되었다는 사실이 인도로 하여금 여유를 갖고 국제적 압력에 대처할 수 있게 했다. 다른 한편으로는 인도와 소련의 동맹이 강화됨에 따라 인도를 둘러싼 안보여건이 크게 개선되었다는 사실 역시 자제국면을 설명해주는 중요한 요인이다.

물론 인도가 모든 종류의 핵개발 노력을 포기한 것은 아니었다.

파키스탄이 핵무기 개발에 박차를 가하고 있다는 증거가 여러 경로를 통해서 확인되고 있었다. 1987년에는 파키스탄의 핵무기 개발을 담당하고 있는 칸 박사가 언론인과 만난 자리에서 파키스탄이 핵무기 보유를 위해 전력을 다해 경주하고 있음을 공개적으로 밝혀 충격을 주기도 했다. 이러한 파키스탄의 움직임에 대한 대응의 차원에서 1983년부터 인도 정부는 유도미사일 개발 프로그램을 새롭게 추진하기 시작했고, 1989년에는 아그니(Agni)라는 이름의 중거리탄도미사일 개발에 성공함으로써 핵무장 능력을 한층 강화하기도 했다. 또 1974~1998년에 인도와 파키스탄 양국이 전적으로 평화롭고 건설적인 관계를 유지한 것도 아니었다. 카슈미르의 영유권을 둘러싼 양국 간의 갈등은 이 24년 동안 계속되었고, 특히 1987년과 1990년에는 일촉즉발의 상황이 초래되기도 했다. 하지만 적어도 1991년까지 양국 간의 관계는 적어도 인도가 핵실험의 가능성을 고려해야 할 정도로 심각한 상황으로 이어지지는 않았고 긴장 속의 평화를 유지했다.

이러한 상황에 결정적인 변화를 가져온 것은 1991년 소련의 해체였다. 1970년대 이후 인도와 긴밀한 관계를 유지해오던 소련의 붕괴는 인도의 입장에서는 카슈미르 문제와 관련해 유엔에서 거부권을 행사해줄 수 있는 국가가 사라졌음을 의미했고, 또 유리한 조건으로 첨단무기를 이전해줄 수 있는 파트너의 상실을 의미했다. 또한 여전히 긴장관계를 유지하고 있던 중국과 인도 사이에서 중국의 위협에 대해 효과적인 평형추 역할을 하던 소중한 동맹국의 상실을 의미했다. 인도의 입장에서는 심각한 안보상의 위협을 느낄 수밖에 없는 상황이었다. 여기에 더해 국제적으로 볼 때 매우 불리한 상황이 전개되었다. 그것은 1995년 핵확산금지조약(NPT)의 갱신을 앞두고 이 조약을 '영구화'하려는 미국을 비롯한 기존 핵보유국들의 노력이 강화되었다는 사실과, 이듬해인 1996년 포괄적핵실험금지조약(Comprehensive Test Ban Treaty)이 핵보유국 인도의 입장을 전혀 감안하지 않은 형태로 통과되었다는 사실이다.

이러한 국제정치 상황의 변화 속에서 1998년 2월 보수적인 힌두 민족주의자 바즈페이가 이끄는 인도인민당(BJP: Bharatiya Janata Party)이 인도의회당의 오랜 권력독점을 무너뜨리고 집권에 성공함으로써 인도는 핵실험 재개를 위한 결정적인 계기를 맞게 된다. 인도인민당은 집권 이전부터 기존 핵정책의 재고를 공공연하게 주장했고, 선거를 위해서 '핵무기를 인도의 무기고로 인도(引導, induct nuclear weapons to India's arsenal)'하겠다는 공약을 내세웠다. 여기에 1998년 3월 인도의 26개 주요도시를 타격할 수 있는 파키스탄의 중거리미사일 가우리(Ghauri)의 발사실험 성공은 조금이나마 남아 있던 망설임을 말끔히 씻어냈다. 결국 인도는 1998년 5월 11일과 13일 공교롭게도 24년 전과 마찬가지로 (물론 인도 정부는 날짜의 선정에 어떤 고의성도 없었다고 해명했지만) 석가탄신일에 핵실험을 감행했다(Karl, 2001: 1002).

1998년 인도의 핵실험 결정과 실행에 이른 역사적 과정을 살펴보면 우선 인도를 둘러싼 국제안보환경의 변화가 중요한 역할을 했음을 알 수 있다. 1947년 영국으로부터 분리독립한 이후 오늘날까지도 계속되고 있는 카슈미르를 둘러싼 파키스탄과의 갈등과 분쟁은 가장 중요한 국제환경적 요인을 제공해왔다. 여기에 1962년 국경분쟁 이후 오랜 기간 계속된 중국과의 대립 역시 커다란 안보상의 도전을 제기했다. 그 밖에도 미국과 소련 등 주요 강대국과의 관계도 중요한 환경적 요인으로 작용했다. 특히 1991년 소련의 해체로 인한 동맹관계의 변화는 인도로 하여금 핵실험 재개를 통해 국제정치적 위상 확보를 모색하도록 하는 단초를 제공했다.

국내정치적인 요인 역시 인도의 핵무장에서 큰 비중을 차지했다. 1974년의 제1차 핵실험이 인디라 간디 정부에 대한 일반대중의 지지도가 하락하고 있던 시점에 이루어진 점, 그리고 1998년 힌두 민족주의를 표방하는 인도인민당의 집권과 함께 핵실험이 실행되었다는 점 등이 국내정치적 요인의 중요성을 입증하는 사례들로 빈번하게 인용되고 있다. 특히 스콧 세이건은 1974년 인도의 핵실험을 전형적인 국내정치 모델의 사례로 보고 있다. 세이건은 핵실험에 대한 인디라 간디 수상의 결정이 군부와 외무성의 고위관리들을 배제한 채 수상의 개인보좌관들과 과학기술자들의 조언만으로 이루어졌다는 점, 1973년과 1974년에 간디 정부에 대한 지지율이 최저점을 기록했다는 점, 그리고 핵실험 이후에 행해진 설문조사에서 응답자의 90% 이상이 실험에 대해 "개인적으로 매우 자랑스럽게 생각한다"고 밝힌 점 등을 주장의 근거로 삼고 있다(Sagan, 1996/97: 67~68). 하지만 이러한 접근법에 대한 지나친 강조는 경계되어야 한다. 예를 들면 인도인민당의 등장이 1998년의 핵실험 재개에 결정적인 역할을 한 것은 의심의 여지 없는 사실이지만, 사실 그 이전 정부들 역시 핵실험 옵션을 지속적으로 고려해왔으며 그에 따른 준비작업을 진행시켜왔음을 기억해야 한다. 인도인민당이 집권한 지 불과 두 달여 만에 핵실험을 강행할 수 있었던 것은 바로 이러한 바탕이 있었기 때문이다.

필자의 견해로는, 그리고 최근 들어 일부에서 지적되는 바에 따르면, 인도의 핵무장은 특히 인도의 국제적인 지위와 위신의 향상이라는 관점에서 이해될 필요가 있다. 이와 관련해 역사적으로 인도 정부와 인도의 일반국민이 원해온 인도의 국제정치적 위상과 실제, 그러한 위상을 충족시키기 위해서 가용한 자원과 능력 사이에 상당한 간극이 있어왔다는 점에 주목해야 한다(Ollapally, 2001: 926~927). 즉, 강대국 또는 준강대국의 지위에 대한 열망(aspirations)과 실제 능력(capabilities) 사이에 쉽게 메우기 힘든 차이가 존재했다는 것이다. 10억에 가까운 인구와 '준대륙(subcontinent)'이라는 별칭이 말해주듯 광활한 영토를 보유한 인도가 그에 걸맞은 국제정치적 위상을 누리기를 원하는 것은 너무나 당연하다. 1970년대까지 인도가 수행한 이른바 '비동맹' 그룹에서의 적극적인 역할은 부분적으로 이러한 열망이 반영된 결과라 할 수 있다. 앞에서 지적했듯이 네루 정부 시기 도덕적인 원칙에 기초한 국제정치질서의 수립을 주창하고 나선 것도 이러한 맥락에서 이해될 수 있다.

하지만 현실의 국제정치에서 인도가 실제 영향력을 발휘할 수 있는 여지는 매우 적었다. 오히려 1962년 중국과의 전쟁에서 치욕적인 패배를 당하고, 인구와 영토의 크기에서 1/5에도 미치지 못하는 파키스탄과의 분쟁에서 결정적인 우위를 유지하는 데 실패하는 등 무력한 모습만이 반복적으로 노정되었다. 이러한 상황에서 핵무기의 보유는 치명적인 약점을 일거에 상쇄할 수 있는 가장 효과적인 길로 인식되었다. 이는 1950년대 수에즈 위기와 알제리 내전으로 국제적으로 쉽게 치유되기 어려운 상처를 입고 핵무기 획득에 전력을 기울인 프랑스의 사례와 유사한 맥락에서 인도의 핵무장을 이해할 수 있다는 뜻이다. 예를 들면 1996~1998년에 벌어진 포괄적핵실험금지조약 체결을 둘러싼 인도 국내의 논쟁에서 국제적으로 인도와 파키스탄의 지위가 유사한 것으로 간주되고, 중국에 비해 인도의 국제적 지위가 지나치게 격하되는 경향에 대한 불만이 집중적으로 제기되었다. 또 다른 국가들이 인도가 핵무

기와 관련해 자발적으로 자제한다는 사실을 간과하고 있는 현실에 대해서도 불만이 제기되었다.[4]

한 가지 주목할 만한 사실은, 국제적 지위에 대한 관심이 핵무기를 실제로 운영하는 데 필요한 정교한 기술적 장치와 구체적인 전략을 마련하기 위한 노력을 덜 기울이게 하는 원인이 되었다는 것이다. 즉, 핵무기를 보유한다는 사실 자체가 핵무기를 개발하는 가장 중요한 목표가 됨에 따라 이 무기를 보다 효과적으로 사용할 수 있는 도구나 방법의 개발에는 상대적으로 무관심하게 되었다는 것이다. 1998년 핵실험을 주도한 바즈페이 수상이 "우리가 핵무기를 보유하고 있다는 그 사실 자체가 가장 큰 억제(deterrent) 효과를 가진다"고 언급한 것은 이러한 맥락에서 이해될 수 있다. 1974년 인디라 간디 수상이 핵실험에 관한 결정을 위해서 소집한 비밀참모회의에서 핵무기의 효능을 확실하게 인식하기 위해 한 번 이상의 핵실험이 필요하다는 사실이 전적으로 무시되었던 것도(즉, 간디 수상은 핵무기의 효율성에는 정작 큰 관심을 기울이지 않았다는 사실 역시) 유사한 맥락에서 이해될 수 있다.

결국 인도의 핵무장은 흔히 생각하는 것보다 상당히 복합적인 동기에서 비롯되었다고 결론내릴 수 있다. 일반적으로 파키스탄과의 갈등관계가 인도 핵무장의 궁극적인 원인인 것으로 여겨져 왔으나 역사적인 전개과정을 좀 더 자세히 살펴보면 그 밖의 다른 요인들이 존재했음을 쉽게 알 수 있다. 이러한 사실은 다음에서 살펴볼 파키스탄 핵무장의

4) 물론 인도의 핵보유를 국제사회에서 지위향상의 도구로 이해하는 기존 시각에 비판적인 견해도 제기되고 있다. 예를 들면 Hymans(2006: 171~203)은 인도 정부 지도자들이 가지고 있는 인도의 정체성에 대한 관념이 강대국 지위에 대한 열망보다 훨씬 중요한 역할을 수행했다고 지적한다.

사례와 뚜렷한 대조를 이룬다.

3. 파키스탄의 핵무장: 역사적 개요와 분석

인도의 핵무장과 관련해서는 비교적 다양한 원인을 지적할 수 있지만, 파키스탄의 핵무장과 관련해서는 압도적으로 중요한 한 가지 원인을 꼽을 수 있다. 그것은 인도와 파키스탄 간에 벌어진 카슈미르 지역의 영유권을 둘러싼 오래된 분쟁이다. 사실 카슈미르의 영유권 자체가 분쟁의 시발점은 아니었다. 1947년 영국의 인도제국이 두 개의 국가로 분리되면서부터 사실상 분쟁의 씨앗이 뿌려졌다고 할 수 있다. 분리독립과 함께 파키스탄에 거주하는 힌두교도들은 인도로, 인도에 거주해온 이슬람 교도들은 파키스탄으로 이주하기 시작했고, 이 대규모로 진행된 집단 이주과정에서 수많은 사상자와 영토분쟁이 발생했다. 이슬람교도가 다수를 구성하고 있는 카슈미르 지역에 대한 영유권을 둘러싼 분쟁은 이러한 맥락에서 이해되어야 한다.

카슈미르 분쟁에서 현상에 불만을 가지고 이의 변경을 요구하는 쪽은 언제나 파키스탄이었다. 이에 반해 인도는 현상의 유지에 만족하는 편이었다. 하지만 현상의 변경에 대한 파키스탄의 열망이 핵무기 개발을 직접적으로 자극한 것은 아니었다. 파키스탄의 핵무장은 기본적으로 인도의 핵무장에 따른 방어적인 동기에서 비롯되었다. 사실 독립 이후 20여 년 동안 파키스탄은 핵무기 개발에 별다른 관심을 보이지 않았다. 이것은 민간정부의 경우나 1958년 군사 쿠데타로 정권을 장악한 군사정부의 경우나 모두 마찬가지였다. 쿠데타를 주도한 육군참모총장 칸(Mahammad Ayub Khan)을 비롯한 파키스탄 군부의 주요인사들은 인도와의 분쟁에서 재래식 무기만으로도 충분하다는 믿음을 견지했다. 물론 파키스탄 정부는 인도와 마찬가지로 평화적인 목적의 핵에너지 개발에는 큰 관심을 기울였고 1950년대부터 연구와 기술 개발 과정을 적극 지원했다. 살람(Abdus Salam), 우스마니(I. H. Usmani) 등 저명한 핵물리학자들에 의해 운영된 파키스탄핵에너지위원회(Pakistan Atomic Energy Commission)는 파키스탄이 핵기초기술을 습득하는 데 중심적인 역할을 담당했다. 하지만 이러한 노력은 기본적으로 부족한 에너지 확보를 목표로 했을 뿐 핵무기의 잠재적인 개발을 목표로 하지는 않았다.

사실 인도와 비교할 때 파키스탄은 경제력에서나 기술력, 특히 국제적 압력에 대한 취약성 등에서 핵무기를 개발하기에 그다지 유리한 조건이 아니었다. 군사정부는 파키스탄의 경제적 후진성 극복을 최우선 과제로 여겼고, 많은 희생이 따를 수 있는 핵무장에는 큰 관심을 보이지 않았다. 여기에 미국과의 긴밀한 동맹관계는 파키스탄 군부 지도자들로 하여금 핵옵션을 진지하게 고려할 필요성을 느끼지 못하게 했다. 1950년대 이래 파키스탄은 미국의 봉쇄정책에 필수불가결한 동맹국으로서의 지위를 유지했는데, 이는 중국과 소련에의 근접성과 같은 지정학적 요인과 파키스탄 군부의 강력한 반공산주의 노선에 힘입은 바 크다. 따라서 비동맹노선을 고수한 인도와는 달리 파키스탄의 안보 여건은 미국과의 동맹관계에 크게 의존하게 했고, 이 관계가 별 문제 없이 유지되는 한 안보상황의 획기적인 개선을 위한 별다른 조치가 필요치 않은 것으로 여겨졌다.

하지만 1960년대 중반 파키스탄은 안보환경의 심각한 변화를 경험하게 되는데, 그 첫째 원인은 1965년 인도-파키스탄 전쟁이고, 다른 하나는 미국과의 긴밀했던 동맹관계가 이완되기 시작했다는 사실이다. 카슈미르를 둘러싼 인도와의 전쟁으로 파키스탄의 자기방어능력에 대한 의구심이 제기되었고, 또 1966년 타슈켄트정전협정에서 파키스탄이 어떠한 양보도 얻어내지 못하자 국내에서는 정부에 대한 비난여론이 비등했다. 여기에 전쟁을 이유로 미국이 파키스탄에 대한 무기금수조치를 취하는 등 강력한 제재조치를 취함에 따라 파키스탄 국민의 안보 불안감은 한층 높아지게 되었다. 사실 미국과의 동맹이완은 단순히 전쟁의 발발에 따른 것이라기보다는 소련과의 데탕트에 따른 자연스런 결과로 이해될 수 있다. 파키스탄 정부 역시 이러한 점을 인지하고 당시 인도와 국경문제를 둘러싸고 대립하던 중국과 긴밀한 관계를 모색하기 시작했다. 그 결과 중국은 파키스탄의 가장 중요한 재래식 무기 공급원이 되었다. 하지만 파키스탄 군부의 거의 모든 인사들은 중국으로부터의 무기수입이 파키스탄의 안보상황 개선을 위해서 그다지 큰 혜택을 가져다주지는 못한다는 데 동의했고, 따라서 일부 군부 지도자들은 보다 획기적인 조치의 필요성을 절감하기 시작했다.

이러한 상황에서 부토(Zulfikar Ali Bhutto)라는 젊은 정치가가 파키스탄의 핵무기 개발과정에서 결정적인 역할을 수행했다. 군사정권하에서 핵에너지를 담당하는 부서의 책임자를 역임한 부토는 이미 1950년대부터 파키스탄의 핵무장을 주장해왔다. 부토는 1971년 방글라데시의 독립을 둘러싸고 벌어진 인도와의 (파키스탄의 입장에서 보면 치욕적인 패배를 경험한) 제3차 인도-파키스탄 전쟁으로 국내정치가 혼란스러운 가운데, 군부의 지원을 얻어 정권을 장악하는 데 성공했다. 이 전쟁을 계기로 파키스탄 국민은 미국이 더 이상 파키스탄의 가장 가까운 동맹국이 아니라는 사실과 재래식 무기만으로는 (인구와 전체 경제규모에서 훨씬 우월한 위치에 있는) 인도와 대등한 군사적 균형을 유지하는 것이 더 이상 가능하지 않다는 사실을 확인했고, 이에 반해 인도와 소련이 점차 긴밀한 관계를 발전시켜나감에 따라 안보불안이 가중되었다. 이와 같이 핵무장을 지지하는 목소리가 정부 내에서 높아지고 있는 가운데 터진 1974년 인도의 핵실험 소식은 핵무장에 대한 회의론을 일거에 완전히 뒤바꾸어놓았다. 이제 파키스탄의 핵무장은 절체절명의 과제가 되었고, 부토가 이끄는 파키스탄 내각은 인도의 핵실험이 실시된 지 불과 한 달여 뒤인 1974년 6월 14일 핵무기 개발을 결의하게 되었다. 부토에 따르면 파키스탄은 '풀을 뜯어먹고 사는 한이 있어도 핵무기를 개발해야' 했다(Ahmed, 1999: 183).

하지만 파키스탄과 인도의 핵무장 과정에는 한 가지 큰 차이점이 있는데, 이는 바로 미국이 인도의 경우와는 다르게 파키스탄에 상당한 압력을 행사했다는 사실이다. 인도의 핵실험이 파키스탄으로 하여금 유사한 정책을 추진하게 하리라는 것은 누구나 쉽게 예상할 수 있었기 때문에 그다지 놀라운 사실은 아니었다. 실제로 미국은 프랑스에 압력을 행사해 파키스탄의 우라늄 농축을 위한 핵 재처리 시설 판매를 포기하도록 만들었고, 또 헨리 키신저 국무부장관이 파키스탄을 직접 방문해 부토 수상을 만난 자리에서 핵무장 포기에 대한 회유와 위협을 시도하기도 했다. 1977년 파키스탄에서 군부 쿠데타가 발생해 부토 정부가 전복되고 지아 울 하크(Mohammed Zia-ul-Haq) 장군이 이끄는 군사정부가 들어섰을 때 많은 파키스탄 국민이 배후세력으로 미국의 존재를 의심한 것은 바로 그러한 이유에서이다.

하지만 미국의 파키스탄에 대한 압력은 그리 오래 지속되지 않았다. 1980년 소련의 아프가니스탄 침공으로 파키스탄에 대한 미국의 압력이 상당 부분 경감되었기 때문이다. 2001년의 9·11테러를 계기로 파키스탄의 전략적 중요성이 증가했듯이 소련의 아프가니스탄 침공을 계기로 미국 정부는 이 지역에서 파키스탄의 전략적 가치를 다시 한 번 깨닫게 되었고, 그동안 핵무기 개발과 관련해서 행사해오던 각종 압력을 사실상 철회하기에 이르렀다. 오히려 레이건 행정부는 1983년과 1984년 중국이 파키스탄에 저출력 우라늄 장비를 제공했다는 CIA 보고서를 의도적으로 무시하고, 파키스탄이 핵확산금지조약을 성실하게 준수하고 있다는 입장을 표명하기도 했다. 결국 1980년대 동안 핵무기를 둘러싼 양국 간의 관계는 파키스탄이 핵실험을 자제하는 한 미국이 파키스탄의 핵개발 노력에 어떠한 간섭도 하지 않는다는, 즉 핵문제는 양국의 관계에서 가장 중요한 이슈가 아니라는 암묵적인 합의 위에서 유지되었다. 그 결과 1980년대 동안 파키스탄의 핵개발 노력은 큰 진전을 이루었다. 공식적인 자료가 부재하기는 하지만 일반적으로 1985년경에 파키스탄은 핵실험에 필요한 기술 수준에 도달한 것으로 평가된다.

냉전의 종식과 함께 소련군이 아프가니스탄에서 철수하면서 파키스탄을 둘러싼 국제정치정세는 다시 한 번 커다란 변화를 맞게 된다. 미국에 대한 파키스탄의 전략적 가치는 다시 한 번 크게 감소했고, 미국은 의회의 주도로 핵무기 개발과 관련해 각종 압력을 행사하기 시작했다. 하지만 이러한 미국의 압력은 1990년대에 들어서면서 기술적으로 '문턱'을 넘어선 파키스탄의 핵무기 개발 노력에 별다른 변수가 되지 못했고, 오히려 미국에 대한 파키스탄 국민의 불신을 높이는 역효과만을 가져왔다. 여기에 1990년 다시 불거진 인도와의 갈등은 안보환경의 근본적인 변화 없이 파키스탄이 일방적으로 핵무기 프로그램을 포기하는 것은 어떤 경우에도 불가능한 상황을 낳았다. 결국 1998년

5월 인도가 핵실험을 실시하자 미국의 클린턴 대통령과 국무성 차관 탈보트(Strobe Talbott)는 파키스탄의 대응 핵실험을 저지하기 위해 외교적 노력을 펼쳤지만 결국 무위로 돌아가고 말았다. 많은 파키스탄 국민에게 미국은 인도의 예외적인 지위는 인정해주면서 파키스탄만을 일방적으로 몰아세우는 정책노선을 고수하는 것으로 비쳤고, 이는 핵문제의 평화적인 해결을 매우 어렵게 만들었다.

물론 미국의 입장에서 인도와 파키스탄을 다르게(혹은 '차별적으로') 대우하는 것은 충분히 이해할 수 있는 일이다. 인도와 파키스탄은 그 국제정치적 위상에서 현격히 다른 위치를 차지하고 있기 때문이다. 하지만 지난 반세기 동안 인도와 격렬하게 대립해온 파키스탄의 입장에서 그러한 차별대우는 용납될 수 없는 것이었다. 인도에 비해 강대국의 지위를 획득하려는 열망이 상대적으로 약하긴 하지만, 파키스탄은 어떤 경우에도 인도에 뒤처져서는 안 된다는 강력한 라이벌 의식을 가지고 있었다. 여기에 더해서 미국의 파키스탄에 대한 태도가 상황의 변화에 따라(즉, 미국의 필요에 따라) 급변해왔다는 사실 역시 미국에 대한 파키스탄의 불신을 부추겼음을 지적할 수 있다.

결국 미국이 주도하는 국제사회의 경제제재가 가져올 수 있는 부정적 효과에 대한 파키스탄 수상 샤리프(Newaz Sharif)의 우려에도 불구하고 파키스탄 정부와 군부는 핵실험을 지지하는 쪽으로 결정적으로 기울어지게 되었다. 일반국민도 핵실험을 강력하게 지지했다. 1998년 5월에 실시된 한 여론조사에 의하면 파키스탄 국민의 약 64%가 즉각적인 핵실험을 지지했고, 15%가 실험 연기를, 21%의 국민이 실험 포기를 지지한 것으로 드러났다. 1998년 5월 28일과 30일에 실시된 파키스탄 최초의 핵실험은 이러한 상황에서 강행되었다.

인도의 경우와 마찬가지로 파키스탄의 핵무장 과정 역시 국제안보적 요인과 국내정치적 요인, 그리고 국제적 지위와 위신의 요인 등 세 가지 서로 구분되는 차원에서 검토될 수 있다. 먼저 국제정치적 요인을 살펴보면, 파키스탄의 핵무장 과정에서 이웃한 인도와의 대립은 결정적인 요인으로 작용했다. 사실상 파키스탄의 핵무장은 인도의 핵무장에 대한 '방어적인 반작용'에 다름아니었다고 할 수 있다. 따라서 인도의 경우 인도와 파키스탄 간에 분쟁이 없었다 하더라도 핵무장의 동기가 충분했으리라 예측할 수 있지만, 파키스탄의 경우에는 인도와의 대립이 없었다면 굳이 많은 희생을 감수해가면서까지 핵무기 보유를 시도하지 않았으리라 추측해볼 수 있다. 사실 인도의 경우 중국과의 국경분쟁이 핵무기 개발에 관한 가장 직접적인 동기를 제공했으며, 파키스탄과의 분쟁 그 자체는 인도의 핵무장 결정에서 부차적인 중요성만을 지녔다고 할 수 있다.

다른 한편 미국과의 동맹관계 변화 역시 파키스탄의 핵무장에 중요한 요인이었다. 여기서 특히 중요한 사실은 미국이 전 세계적인 차원과 지역적인 차원에서의 안보환경 변화에 따라 파키스탄에 대한 안보공약 내용을 바꾸었다는 점인데, 앞에서 살펴보았듯이 1965년 미소 데탕트 시기에 발발한 인도-파키스탄 전쟁, 1980년 소련의 아프가니스탄 침공, 1990년대 초반 소련의 붕괴와 이에 따른 냉전구조의 변화 등의 사건은 그러한 변화에 중요한 계기를 제공했다. 미국과의 관계가 변화를 겪을 때마다 파키스탄의 핵무장 노력 역시 일정한 영향을 받을 수밖에 없었다. 아마도 미국이 좀 더 일관성 있는 태도를 취했더라면 파키스탄은 핵무장을 하지 않았을 수도 있다. 예를 들면 미국이 1965년 전쟁에 대한 징벌을 이유로 군사적 제재조치를 취함으로써 파키스탄의 안보환경을 위험에 처하게 하지 않았다면, 또 1980년 소련의 아프가니스탄 침공을 이유로 파키스탄의 핵무장 정책을 용인하는 대신 좀 더 강력한 대응전략을 구사했다면 파키스탄은 핵무장을 하지 않았을 수도 있다.

파키스탄 핵무장의 국내정치적 요인으로는 다음 몇 가지를 들 수 있다(Khan, 2006: 504~505). 우선 부토와 칸(A. Q. Khan) 같은 정치 지도자와 과학자의 역할이다. 이들은 인도의 핵무장 가능성이 제기되기 훨씬 전부터 파키스탄의 핵무장을 역설해온 인물들로서 핵무기 개발에 유리한 국제정치 상황이 도래했을 때 오랫동안 준비된 아이디어와 계획을 제공하는 역할을 했다. 1970년대 부토가 보인 리더십이나 칸 박사가 1980년대 핵무기 개발과정에서 행한 역할 등은 이러한 관점에서 이해될 수 있다.[5] 1958년 이래 군부가 파키스탄의 국내정치에 막강한 영향력을 행사해왔다는 사실 역시 파키스탄의 핵무장과 관련해 중요성을 지닌다. 파키스탄 군부는 인도와의 군비경쟁에서 파키스탄이 열세에 처하는 상황을 어떠한 경우에도 용납할 수 없었고, 그 결과 정치적·경제적·사회적 손실을 무릅쓰고서라도 핵무장 정책을 강력하게 지지했다. 예를 들면 앞에서 지적했듯이, 1998년의 핵실험은 국제적 제재로 인한 상당한 피해가 예상되었고 당시 파키스탄의 경제상황도 매우 좋지 않았으며, 또 샤리프 총리를 비롯한 일부 정책 결정자들이 신중론을 표명했음에도 불구하고 강행되었는데, 이는 파키스탄 정계와 사회에서 군부가 차지하는 위상을 고려하지 않고서는 제대로 이해될

5) 칸 박사는 또한 이란·리비아·북한 등에 핵무기 기술을 넘긴 인물로 의심받고 있다. 2005년 한 인터뷰에서 파키스탄 대통령 페르베즈 무샤라프(Pervez Musharraf)는 칸 박사가 북한에 핵무기와 관련된 핵심기술을 유출했음을 인정했다.

수 없다. 그 밖에도 민족주의적·종교적 이유에서 인도에 대해 강력한 적개심을 표출해온 파키스탄의 일반국민 역시 핵무장에 유리한 사회적 분위기를 제공했다. 핵실험을 얼마 앞두고 샤리프 총리는 "(실험 여부에 관한) 결정권은 이미 내 손을 떠났다"고 절망적으로 언급함으로써 군부와 일반국민의 여론에 밀려 독자적인 판단을 내릴 수 없는 자신의 처지를 드러내기도 했다.

마지막으로 국제적인 위신에 대한 고려 역시 파키스탄의 핵무장에서 중요한 역할을 수행했다. 물론 파키스탄이 인도와 마찬가지로 강대국 혹은 준강대국의 지위를 추구한 것은 아니다. 파키스탄에게 위신은 언제나 인도와의 관계에서의 위신이었다. 즉, 앞에서 이미 지적했듯이 파키스탄 핵무장의 최우선적인 목표는 어떠한 경우에도 인도와의 경쟁에서 뒤처지지 않는 데 있었다. 핵실험이 성공적으로 실시되었음을 발표하는 가운데 파키스탄 정부의 일성은 "오늘 우리는 핵폭탄을 터뜨림으로써 인도에 보복했다"였다(Ahmed, 1999: 195).

결론적으로 인도의 경우와 비교해 파키스탄의 핵무장 과정은 상대적으로 수월하게 설명할 수 있다. 인도와의 오랜 분쟁과 갈등관계가 사실상 파키스탄 핵무장 노력의 처음과 끝을 설명하고 있기 때문이다. 정치적으로 경쟁관계에 있기는 하되 군사적으로, 그리고 경제적으로 인도와 결코 대등한 위치에 설 수 없었던 파키스탄에게 인도의 핵무장은 별다른 선택의 여지를 남겨두지 않았다. 1974년 6월 핵무기 개발을 결의한 것도, 1998년 5월 파키스탄 역사상 최초의 핵실험을 감행한 것도 모두 인도의 핵실험에 대한 반작용으로 이해할 수 있다. 즉, 파키스탄의 핵무장은 '구조적 요인'에 의해 상당 부분 설명될 수 있다.

물론 이러한 사실이 양국관계에서 파키스탄 측이 언제나 일방적으로 수동적이었음을 의미하지는 않는다. 갈등의 근원이라 할 수 있는 카슈미르를 둘러싼 대립에서 애초에 분쟁을 도발하는 측은 언제나 예외 없이 파키스탄이었다. 예를 들면 1999년 제4차 인도-파키스탄 전쟁은 파키스탄의 지원을 받는 카슈미르 반군이 인도군 기지를 강제로 점령하면서 촉발되었다. 따라서 우리는 군사적 열세에도 불구하고 파키스탄으로 하여금 거듭된 도발을 감행케 한 국내정치적 변수, 예를 들면 군부의 영향력, 엘리트와 일반대중의 인도에 대한 적개심과 경쟁심 등의 요인에 주목할 필요가 있다. 또 인도가 핵실험을 실시하기 훨씬 이전부터 핵무기 보유의 필요성을 절감한 상당수의 정부인사들이 존재했음을 지적할 수 있다. 파키스탄의 핵무장은 기본적으로는 인도의 핵무장에 대한 대응의 차원으로 설명될 수 있지만 그 실제 전개과정은, 즉 핵무기를 획득한 시기와 방식, 속도 등의 문제는 이와 같이 다양한 요인들을 통해서만 적절히 이해될 수 있다.

4. 평가와 전망

학자들은 인도와 파키스탄 간의 반세기에 걸친 대결과 대립을 '지속적인 경쟁관계(enduring rivalry)', '끝나지 않는 갈등(unending conflict)'으로 정의해왔다. 사실 이 두 나라 간 갈등의 지속은 통상적인 국제정치학의 이론 틀에서 보면 쉽게 설명되지 않는다. 다른 무엇보다 <표 4-1>에서 잘 나타나듯이, 인도와 파키스탄 간의 국력 차가 상당하기 때문이다.

<표 4-1>을 보면 인도는 파키스탄에 비해 인구에서 약 6배, 영토 크기에서 약 4배, 방위비에서 약 6배, 총병력에서 약 2배의 우세를

〈표 4-1〉 인도와 파키스탄의 국력 비교

국가	인구 (2004, 명)	국토면적 (km^2)	GDP (2003)	1인당 GDP(2003)	경제 성장률 (2003)	방위비 (2004)	병력 (명)
인도	1,065,000,000	3,288	$5925억	$2,900	8.3%	$191억	1,325,000
파키스탄	159,200,000	796	$696억	$2,100	5.5%	$33억	619,000

자료: T. V. Paul(2006: 615).

보이고 있다. 일반적인 국제정치 이론 또는 안보론의 시각에서 보면 이와 같이 심각한 국력 불균형 상황에서 두 국가 간의 갈등이 장기간 지속되는 것은 가능하지 않은 것으로 이해되어왔다. 인도-파키스탄의 반세기에 걸친 대립과 갈등은 이러한 일반적인 예측을 무색하게 하고 있다. 이 점을 설명하기 위해 두 국가 간의 갈등에서 나타나는 고유한 몇 가지 요인들을 지적할 수 있다.

우선 두 국가 간 갈등의 원인을 제공해온 카슈미르 영토분쟁의 특수한 성격을 들 수 있다. 앞에서 지적했듯이 인도는 카슈미르 지역에서 1972년에 설정된 현재의 국경선이 그대로 유지되어야 한다는 입장을 고수하고 있고, 파키스탄은 인도령 카슈미르 지역에 이슬람 교도가 다수를 차지하고 있다는 이유에서 영토의 변경을 요구하고 있다. 즉, 인도는 일종의 현상유지 국가, 파키스탄은 현상타파(revisionist) 국가로 간주될 수 있다. 일단 카슈미르 지역의 지정학적 중요성 역시 갈등이 지속되는 데 크게 기여해왔다. 카슈미르 지역에는 인더스 강을 포함해 양국에 매우 중요한 수로들의 수원(水源)이 위치해 있다. 또 인도의 입장에서 보면 카슈미르 지역을 파키스탄이 장악할 경우 펀자브(Pujab) 지역과 수도인 뉴델리까지 전략적 위험에 처할 수 있다. 파키스탄의 경우에는 수도인 이슬라마바드가 카슈미르 지역에 지리적으로 근접해 있다. 이러한 지정학적인 중요성 이외에도 양국의 국가 정체성 역시 갈등의 지속에 기여해왔다. 특히 인도가 비타협적인 입장을 고수해온 것은 다인종·다종교 국가로서 인도의 국가 정체성과 깊은 관련이 있다. 만약 이슬람교도가 인구의 다수를 차지한다는 이유로 인도령 카슈미르의 일부를 파키스탄이 차지하는 것을 인도 정부가 용인한다면 이는 최악의 경우 인도의 소수 인종·민족들의 독립요구로 이어질 수 있기 때문이다. 이는 제1차 세계대전 직전 오스트리아-헝가리 제국 정부가 제국 내 세르비아계의 독립요구에 강경한 입장을 취해야 했던 것과 유사하다. 당시 오스트리아-헝가리 제국 역시 섣부른 타협이 제국 내 타 민족들의 독립요구로 이어져 궁극적으로는 제국의 해체로 이어질 것을 우려했다. 특히 인도는 총인구 중 약 10% 이상이 이슬람교도로 이루어져 있기 때문에 파키스탄의 요구에 쉽게 양보할 수 없었다. 이에 반해 파키스탄은 1947년 인도로부터 분리독립을 선언한 이래 스스로의 정체성을 남아시아지역 이슬람교도의 근거지라는 측면에서 정의해왔다. 따라서 이슬람교도가 다수 인구를 구성하고 있는 카슈미르 지역의 인도 영유를 인정한다는 것은 파키스탄으로서는 국가의 존재이유를 부정하는 것에 다름아니었다(Paul, 2006: 610~611; Kapur, 2007: 48~49). 이러한 상황에서 카슈미르 지역의 영유는 양 국가가 사활을 걸 수밖에 없는 이슈였다고 할 수 있다. 특히 파키스탄의 입장에서는 절대적으로 불리한 국력에도 불구하고 인도의 영토주장을 인정할 수는 없었을 것이다.

여기에 인도와 파키스탄 간의 국력, 특히 군사력에서의 차이에도 불구하고 적어도 단기적으로는 양국이 재래식 전쟁을 위한 군사력에서 거의 대등한 위치에 있다는 점 역시 갈등의 지속에 기여했다. 앞에서 지적한 바와 같이 인도는 파키스탄에 대해 군사적으로 압도적인 우위를 지켜왔다. 하지만 인도와의 분쟁에 군사력의 거의 전부를 집중시킬 수 있었던 파키스탄과는 달리 인도는 중국과의 국경선에도 상당한 병력을 투입해야 하는, 일종의 '양면전선(dual fronts)'의 상황에 처해 있었다. 물론 병력을 반분(半分)해야 하는 상황에서도 인도는 인도-파키스탄 국경 지대에서 파키스탄에 비해 약간의 우위를 지킬 수 있었다. 하지만 이는 절대적인 우위로 이어지지는 못했다. 특히 제1차 분쟁 지역인 카슈미르 지역의 험준한 지형은 파키스탄군의 게릴라 전법 앞에서 인도군의 수적·질적 우위를 무의미하게 만들었다. 또 1999년 이후 파키스탄군의 주된 전술이 소수 정예 부대원들을 인도령 카슈미르 지역에 침투시켜 지역주민의 반란과 저항을 부추기는 데 맞추어짐에 따라 인도군의 우위는 더욱 그 의미를 상실하게 되었다.

한 인도군 지휘관은 인도가 지형적으로 험준한 카슈미르의 현 국경선을 온전하게 유지하기 위해서는 인도군이 파키스탄군에 비해서 적어도 30:1의 우위를 점해야 한다고 언급하기도 했다(Paul, 2006: 619). 결국 인도는 전쟁이 장기화되고 확대될 경우에만 파키스탄에 우위를 확보할 수 있는 상황에 처해 있다고 할 수 있다. 전쟁이 수주에서 수개월로 장기화되고, 전선이 카슈미르뿐만 아니라 인도-파키스탄 국경선 전체로 확대될 경우 우세한 군사력과 경제력을 가진 인도가 궁극적인 승리를 거둘 가능성이 높아질 것이다. 하지만 이러한 전망을 어둡게 하는 두 가지 요인이 있는데 그중 하나는 앞에서 이미 지적했듯이, 특히 파키스탄의 경우 미국이나 중국과의 동맹관계를 적절히 이용할 수 있었다는 사실이다. 제3국과의 동맹관계는 파키스탄으로 하여금 군사력의 절대열세에도 불구하고 인도에 대해 크고 작은 도발을 감행할 수 있게 하는 중요한 요인이었다. 다른 또 하나의 요인은 바로 양국의 핵무장이다. 핵무기의 획득은 파키스탄으로 하여금 전면전으로의 확산을 두려워할 필요 없이 인도에 대해 제한적인 범위 내에서 보다 적극적인 공세를 취할 수 있는 안전판 역할을 해오고 있다.

물론 양국의 핵무장에 따른 안보상황의 변화에 대해서는 서로 다른 해석이 존재한다. 세이건 등은 자신의 일반적인 주장을 따라 인도-파키스탄 핵무장의 위험성을 경고한다. 일단 세이건은 양국 정부와 군에 의한 핵무기 통제 시스템의 취약성을 지적한다. 특히 파키스탄의 경우 민간정부가 아닌 군부가 핵무기에 대한 통제 권한을 보유하고 있는 현실은 실수 또는 일부 군부 과격인사들에 의한 핵무기 사용의 위험성을 높이고 있다. 민간정부의 핵무기에 대한 통제가 확고하게 확립된 인도의 경우에도 정도의 차이는 있지만 사정은 크게 다르지 않다. 특히 2001년 1월 4일 인도 국방장관 나라인(Yogendra Narain)이 하이데라바드(Hyderabad)의 미사일 생산시설을 시찰하는 도중 발생한 미사일 오발 사고는 실수나 오류로 인한 사고의 위험성을 생생하게 보여주었다. 또 많은 이들이 믿는 것처럼 핵무기를 보유하고 있다는 것이 핵보유국 간 무력분쟁의 발생을 완벽하게 통제하는 것도 아니다. 1999년 5월과 6월 사이에 카슈미르의 카길(Kargil) 지역에서 인도군과 파키스탄군이 충돌해 약 1,000여 명의 사상자가 발생한 사건은 핵보유국 간에 재래식전쟁이 얼마든지 가능하다는 사실을 잘 보여준다. 세이건과 특히 카푸르(K. Paul Kapur)에 따르면, 오히려 핵을 보유함으로써 상대방이 쉽게 전면전을 감행하지 못하리라는 믿음이 파키스탄을 더욱 대담하게 행동하도록 부추겼다고도 할 수 있다(Sagan and Waltz, 2003:

96~97; Kapur, 2007).

이에 반해 케네스 왈츠(Kenneth Waltz)는 훨씬 낙관적인 입장을 취한다. 왈츠는 인도가 핵무장을 선택한 것은 특히 중국과의 긴장관계에 비추어보았을 때 지극히 합리적인 결정이었다고 평가한다. 마찬가지로 왈츠는 파키스탄이 인도에 대한 전력의 열세 속에서 핵무장의 길을 선택한 것 역시 지극히 합리적인 결정이었다고 평가한다. 왈츠는 그러한 정책 결정자들의 합리성은 핵무기의 운용에서도 그대로 유지될 것이라고 주장한다. 세이건 등이 주장하듯이 군부의 지나친 영향력, 실수 가능성 등을 강조하는 것은 인간의 기본적인 합리성에 대한 정당화될 수 없는 불신에서 비롯된 것이다. 왈츠의 관점에서 핵무기의 효과와 효용은 누가 보유자인가에 관계 없이 일정하다. "스탈린이 통치하든, 마오쩌둥이 통치하든, 사담 후세인이 통치하든, 김정일이 통치하든 핵보유국에 대해 핵무기를 사용함으로써 스스로 자멸할 수도 있다는 믿음은 모든 국가들에게 강력한 억지효과를 지닐 것이다"(Sagan and Waltz, 2003: 117).

세이건의 주장이나 왈츠의 주장은 각각 장점과 약점을 지니고 있다. 하지만 두 사람의 주장에 대해 궁극적인 판단을 내리지 않은 채 여기에서 내릴 수 있는 한 가지 결론은, 핵무장이 양국 간 갈등과 대립의 장기화에 결정적인 기여를 하고 있다는 사실이다. 특히 핵무장은 양국 간의 갈등에서 열세에 처해 있던 파키스탄으로 하여금 보다 적극적으로 공세적인 정책을 취하도록 유도했다는 사실에 주의를 기울일 필요가 있다. 특히 파키스탄은 전면전의 규모에는 미치지 못하지만 매우 지속적인 방식으로 저강도의 도발전략을 채택하고 있다. 그 결과 카푸르가 지적하듯이 오늘날 양국 간의 갈등관계는 해결의 실마리를 좀처럼 찾지 못하고 있다(Kapur, 2005; 2007). 이러한 사실은 특히 전반적인 전력과 국력의 열세 속에서 북한이 핵무장에 성공할 경우 한반도의 안보상황 변화 추이에 관한 예측에 일정한 시사점을 던져준다.

5. 결론을 대신하여: 북한 핵위기에 주는 함의

컴퓨터 시뮬레이션을 이용한 한 연구결과에 따르면, 인도와 핵전쟁이 실제로 발생할 경우 인도와 파키스탄 양국의 인구밀도가 상당히 높고 지리적 근접성으로 인해 핵공격을 사전에 경고할 수 있는 시간이 거의 없다는 점을 감안하면, 상당한 사상자가 발생할 것으로 예측되었다. 예를 들면 파키스탄의 50킬로톤(KT) 핵미사일이 뉴델리의 지상에서 폭발할 경우 약 186만 명의 사상자(그중에서 105만 명이 사망)가 발생할 것으로 예측되었다. 만약 파키스탄의 1메가톤(MT) 핵미사일이 인도의 12개 주요도시를 타격할 경우, 사상자 수는 약 7,000만 명에 이를 것으로 추정되었다. 마찬가지로 인도의 핵미사일이 파키스탄의 11개 주요도시를 타격할 경우, 사상자 수는 3,500만여 명에 육박할 것으로 예측되었다(Batcher, 2004). 핵무장의 결과 인도와 파키스탄의 대립과 갈등관계는 현재 전 세계적으로 이와 같이 양국 모두에게 재앙에 가까운 피해를 가져올 핵전쟁의 위험성에 가장 근접한 케이스로 꼽히고 있다.

인도와 파키스탄의 핵무장 사례가 북한 핵위기에 주는 교훈은 무엇인가? 일단 북한의 핵문제를 보다 복합적인 차원에서 바라봐야 한다는 필요성을 제기할 수 있다. 북한 핵무장의 경우에도 파키스탄과 인도의 경우와 마찬가지로 여러 가지 요인이 복잡하게 얽혀 있으며, 이러한 복잡성을 인정한 토대 위에서만 문제해결의 실마리를 찾을 수 있기 때문이다. 특히 인도와 파키스탄의 핵무장 사례는 일반적인 안보환경적 요인 이외에도 국내정치적인 요인과 국제적인 지위와 위신에 대한 고려의 중요성을 입증하고 있다.

북한을 안보환경의 변화에 합리적으로 반응하는 국제정치 행위자로 보기 어렵게 만드는 한 가지 요인은 국내정치적으로 군부의 영향력이 상당하기 때문이다. 특히 이른바 선군주의를 표방하고 있는 북한 군부는 핵무장 정책에서 자신들의 목소리를 높이고 있다. 파키스탄에서도 비슷한 상황이 발견되는데, 앞에서 지적했듯이 1958년 이래 막강한 영향력을 행사해온 파키스탄 군부는 파키스탄이 미국을 비롯한 국제사회의 제재 위협과 민간정부의 신중론에도 불구하고 핵실험을 강행하는 데 결정적인 역할을 했다. 물론 군부가 핵무장과 관련해 항상 강경론을 고수하고, 민간정부가 언제나 온건론을 주장하는 것은 아니다. 단적인 예로 1950년대와 1960년대에 칸 장군이 이끄는 군사정부는 일부 인사들의 핵무장 제안을 거부하고 미국과의 동맹에 기초한 재래식 무기 중심의 방어체제를 고수했고, 반대로 부토 수상을 수반으로 하는 민간정부는 1970년대 파키스탄의 핵무장을 주도했다. 하지만 어느 나라의 군부든 국가의 안보이익을 최우선시하게 마련이고, 이는 경제적 이익 및 그 밖의 이익에 대한 상대적인 경시로 이어지곤 한다. 즉, 군부는 국익을 계산할 때 사회의 다른 부문과는 사뭇 다른 계산법을 고수한다고 할 수 있다. 유인의 제공과 제재의 위협에 직면해 북한이 종종 합리적인 기대에서 벗어나는 행위 패턴을 보이는 것은 상당 부분 북한사회 내에서 군부의 셈법이 더 큰 설득력을 지니기 때문으로 보인다.

북한 군부와 파키스탄 군부의 가장 큰 차이점은 후자의 경우 일반국민의 여론 동향에 어느 정도 주의를 기울여야 하는 반면 전자의 경우에는 그럴 필요성을 거의 느끼지 못한다는 사실이다. 이는 파키스탄이 형식적으로나마 민주주의 체제를 유지하고 있고, 또 파키스탄 사회의 가장 중요한 두 이념 축인 민족주의와 이슬람주의가 밑으로부터의 대중동원을 촉발하기 때문이다. 반면 북한은 일반대중에 대한 엄격한 통제에 바탕을 둔 전체주의 정치체제를 유지하고 있고, 이는 파키스탄 군부와 비교할 때 북한 군부가 자신들의 의사를 훨씬 더 수월하게 관철시키는 데 유리한 조건을 제공한다.

무장은 종종 국제적인 지위와 위신의 문제와 관련되기도 한다. 인도의 사례가 특히 이 점을 잘 보여주는데, 1974년과 1998년의 핵실험 모두 강대국 혹은 준강대국으로서의 인도의 국제정치적 지위가 다른 강대국들에 의해 간과되는 현실에 대한 일종의 '경고사격'으로 해석될 수 있다. 북한의 핵무장에 대해서도 비슷한 이야기를 할 수 있다. 경제개혁과 개방에 실패함으로써 추락된 국제적 위신을 회복하고자 하는 열망이 핵무기의 개발로 이어졌음을 지적할 수 있기 때문이다. 북한에게 핵무기는 그야말로 '자존심'의 문제일 수 있고, 통상적인 손익계산법을 무의미하게 만드는 국력의 '상징'일 수 있다는 것이다.

다른 한편 앞에서 파키스탄의 사례를 들어 지적했듯이, 만약 북한이 핵무장에 성공해 핵보유국의 지위에 오른다면 한반도의 안보상황은 상당히 불안정해질 것으로 예측된다. 전반적인 전력과 국력의 열세 속에서 핵무기를 보유함으로써 한국 정부와 미국의 대응이 일정한 한계 내로 제한될 것이라는 믿음에 기반해 북한정부가 북방한계선(NLL: Northern Limit Line) 재설정 등의 문제에서 보다 공세적인 전략을 채택할 수 있기 때문이다.

참고문헌

Ahmed, Samina. 1999. "Pakistan's Nuclear Weapons Program: Turning Points and Nuclear Choices." *International Security*, 23(4), pp. 178~204.

Batcher, Robert T. 2004. "The Consequences of an Indo-Pakistan Nuclear War." *International Studies Review*, 6, pp. 135~162.

Braun, Chaim and Christopher F. Chyba. 2004. "Proliferation Rings: New Challenges to the Nuclear Nonproliferation Regime." *International Security*, 29(2), pp. 5~49.

Dittmer, Lowell. 2001. "South Asia's Security Dilemma." *Asian Survey*, 41(6), pp. 897~906.

Ganguly, Sumit. 1999. "India's Pathway to Pokhran II: The Prospects and Sources of New Delhi's Nuclear Weapons Program." *International Security*, 23(4), pp. 148~177.

______ and Kent L. Biringer. 2001. "Nuclear Crisis Stability in South Asia." *Asian Survey*, 41(6), pp. 907~924.

Hoyrt, Timothy D. 2001. "Pakistani Nuclear Doctrine and the Dangers of Strategic Myopia." *Asian Survey*, 41(6), pp. 956~977.

Hymans, Jacques E. C. 2006. *The Psychology of Nuclear Proliferation: Identity, Emotions, and Foreign Policy*. Cambridge: Cambridge University Press.

Kapur, S. Paul. 2005. "India and Pakistan's Unstable Peace: Why Nuclear South Asia Is No Like Cold War Europe." *International Security*, 30(2), pp. 127~152.

______. 2007. *Dangerous Deterrent: Nuclear Weapons Proliferation and Conflict in South Asia*. Stanford: Stanford University Press.

Karl, David J. 2001. "Lessons for Proliferation Scholarship in South Asia: The Buddha Smiles Again." *Asian Survey*, 41(6), pp. 1002~1022.

Khan, Feroz Hassan. 2006. "Nuclear Proliferation Motivations: Lessons from Pakistan." *Nonproliferation Review*, 13(3), pp. 501~517.

Ollapally, Deepa M. 2001. "Mixed Motives in India's Search for Nuclear Status." *Asian Survey*, 41(6), pp. 925~942.

Paul, T. V. 2006. "Why has the Indian-Pakistan Rivalry Been so Enduring?: Power Asymmetry and an Intractable Conflict." *Security Studies*, 15(4), pp. 600~630.

Perkovich, George. 1999. *India's Nuclear Bomb: The Impact on Global Proliferation*.

Berkeley and Los Angeles: The University of California Press.

Sagan, Scott D. 1994. "The Perils of Proliferation: Organization Theory , Deterrence Theory, and the Spread of Nuclear Weapons." *International Security*, 18(4), pp. 66~107.

_____. 1996/97. "Why Do States Build Nuclear Weapons?: Three Models in Search of a Bomb," *International Security*, 21(3), pp. 54~86.

_____ and Kenneth N. Waltz. 2003. *The Spread of Nuclear Weapons: A Debate Renewed*. New York & London: W. W. Norton & Company.

Singh, Jaswant. 1998. "Against Nuclear Apartheid," *Foreign Affairs*, 77(5), 1998, pp. 41~52.

Waltz, Kenneth N. 1990. "Nuclear Myths and Political Realities." *American Political Science Review*, 84(3), pp. 731~745.

제 3 부

북핵위기와 국제적 해결 노력: 평가와 교훈

제5장

1 · 2차 북핵위기와 미국의 대북정책

신성호(서울대학교 국제대학원)

1. 서론

1990년대부터 본격화된 북핵개발과 이로 인한 북미 간의 갈등과 협상을 논의한 많은 글들이 있다. 그런데 언론을 비롯한 국내의 많은 분석들은 북핵위기를 그때그때의 사건 위주로 다루면서 이 문제가 가지는 근본적인 속성과 위기의 본질을 제대로 분석하지 못하는 모습을 보인다. 이는 우리 정부의 인식과 대응에서도 적지 않게 드러난다. 이 연구는 1994년 1차 북핵위기와 2002년 이후 현재까지 2차 북핵위기의 과정에서 핵심 당사자인 미국의 대외정책을 비교 분석함으로써 향후 전망과 북핵문제의 평화적 해결을 위한 당사자들의 정책에 참고가 되기를 희망한다.

북핵문제의 본질을 파악하기 위해서는 두 핵심 당사자인 북한과 미국의 근본적인 안보이해와 목표를 정확히 파악하는 것이 필요하다. 이것은 1·2차 핵위기를 거치면서 양자가 가지는 근본적인 체제성격,

당면한 국내외 정세, 상호 간의 갈등과 협상을 통해 형성되어왔다. 미국의 경우 9·11테러는 북핵을 바라보는 미국의 입장에 근본적인 변화를 가져왔다. 이는 여전히 전통적인 시각에서 핵을 바라보는 북한과 주변국의 입장과 중요한 차이를 보인다. 2차 북핵위기를 제대로 분석하고 전망하기 위해서는 미국의 대외 및 북핵정책에 일어난 근본적인 변화를 먼저 이해하는 것이 중요한 전제조건이다. 이 글은 1·2차 북핵위기에 임하는 미국 정부의 입장이 클린턴과 부시로 상징되는 민주당과 공화당 행정부의 이념이나 정당정책 차이의 수준을 넘어서는 근본적인 미국 외교안보 정책의 변화임에 주목한다. 이를 토대로 1·2차 북핵위기를 다루는 미국 행정부의 전략과 정책을 분석하고, 그것이 북핵문제의 평화적 해결에 가지는 의미와 한계를 논하고자 한다.

2. 1차 북핵위기

1) 클린턴 행정부의 국가안보전략

미국의 50개 주 가운데 가장 낙후되고 지명도가 낮은 남부 아칸소주의 젊은 주지사였던 클린턴을 대통령의 자리에 오르게 한 요인은 미국의 경제문제였다. 선거 전 과거 베트남전쟁의 악몽을 깨끗이 씻어내고 미국의 자존심을 회복한 제1차 걸프전의 영웅, 조지 부시 1세 대통령을 무명의 정치인 클린턴이 이기리라고는 아무도 예상하지 못했다. 그러나 선거의 쟁점을 부진에 허덕이던 당시 미국의 경제문제로 파고든 클린턴의 "이 바보야, 경제가 문제야(It's the economy, stupid!)"

전략이 주효하면서 대역전이 벌어졌다. 이는 곧 클린턴 행정부의 정책 중심이 국내문제 해결에 집중될 것을 의미했다. 소련이 붕괴됨으로써 미국의 존재와 안보를 근본적으로 위협할 적수가 사라진 상태에서 클린턴 행정부는 당시 2,900억 달러에 달하는 재정적자에 허덕이던 경제를 살리고 범국민적 의료복지혜택 장치를 마련하는 등 국내문제 해결에 정책의 중심을 두었다.

그러나 소련의 붕괴로 세계에서 유일한 패권국가로 자리 잡은 미국이 외교문제에서 자유로울 수는 없었다. 비록 냉전의 위협은 사라졌지만, 세계는 여전히 크고 작은 분쟁에 시달렸으며 미국의 더욱 적극적인 역할이 요구되었다. 1993년 클린턴은 대통령에 취임하자마자 이미 부시 행정부에서 시작된 각종 국제분쟁에 개입했다. 이 가운데 보스니아·소말리아·아이티는 냉전 이후 오히려 악화된 종족·인종·종교 간 내분으로 양민학살 등 각종 인권침해가 심각한 상황이었다. 미국 정부는 국내외 여론의 압력에 떠밀려 마지못해 이들 사태에 개입하게 되었지만, 상황은 오히려 더욱 악화되고 소말리아에 파견된 미군 특수부대가 민간인 폭도에 의해 살해되는 등 초강대국 미국의 위신에 맞지 않은 정책의 실패를 경험했다. 그 결과 클린턴 행정부는 한편으론 민주주의와 인권, 자유의 수호자라는 명성에 맞지 않게 세계 각지에서 고통 받는 약자에 무관심하다는 비판과, 다른 한편으로 미국의 국익에 관련이 없는 지역의 분쟁에 쓸데없이 간여한다는 국내외의 비난에 직면했다.

클린턴은 냉전 이후의 복잡다단한 세계정세에 효과적으로 대처할 새로운 국가전략을 모색하게 되고, '민주적 확대(Democratic Enlargement)' 정책을 수립한다(The White House, 1997). 클린턴 행정부는 냉전의 종식과 공산독재의 붕괴로 전 세계에 민주주의가 대세로 자리 잡았다고 주장했다. 민주주의의 확산은 자연스러운 역사적 발전과정으로 이해되었다(Fukuyama, 1992). 이 과정에서 미국의 임무는 민주주의를 남에게 강제하기보다 자발적 민주주의의 원활한 정착을 보조하는 역할을 수행하는 것으로 정의되었다. 이는 민주주의를 적극적으로 전파하는 이상주의적 정책보다 철저하게 미국의 국익에 기반한 현실적 접근이 강조됨을 의미했다. 미국의 보다 적극적인 역할이 필요한 심각한 인권침해나 민주주의의 기본가치를 위반하는 국제상황에 대해서는 최소한의 신중한 개입을 기본원칙으로 삼았다. 대신 클린턴 행정부는 국제정치에서 건전하고 공정한 시장경제의 확산이 민주주의 정치발전과 안정을 가져온다는 기능주의적 접근을 강조했다. 이후 클린턴은 각종 국제문제를 해결하는 데 미국의 핵심 국가이익과 관련된 사안을 우선적으로 고려하고 그 외 주변부의 상황은 '우호적 무관심(benign neglect)' 접근을 적용했다. 이러한 클린턴의 외교정책은 일관된 대전략을 결여한 '반창고 외교(bandaid diplomacy)'라는 일부의 비난을 사기도 했으나 한편에서는 다양하고 복잡한 탈냉전의 국제정세를 다루기에 적합한 유연한 전략으로 평가되기도 했다(Ambroise, 1997).

클린턴 행정부의 국가안보전략은 보다 다양한 종류와 형태의 안보위협을 상정했다. 먼저 전통적인 위협으로 미국의 안보를 위협하는 의도와 능력을 지닌 국가들이 상정되었다. 이어서 테러리즘, 불법마약거래, 무기거래, 국제범죄조직, 통제되지 않는 난민의 이동, 환경위협 등 다양한 초국가위협이 제기되었다. 마지막으로 무법국가나 테러 조직, 범죄조직 등에 의한 대량살상무기의 획득과 사용 가능성이 제기되었다. 그러나 이러한 다양한 위협들 중 특정한 위협이 중점적으로 부각되기보다 여러 가능성이 상존함에 따라 이들 모두를 동시 다발적으로 각자의 특성에 맞게 개별적으로 다룰 것이 제안되었다. 이 과정에서 장차 다가올 테러리즘이나 대량살상무기의 위험성이 특별히 따로 부각되지는 않았다. 오히려 탈냉전기에도 미국의 안보와 외교정책의 중심과제로는 유럽과 아시아, 중동과 남아시아, 아프리카의 지역별 주요 경쟁국가 및 우방과의 관계정립이 여전히 강조되었다(The White House, 1999).

클린턴 행정부의 안보전략은 냉전 이후 과도기로서 1990년대 세계 안보환경의 불확실성과 모호성을 반영했다. 과거 미국에 심각한 위협을 준 소련과 공산권은 사라지고 아직 중국과 같은 새로운 도전자의 존재도 부각되지 않은 상태에서 미국은 다양한 그러나 확실하지 않은 여러 종류의 위협을 동시에 상대하게 되었다. 그러나 이들 중 어느 것도 세계에서 유일한 초강대국으로 남은 미국의 존재를 위협하기에 충분해 보이지는 않았다. 미국의 안보전략은 인권침해나 환경, 테러, 대량살상무기와 같은 불특정한 다수의 위협에 상황에 따라 선별적으로 적절하게 대응하는 모습을 보였다. 이 과정에서 냉전시기의 전통적인 동맹개념과 국가 간의 관계가 여전히 가장 중요한 고려대상으로 남았다. 새로운 현안으로 떠오르기 시작한 테러와 대량살상무기의 확산은 비전통적인 안보위협으로, 그때까지만 해도 미국의 존재와 국가안보를 위협할 가능성을 지닌 것으로 인식되지 않았다.

2) 1994년 제네바합의

1980년대 초 미국의 정찰기에 의해 발견된 영변의 핵시설은 북한이 1985년 국제원자력기구(IAEA)에 가입했음에도 그동안 베일에 싸여 있었다. 1991년 유엔 동시가입과 남북기본합의서의 발표 등 남북한의 해빙 무드 속에 북한이 1992년 국제원자력기구의 핵사찰을 받아들이면서 북한의 핵프로그램의 정체가 드러나기 시작했다. 그해 5월부터 12월까지 5회에 걸친 사찰에서 IAEA는 북한이 제시한 순수민간용 핵프로그램 내용과 불일치하는 내용을 발견하고 이듬해 북한 핵시설에 대한 특별사찰을 요구했다. 이에 대해 북한은 IAEA의 요구를 거절하고 NPT에서 탈퇴할 것이라고 위협했다. 이후 계속된 북한과 미국 간의 대립 속에 1994년 봄 판문점 남북회의에서 북한대표가 서울 불바다 발언을 했고, 한미는 페트리어트미사일 배치로 대응하는 위기가 지속되었다. 급기야 1994년 5월 유엔 안보리와 6월 IAEA 이사회에서 북한을 규탄하는 성명이 채택되자 북한은 6월 13일 IAEA 탈퇴를 선언했다. 이에 미국이 북핵시설에 대한 폭격을 고려하는 등 최악의 상황으로 치닫던 북핵사태는 6월 15일부터 3일간 카터 전 대통령이 평양을 방문해 김일성과 타협안을 논의하면서 진정국면으로 들어섰다. 이어서 발표된 김영삼 대통령과 김일성 주석의 정상회담이 7월 9일 김 주석의 갑작스런 사망으로 무산되었으나, 북미 양국은 8월부터 제네바에서 만나 회의를 속개하고 1994년 10월 21일 북한의 핵개발포기 및 사찰수용 그리고 미국 및 관련국의 경수로 건설 및 중유제공, 그리고 북미관계 정상화 등을 골자로 한 제네바합의를 발표했다.

이러한 과정을 거치는 동안, 제1차 북핵위기를 바라보는 미국 클린턴 행정부의 정책은 냉전시대의 핵정책인 봉쇄와 억지전략에 기반했다. 1995년 클린턴 대통령은 한 연설에서 이란과 이라크의 핵위협을 언급하면서 이에 대한 대책으로 봉쇄정책을 제시했다.

> 이란과 이라크는 그들의 영토 안에서 테러 분자들을 양성하고 있다.

> 그들은 다른 지역에서도 테러의 베이스캠프를 조직 지원하고 있다. 그들은 핵무기와 다른 대량살상무기를 탐한다. 언제나 그들은 무고한 시민들을 위험에 처하게 하고 국가 간 분쟁을 조장한다. 이들에 대한 미국의 정책은 단순하다. 그들은 봉쇄되어야 한다(Clinton, 1995).

이라크와 이란의 위험성에 대한 클린턴 대통령의 경고는 9·11테러이후 조지 부시 대통령이 2003년 주장한 이라크전쟁의 정당성과 정확히 일치한다. 이들이 테러 조직과 직접 연계되어 있을 뿐 아니라 대량살상무기를 추구한다는 것이다. 그러나 이에 대한 대책은 커다란 차이를 보인다. 부시 대통령의 경우 근본적 위협을 없애기 위해 전쟁을 불사하고라도 이라크의 사담 후세인 정권을 제거한 반면 똑같은 위협에 대해 클린턴 대통령은 냉전기 소련에 적용했던 봉쇄정책을 제시한 것이다. 클린턴 행정부는 이란과 이라크와 같은 불량국가의 경우에도 냉전기의 핵억지가 작동될 수 있다고 믿은 것이다. 이러한 클린턴 행정부의 정책은 북한 핵문제를 다루는 데에도 똑같이 적용되었다. 비록 북한의 핵개발이 국제 핵비확산 체제를 무너뜨리고 동북아지역안보에 커다란 불안요인으로 작용한다는 점에서 미국에 대한 심각한 안보위협으로 간주되었지만, 북한이 국제 핵비확산 체제의 기본 틀을 깨지 않고 협상에 임한다면 과거 소련에 대해 상호 간 핵억지를 인정했듯이 북한에 대해서도 최소한의 비공식적 핵억지는 인정 내지는 묵과해줄 수 있다는 것이다. 국제정치에서 핵억지이론은 핵무기의 엄청난 파괴력에 의해 체제와 정권의 성격에 상관없이 핵무기를 가진 국가 간에는 서로가 2차 보복능력을 가지는 한 서로의 도발을 방지하는 강력한 억지력이 발효된다고 설명한다(Waltz, 2004: 102~118). 근본적으로 적대적인 이념과 체제를 가진 소련과 미국이 냉전기간 중 서로에 대한 군사도발을 자제한 근본 이유도 바로 핵문제에 관한 한 양국 지도부가 공멸을 피하고자 하는 이성적이고 합리적인 태도를 가졌기 때문이라고 분석된다. 그리고 1960년대 초의 쿠바 미사일 위기는 바로 이러한 핵억지가 작용한 것이라는 주장이 상당한 설득력을 가진다. 이러한 핵억지는 북한의 경우도 예외가 아니다. 비록 북한의 김정일 체제가 가장 억압적인 개인숭배의 전체주의를 기본으로 하더라도, 김일성이나 김정일이 압도적인 핵능력을 보유한 미국에 도발을 감행할 수 없을 것이라는 분석이다. 따라서 북한의 핵능력이 공식화되지 않는 한 과거에 생성된 비공식·상징적 핵능력 정도는 냉전의 핵억지 전략에 의해 제어되며 미국의 실질적 안보에 큰 위협이 될 수 없다고 판단한 것이다.

1994년 10월 21일 스위스 제네바에서 맺어진 합의문은 이와 같은 클린턴 행정부의 입장을 반영하고 있다. 우선 이 합의문에서 미국은 북한이 탈퇴를 선언한 NPT와 IAEA 사찰을 다시 수용할 것을 중요한 요구사항으로 담고 있다. 둘째, 합의문은 북한의 핵시설에 대해 우선적인 동결을 요구하고 있다. 이는 주로 영변에 가동 중이던 5메가와트 원자로와 부속시설에 관한 것으로, 완전하고 즉각적인 폐기보다는 IAEA 감시 속에서 동결을 통해 북한의 핵물질 추가생산 방지에 초점을 맞추었다. 물론 이에 대한 대가로 북한은 연간 50만 톤의 중유제공과 함께 2개의 경수로 건설을 약속받았다. 셋째, 합의문은 동결된 핵시설과 기타 의심되는 시설 및 핵물질에 대해서는 경수로가 완공되는 2003년까지 폐기할 것을 요구하고 있다. 특히 가장 문제가 된 북한의 모든 의심되는 핵시설에 대한 IAEA 사찰 이행시기를 경수로의 상당 부분이 건설된 후 그러나 주요 핵 관련 부품이 설치되기 이전이라고 모호하게

설정하고 있다.[1)]

전체 맥락을 볼 때 1994년 핵협상에서 미국은 우선적으로 북한 핵개발의 폐지보다는 동결에 우선순위를 두었음을 알 수 있다. 실제로 당시 북미협상의 미국 측 대표였던 갈루치 전 특사는 제네바합의의 중요성을 설명하면서, 북한 영변의 5메가와트 원자로와 아직 완성되지 않은 다른 원자로 개발을 동결함으로써 북한이 핵물질을 대량생산하는 것을 방지한 것이 가장 큰 성과였다고 주장했다(Wit, Poneman and Gallucci, 2004: 387~392). 그러나 이 과정에서 북한의 모든 핵시설에 대한 완전한 검증은 최대한 빨라야 9년 후인 2003년 혹은 그 이후까지로 미룸으로써 이미 북한이 생산한 것으로 의심되던 플루토늄에 대한 논란의 여지를 남겨두었다. 오히려 북한에 대한 경제지원은 물론 경수로 제공과 함께 관계 정상화를 통한 북한체제의 안전보장을 약속하고 있다. 이는 결국 클린턴 행정부가 북한 핵문제에 접근하는 데 있어, 북한의 핵이 상징적인 수준으로 남아 있는 한 압도적인 미국의 군사력과 핵억지력이 북한의 군사도발 가능성에 대한 효과적인 억지로 작용할 것이라는 전통적인 핵억지정책을 채택했음을 보여준다. 이는 북한이 가장 독재적이고 비민주적인 체제 속에 절대지도자로 군림하고 있는 김정일 체제의 특수성에도 불구하고, 핵억지에 관한 한 이성적으로 행동할 것이라는 판단을 근거로 한다. 다시 말해 북한의 핵능력이 상징적으로 남아 있는 한 중요한 것은 핵무기나 물질의 유무가 아니라, 북한정권이 설사 핵능력을 가졌더라도 그것을 미국에 사용할 의도가 없을 것이라는 데 1차

1) "Agreed Framework between the United States of America and DPRK" (Geneva, October 21, 1994).

북핵위기를 바라보는 미국 정부의 초점이 모아진 것이다. 이는 나아가 체제의 성격과 상관없이 핵문제만 이성적으로 해결된다면 관계 정상화도 문제될 것 없다는 미국 정부의 현실주의적 접근을 반영하고 있다. 이러한 클린턴 행정부의 입장은 당시 남북한 관계 정상화를 추진하던 김대중 정부의 입장과 잘 조화되었으며, 클린턴 행정부 말기까지 양국은 올브라이트 국무장관과 조명록 차수가 서로 각기 평양과 워싱턴을 방문하는 등 그 유례가 없는 북미관계 개선의 움직임을 보였다.

3. 2차 북핵위기

1) 부시 행정부의 국가안보전략

1990년대 8년간의 민주당 소속 클린턴 행정부에 이어 2001년 취임한 공화당 소속 부시 행정부의 정책은 민주주의 혹은 자유의 확산정책으로 요약된다. 그리고 이를 위해서 미국은 테러 분자나 적대국의 위협에 대해 필요할 경우 국제사회의 동의 없이도 일방적인 조치를 취하며, 선제공격도 감행할 것을 적시했다. 또한 미국의 안보에 중요한 연관이 있는 불량국가나 체제의 전복과 민주주의 건설에 미국의 적극적인 개입과 주도적 역할이 강조되었다. 그러나 이러한 부시 행정부의 정책이 초기에 정반대의 모습을 보였다는 점은 참으로 역설적이다. 사실 부시 대통령이 처음 대통령 선거에 나섰을 당시만 해도 선거기간 내내 클린턴 행정부의 과도한 외교정책을 비판한 것이 주요한 전략이었다. 부시와 그의 참모들은 경쟁자였던 앨 고어 부통령에 대해 클린턴 행정부가 보스니아·소말리아·아이티 등 미국의 안보이익과 직접 연관이 적은 국제문제에 쓸데없이 간여해 미국의 국력과 자원을 낭비했다고 비판했다. 동시에 자신이 대통령이 될 경우 미국의 과도한 이상주의에 입각한 간섭주의 외교정책을 배제하고 국내문제 해결에 보다 집중할 것을 천명했다. 8년 전 아칸소 주 주지사였던 클린턴이 걸프전의 영웅 아버지 부시 대통령의 외교업적을 깎아내려 집권에 성공한 전략을 이번에는 아들인 부시 텍사스 주 주지사가 외교문제에 정통한 고어 부통령에게 역으로 적용한 것이다. 이러한 부시의 입장은 선거에서 외교정책 참모로 활동한 현 국무장관 콘돌리자 라이스가 기고한 글에 잘 나타나 있다. 당시 라이스는 미국이 다른 국가의 국내문제에 대한 간섭을 지양하고 전통적 현실주의에 입각한 열강외교에 주력해야 한다고 주장했다. 그리고 대외정책에서 인권이나 민주주의의 진작 같은 미국의 이상주의적 역할에 대해 상대적인 회의를 나타냈다(Rice, 2000: 45~62).

그러나 이러한 부시 행정부의 시각은 9·11테러 이후 극적인 전환을 했다. 2001년 9월 11일, 사우디아라비아 갑부출신인 오사마 빈라덴(Osama bin Laden)이 이끄는 알카에다(Al Qaeda) 테러 조직에 의해 자행된 뉴욕과 워싱턴에 대한 테러공격은 미국사회에 엄청난 충격을 주었다. 그리고 미국이 지금까지 가져온 안보 개념을 근본적으로 재고하게 만들었다. 19명의 비무장 테러범들이 납치한 여객기로 뉴욕 세계무역센터와 워싱턴 국방부 건물을 향해 자살 공격을 감행한 테러는 그 수법의 기발함과 잔혹성으로 전 세계에 충격을 주었다. 더욱이 1814년 영국군이 워싱턴에 침공한 이후 약 200여 년 동안 한 번도 본토에서 외부세력의 직접적인 공격을 당해본 적이 없는 미국민의 충격은 클

수밖에 없었다. 이는 2차대전 중 일본의 진주만 공격과 비교해서도 당시 전사한 군인의 수보다도 많은 3,000여 명의 순수 민간인이 희생되었다는 점에서도 새로운 충격이었다. 곧이어 미국은 테러와의 전쟁이란 기치를 걸고 아프카니스탄을 침공해 알카에다 테러 조직을 비호하던 탈레반 정권을 무너뜨렸으며, 이어 이라크의 사담 후세인을 제거하기 위해 제2의 걸프전쟁을 일으켰다. 이 과정에서 조지 부시 대통령은 미국의 안보를 보장하기 위해서는 선제공격도 서슴지 않는 적극적인 전략을 선언했고, 이는 역사상 가장 강력한 패권을 가진 미국의 일방주의에 대한 세계 각국의 우려와 비난을 초래했다. 그러나 2004년 말 부시 대통령이 재선되면서 미국의 대테러 정책은 지속적으로 공고해졌다. 부시 대통령은 2005년 재선 취임식에서 자유라는 말을 27회나 사용하며 전 세계에 걸친 자유 민주주의의 확산을 미국 대외정책의 핵심 기조로 천명했다(Bush, 2005).

라이스가 부시 후보의 외교정책을 소개한 지 6년 후인 2006년 초 조지타운 대학에서 행한 연설은 이전의 주장과는 극명한 대조를 보였다. 미국외교의 변환을 역설한 이 연설에서 라이스 국무장관은 기존의 세력균형에 기초한 외교 관념에서 과감하게 탈피하고, 전 세계 비민주주적 국가의 민주화를 진작하는 변환외교를 펼칠 것을 미국외교의 새로운 사명으로 주장했다(Rice, 2006). 역사학자 가디스에 따르면 부시 행정부의 대테러 정책은 미국 대외정책 및 안보전략의 근본적인 재구성이며, 2차대전 이후 반세기에 걸쳐 수행된 냉전기의 봉쇄전략에 버금가는 장기적 구상으로 이해된다(Gaddis, 2002). 미국은 테러리즘과 대량살상무기의 결합을 구소련의 위협을 초월하는 새로운 근본적 위협으로 규정하고 이와 싸우기 위한 대전략을 새롭게 수립한 것이다. 9·11 이후 부시 행정부의 국가안보전략은 그 어느 때보다 절박한 안보위협에 대처하기 위해 그 어느 때보다 강력하고 적극적인 미국의 행동을 규정했다. 테러 분자가 대량살상무기를 사용해 공격하는 것을 막기 위해 일방적인 선제공격의 필요성을 역설하는 한편, 테러 분자의 온상이 되고 있는 중동세계의 근본적인 문제점을 해결하기 위해 비민주적 정권교체를 통한 자유민주주의의 건설과 확산을 천명하고 있었다.

2) 2007년 2 · 13합의

2000년 말 최고위관료가 평양과 백악관을 오가며 관계 정상화를 눈앞에 둔 것 같았던 북미관계는 클린턴 대통령이 임기 말 평양행을 포기하고 2001년 1월에 부시 대통령이 취임하면서 새로운 위기를 맞았다. 그해 3월 서둘러 마련된 김대중 대통령과의 면담에서 부시 대통령은 김정일 위원장에 대한 불신을 토로함으로써 향후 양국관계에 어두운 전망을 드리웠다. 이후 외교팀의 전열을 정비한 부시 행정부는 파월 외무장관이 북한에 대한 보다 현실주의적 접근을 채택하면서 새로운 관계정립을 추구했다. 그러나 곧이어 터진 9·11사태는 부시 행정부의 모든 외교정책의 기본방향을 수정케 했고, 이는 2002년 초 부시 대통령이 의회연설에서 북한을 이란·이라크와 함께 악의 축으로 지목하는 사태로 나타났다. 이후 급랭하던 북미관계 속에 양국은 2002년 10월 평양에서 처음으로 회담을 개최했으나 북한의 비밀 우라늄 핵문제가 새로운 쟁점으로 떠오르면서 북핵사태는 제2의 위기 속으로 빠져든다. 급기야 미국은 대북 중유수송과 경수로 작업을 중단했고, 이에 북한은 2002년 말 핵동결 해제를 발표하며 IAEA 사찰단을 영변에서 추방하고 감시장치를 제거했다. 이어서 2003년 1월 북한이 NPT 탈퇴를 공식선언하며 위기로 치닫던 북핵사태는 미국이 다자회담을 통한 협상을 제안하고 중국이 이를 받아들이면서 그해 8월 베이징에서 1차 6자회담이 개최되었다. 그러나 1차 제네바합의의 파기 책임을 서로에게 전가하면서 북미 양측은 미국의 선안전보장과 북한의 완전한 선핵폐기를 놓고 팽팽한 줄다리기를 벌였다. 그러한 가운데 2005년 초 북한의 핵무기 보유선언과 8월의 8천 개 폐연료봉 인출로 또 다른 위기로 전개되던 북핵사태는 9월 19일 4차 6자회담에서 북핵폐기와 북미관계 정상화를 골자로 한 대타협을 이루어냈다. 그러나 이러한 분위기는 곧이어 미국의 재무부가 마카오 은행에 있는 북한 무역계좌에 대한 금융제재를 발표하고 북한정부가 이에 강력 반발하면서 또 다른 대결로 전개되었다.[2] 금융제재 해제요구에 대한 미국 정부의 강경한 입장에 북한은 급기야 2006년 7월과 10월에 미사일 실험과 핵실험이라는 초강경대응으로 화답했고, 미국은 유엔 안보리와 협조하여 강력한 대북제재안을 발표했다. 그러나 위기로 치닫던 제2의 북핵사태는 이라크사태의 악화

---

2) 2005년 9월 미국 재무부는 마카오의 방코델타아시아은행(BDA)을 북한의 불법 돈세탁 채널로 지목하고 북한이 예치해놓은 2,400만 달러를 압류조치했다. 이후 지난 20년 동안 북한의 주요 대외교역 창구였던 BDA가 북한과의 거래를 중단하면서 2005년 말부터 북한의 온라인 대외교역자금 결제가 사실상 마비된 것으로 파악된다. 또한 미국의 강력한 경고성 조치로 BDA가 거의 파산상황에 이르렀다는 것이 알려지면서 20여 개에 달하는 외국의 다른 금융기관이 북한과의 거래중지를 추가로 통보한 것으로 알려졌다. 그 결과 북한은 유럽과 일본으로부터 상품을 구입하지 못하는 한편 김정일의 개인 비자금 상당 부분이 제재를 받은 것으로 알려지고 있다(Testimony of Stuart Levey, 2006).

속에 중간선거에서 패한 부시 행정부가 그동안 강경 외교노선을 주도했던 럼스펠드 장관의 퇴진과 함께 라이스 국무장관을 중심으로 보다 현실주의 정책을 채택하고 북미협상에서도 유연한 자세를 보이면서 극적인 반전을 이루었다. 이는 2007년 초 북미 양자접촉에 이은 2·13합의로 나타났고, 양측을 포함한 6개 참가국은 2005년 9·19합의의 구체적 실천을 위한 방안에 합의했다.

9·11테러 이후 대량살상무기의 확산은 테러리즘과 더불어 미국의 가장 큰 안보위협으로 인식되었다. 부시 대통령은 테러 분자와 더불어 일부의 불량국가들이 핵을 포함한 대량살상무기를 획득하는 것은 냉전기 소련의 핵위협보다 더욱 복잡하고 위험하다고 정의했다. 이들에게 대량살상무기는 최후의 수단이 아니라 우선적인 무기로 인식되고 있기 때문이다. 따라서 과거에 효력을 발휘했던 핵억지 전략은 더 이상 유용하지 않게 되었다. 미국은 적이 먼저 공격할 때까지 기다려서는 안 되며 모든 가능한 힘을 다해 이들에 맞서야 한다고 천명했다.

> 냉전시기, 특히 쿠바 미사일 위기 이후, 우리는 전반적으로 현상유지를 원하고 위기회피(risk-averse)적인 적을 상대했다. 억지는 효과적인 방어였다. 그러나 오늘날 보복위협에만 의존한 억지는 자국 국민의 목숨과 국가의 재산을 담보로 도박을 벌이며 위기를 감수하려는 불량국가의 지도자들에게 더 이상 통하지 않는다(Bush, 2002).

따라서 북한 핵문제를 바라보는 부시 행정부의 시각은 클린턴 행정부와는 근본적으로 다르다. 클린턴 행정부가 전통적인 핵억지로 북한의 핵문제를 다룰 수 있다고 보았다면, 부시 행정부는 더 이상 핵억지가 통하지 않는다고 보았다. 이러한 가정하에 부시 행정부는 북핵문제에 접근하는 데 몇 가지 원칙을 세워 적용했다. 첫째, 북한의 핵능력은 아무리 비공식적이고 상징적인 것이라도 완전하고 검증 가능하게 그리고 불가역적으로 폐기(CVID: complete verifiable and irreversible dismantlement)되어야 한다(Bush, 2004). 부시 행정부는 이러한 입장을 북한과의 핵협상에서 일관되게 지켜왔다. 둘째, 더 이상 북한의 나쁜 행동에 대한 보상은 없다는 것이다. 이는 북한의 벼랑 끝 전술에 대한 강력한 대응으로 나타났다. 셋째, 북한과의 협상에서 북미 간의 양자협상을 지양하고 대신 한국과 주변 모든 관련국이 참가하는 다자협상을 추구한 것이다. 이는 곧 중국이 주관하는 베이징 6자회담으로 나타났다.

2005년 9월 19일 제4차 베이징 6자회담은 북핵의 포기와 이에 상응하는 북미관계 개선을 원칙적으로 포함하는 포괄적인 공동선언을 이끌어냈다. 그러나 회담 이후 북미 양측은 합의문의 의미와 절차를 둘러싸고 첨예한 대립을 보였다. 북한은 미국의 위폐와 관련한 대북 금융제재를 빌미로 6자회담의 재개와 참가 자체를 거부했다. 비록 9·19공동선언이 '말 대 말'의 합의를 도출했으나 이후 '행동 대 행동'으로 이어지지 않으면서, 미국은 협상의 가능성을 여전히 열어놓으면서도 한편 북한을 압박하는 강온책을 동시에 적용했다. 부시 행정부의 대북 압박정책은 2기 행정부에서 국가안보회의의 한반도 담당을 맡은 바 있는 빅터 차 박사에 의해 주장된 매파 협상전략에 기반한다(Cha, 2002). 차 박사는 북한과의 협상이 오히려 나중에 북한에 대한 강압외교를 수행하는 데 도움이 된다고 주장한다. 즉, 비밀 농축우라늄 프로그램 개발 의혹 등 북한의 지금까지 행보가 핵포기 의지에 대한 진정성을 의심하기에 충분하지만, 북한의 거짓을 보다 명백하게 확인하고 국제사회에 드러내기 위해서는 우선은 진지한 협상을 한 번 더 시도해볼 전략적 가치가 있다는 것이다. 이 과정에서 혹시라도 북한의 핵포기를 이루어낼 수 있으면 좋고, 아닐 경우 핵협상 파기의 책임을 전적으로 북한에게 돌릴 수 있다는 것이다. 그리고 이후 미국이 본격적인 강압외교나 압박정책을 수행하는 데 국내적으로나 국제적으로나 보다 전폭적인 지지를 이끌어낼 수 있다는 것이다. 베이징 6자회담은 이러한 미국의 협상전략 목표에 안성맞춤인 시험장으로 여겨진다. 미국이 핵문제의 평화적 해결에 대한 성의와 의지를 다른 국가에게 충분히 보여주고, 그럼에도 불구하고 북한이 핵포기 협상을 지연하거나 파기시킬 경우 한국과 중국을 포함한 주요 당사자들이 미국의 압박정책에 보다 적극적으로 참여할 수 있는 계기를 마련해준다는 것이다. 따라서 베이징 6자회담의 교착상태가 지속되고 그 속에서 북한이 이에 대한 불만의 표시로 사태를 악화시키거나 돌파구를 마련하기 위한 전면적인 벼랑 끝 전술로 나올 경우에 대비해 미국의 강압외교와 압박은 전격적으로 가동될 준비를 하고 있었다. 여기에서 중요한 것은 북미 양측 가운데 누가 먼저 파국의 빌미를 제공하느냐의 문제였다. 미국이 6자회담을 통한 협상을 강조하는 가운데 터진 북한의 미사일과 핵실험은 북한에게 미국이 본격적인 압박을 취할 수 있는 좋은 구실을 제공했다. 핵실험 직후 미국은 일본과 공동으로 강력한 대북제재안을 유엔 안보리에 상정했고 이는 그동안 대북제재에 소극적이던 중국의 지지를 이끌어냈다. 유엔의 대북제재 결의안은 북한의 핵실험을 국제사회의 평화와 안정을 위협하는 행위로 규정했다. 아울러 북한이 6자회담에 조건 없이 복귀할 것과 모든 회원국이 북한의 핵무기를 포함한 대량살상무기의 개발을 막는 데 협조할 것을 종용하고 있다. 이를 위해 모든 회원국은 북한으로의 무기 및 핵과 관련된 일체의 물품과 사치품의 이전을 막는 금수조치를 취할 것과 금융제재를 포함해 북한의 핵 관련 활동을 막기 위한 국제적 노력에 협조할 것이 결의되었다. 또한 제재안은 중국과 러시아의 우려 속에서도 핵과 관련해 의심되는 북한선박에 대한 검색조치를 명시함으로써 무력제재에 대한 가능성을 열어놓았다.[3]

2006년 10월 북한의 전격적인 핵실험 이후 극적으로 타결된 2·13합의는 1994년 제네바합의에 비해 진일보한 것으로 부시 행정부는 평가했다. 그 내용을 보면 첫째, 북한의 영변 핵시설에 대한 폐쇄(shutdown)와 불능화(disablement)를 선결조치로 담고 있다. 둘째, 이러한 초기조치에 이어 북한은 모든 핵시설을 신고할 것이 명시되었다. 셋째, 이에 대한 대가로 북한은 초기조치에 대해 중유 5만 톤에 상응하는 에너지를 지원받고, 이어서 불능화가 이루어진 후에야 나머지 95만 톤을 지원받는다. 그리고 추후의 관계 개선은 북한의 모든 핵시설에 대한 신고가 이루어지면서 진행된다. 그리고 이러한 조치는 30일과 60일이라는 비교적 빠른 시한을 두고 시행될 것이 합의되었다. 넷째, 제네바합의에서 약속된 경수로 제공은 추후 의논하기로 하고 그 구체적 시한을 확정하지는 않았다.[4] 회담 직후 볼튼 전 유엔 대사 등 미국의 일부 강경론자들은 이 회담이 북한의 나쁜 행동에 대한 보상을 약속하는 실패한 정책이

---

3) "Security Council Condemns Nuclear Test by Democratic People's Republic of Korea, Unanimously Adopting Resolution 1718"(2006). http://www.un.org/News/Press/docs/2006/sc8853.doc.htm.

4) 북측의 성실한 신고와 검증이 이루어지면 미국은 북한을 테러 지원국 명단에서 해제하며 양측은 이후 최종단계로 핵폐기와 관계 정상화의 절차를 밟기로 약속했다(Office of the Spokesman, 2007).

라고 비판하면서, 북한의 핵실험을 인정하는 등 1994년 제네바합의에 비해 오히려 후퇴한 것이라고 주장했다. 이에 대해 라이스 국무장관은 제네바합의가 북한 핵시설의 단순한 동결(freeze)을 얻어냈다면 이번 합의는 폐쇄와 불능화라는 보다 진전된 양보를 얻어냈다고 반박했다. 또한 보상도 단계적으로 북한의 구체적 행동에 따라 조건부로 행해짐을 지적하고, 특히 그 과정에 6자 모두가 참여함으로써 이전의 양자합의에 비해 보다 구속력이 커졌다는 점을 강조했다.[5] 실제로 2·13합의 이후 미국과 북한은 각자 금융제재 해제와 영변 핵시설에 대한 폐쇄조치를 이행함으로써 핵문제 해결의 가능성을 높였다. 이는 여름 이후 북미와 나머지 6자회담의 관련국이 2차 추가조치 이행을 위한 합의에 더욱 박차를 가하는 모습으로 나타났다.

현재 미국과 북한은 2·13합의 이후 핵문제의 평화적 해결을 위한 합의문 이행에 많은 성의를 보이고 있다. 비록 그 이행에 많은 시간이 걸렸지만 북한은 1차로 합의한 영변 핵시설의 폐쇄를 위해 미국을 중심으로 한 사찰단과 이어서 국제원자력기구 감시단의 사찰과 감시를 허용했다. 이에 대해 미국과 나머지 6자회담 당사자들은 약속한 중유 5만 톤을 2007년 여름에 전달하고, 그 외의 북미관계 정상화, 북일관계 정상화, 동북아 평화체제 등과 관련된 실무자회의를 지속했다. 2007년 10월 초 2차 남북정상회담 직전에 속개된 베이징 6자회담에서 미국과

---

5) 1994년 미국은 북한의 영변핵시설 동결 대가로 수십억 달러에 달하는 경수로 2개를 지어주기로 약속했으며 이것이 완성되기까지 수년 동안 매년 50만 톤 상당의 중유를 보상하기로 약속했다. 이에 비해 이번 2·13합의는 영변 시설 폐쇄에 중유 5만 톤을 우선 지급하고 이후 불능화가 이행되면 중유 95만 톤을 제공키로 했다.

북한은 2차 이행조치에 합의하고, 북한은 연말까지 영변 핵시설을 시작으로 모든 핵시설에 대한 불능화에 착수하고 동시에 모든 핵 관련 프로그램에 대한 신고를 하기로 약속했다. 그 대가로 나머지 중유 95만 톤이 제공되고 미국은 북한을 테러 지원국 명단에서 삭제함은 물론 북한에 대한 대적성국교역법(Trading with Enemy Act) 적용을 통한 경제 제재를 해제해나가기로 약속했다.

순항 중인 6자회담과 북미 간의 협상을 진전시키기 위해 양국이 긴밀한 협의를 계속하는 가운데, 핵불능화 과정 및 다른 실무 협의를 위해 평양에 미국외교관이 상주하며 실질적인 연락사무소가 설치되기도 했다. 미국 측 대표인 크리스토퍼 힐 차관보는 2007년 12월 6일 평양 방문 시 부시 행정부 최초로 대통령 친서를 김정일 위원장에게 전달하기도 했다. 친서에서 부시 대통령은 김정일 위원장에게 '친애하는'이라는 표현을 쓰며 북한과의 관계 개선에 임하는 미국 측의 성의를 보인 것으로 알려졌다. 한국 정부를 비롯한 많은 국가들은 이와 같은 양국의 움직임에 대해 북한의 핵문제가 드디어 해결국면에 이른 것이라고 분석하기도 했다. 그러나 백악관 대변인에 의하면, 부시 대통령은 친서에서 여전히 북한에게 완전한 핵폐기의 중요성을 상기시키면서 연내에 약속한 모든 핵프로그램에 대한 완전하고 정확한 신고를 강조한 것으로 알려졌다(Press Briefing by Dana Perino, 2007.12.7). 그러나 북한은 결국 12월 말까지 약속된 신고시한을 지키지 않은 채 10월 3일의 2차 이행합의 직후 발표한 성명서에서 핵시설 신고사항은 언급하지 않고 불능화만 의무사항으로 강조하면서 미국에게 명단과 적성국 교역법 해제를 촉구했다(≪조선중앙통신≫, 2007.10.6). 이에 대해 부시 대통령은 불능화보다 완전하고 정확한 핵시설 신고를 강조하며 우라늄 프로그램 및 핵무기 관련물질, 그리고 핵이전과 관련한 일체의 활동 등에 대한 신고를 구체적으로 요구했다(Bush, 2007.10.3). 양측의 불안한 대치는 2008년 상반기 동안 지속되었고, 결국 원래 시한을 7개월여 넘긴 2008년 6월 27일 북한이 핵신고서를 제출하고, 이에 대해 미국은 다음날 테러 지원국 해제를 의회에 통보함으로써 2·13합의의 파국을 막았다. 그러나 여전히 신고한 내용의 검증과 3단계 핵폐기를 위한 후속조치를 둘러싼 양측의 전망은 불투명한 상태이다.

4. 1·2차 위기 비교

1) 의도와 능력

미국이 1·2차 북핵문제에 접근하면서 보여준 가장 큰 차이는 북한의 핵의도와 능력에 대한 강조다. 현재 북한의 핵개발은 미국의 안보에 가장 중요한 위협으로 부각되었다. 9·11테러 이후 미국안보의 가장 큰 관심은 테러 분자에 의한 공격과 함께 대량살상무기의 사용 가능성에 초점이 모아지고 있다. 혹자는 현재의 핵문제를 둘러싼 교착상태에 대해 과거 클린턴 행정부 때에는 미국이 이에 대해 보다 유연한 입장을 보임으로써 1994년 핵위기에서 극적인 제네바합의를 이루어낸 것을 예를 들어 그 주요 책임을 부시 행정부의 대북 강경책에 돌린다. 또한 북한이 핵무기를 개발한다 하더라도 그 주목적은 어디까지나 방어용이며, 특히 초강대국 미국의 강력한 핵보복을 무릅쓰고 미국을 먼저 공격할 가능성은 거의 전무하다고 주장한다. 결국 북한이 미국을 공격할 만큼 무모하지는 않으며, 북한의 핵도 과거 냉전시대 소련의 경우와 마찬가지로 미국의 강력한 핵억지력에 의해 통제될 수 있다는 것이다. 과거 클린턴 행정부나 한국 정부의 입장은 바로 이러한 북한의 의도에 주목했다. 북한의 핵은 김정일 체제가 살아남기 위한 생존수단이지 남을 위협하거나 실제로 공격할 목적으로 개발된 것이 아니라는 것이다. 북한의 핵이 대량생산되지 않고 상징적 억지의 수단으로 남아 있는 한 적절한 핵억지에 의한 봉쇄정책을 통해 북한의 핵을 통제할 수 있으며 함께 공존할 수 있다는 것이다.

그러나 이러한 입장은 9·11테러로 미국의 안보상황이 변화함으로써 근본적으로 바뀌었다. 설사 북한의 의도가 1994년이나 현재나 같다 하더라도 이를 바라보는 미국의 시각이 근본적으로 변화한 것이다. 상상할 수 없는 형태의 충격적인 테러공격을 당한 미국의 입장에서는 테러 분자에 의한 대량살상무기 공격뿐 아니라 그 외의 적대세력으로부터의 가능한 모든 형태의 공격과 위협에 대처할 필요성이 강력히 대두되었다. 이 중에서도 클린턴 행정부 때부터 소위 불량국가로 구분된 이란·이라크·시리아·북한과 같은 국가가 개발하는 대량살상무기의 공격 가능성이 가장 큰 위험으로 인식된다. 또한 이들 불량국가는 대량살상무기를 다른 적대세력에게 이전할 수 있다는 점에서 또 다른 심각한 안보위협을 초래한다. 이러한 맥락에서 대량살상무기를 제조 판매하는 불량국가들은 테러 분자와 함께 9·11 이후 미국안보의 가장 큰 위협으로 떠올랐다(The White House, 2006: 11~16). 더욱이 북한은 미국이 지정한 전 세계의 얼마 안 되는 불량국가 중에서도 가장 적극적·공개적으로 핵무기를 포함한 대량살상무기를 개발 보유하고 있을 뿐 아니라, 대량살상무기의 주 운반수단인 미사일을 동시에 개발 판매하는 유일한

국가이다. 따라서 북한의 핵개발은 9·11 이후 변화된 미국의 안보시각에서 볼 때 오사마 빈라덴의 알카에다와 함께 가장 심각한 안보위협으로 인식된다. 북한의 핵개발은 북한이 어떤 의도를 가지고 있는가와 상관없이 미국에 적대적으로 사용될 가능성이 조금이라도 있는 핵능력의 존재 자체가 문제가 된다.

이러한 미국의 시각은 제3자가 좀 더 유연한 입장을 아무리 강조하더라도 바뀌기 힘든 객관적 현실이 되어버렸다. 이에 대한 공감대는 실로 미국 전반에 형성되어 있으며, 공화 대 민주, 혹은 보수 대 진보의 구분이 없다. 따라서 현재 북핵에 대한 미국의 강경입장이 조지 부시 대통령 개인의 성향에 기인한 것이며, 민주당 행정부가 들어서면 보다 유연한 대북정책으로 전환될 것이라는 전망은 섣부른 것이다. 현재 북핵문제를 둘러싼 미국 내의 논란은 북한이 주장하는 양자협상을 한 번 더 시도해볼 것인지, 아니면 6자회담 틀 안에서 다자협상을 추구할 것인지의 협상방식에 관한 논란이지 협상조건의 근본 내용에 대한 이견은 크지 않다. 공화당과 민주당 모두 북한이 유일한 생존수단으로 삼는 핵능력의 완전한 제거를 추구할 수밖에 없는 것이 미국의 현실이다. 북핵을 둘러싼 북미 간의 대결이 서로의 사활을 건 싸움이 된 것이다. 이는 당사자와 주변국 모두 평화적 해결을 원함에도 불구하고 그 구체적 해결방안이 결코 쉽지 않을 것임을 의미한다.

2) Anything But Clinton(ABC)?

그렇다면 2차 북핵위기 때 나타난 부시 행정부의 정책은 1차 북핵위기 때와 전적으로 다르기만 한 것인가? 클린턴 대통령이 보다 현실주의적 접근으로 북한을 상대한 것에 비해 부시 대통령이 초기부터 김정일 체제에 혐오감을 나타낸 것은 잘 알려진 사실이다.[6] 부시 대통령의 악의 축 발언은 임기 말 북한과의 관계 정상화를 추진하던 클린턴 대통령과 극적으로 대비된다. 또한 핵협상에서도 클린턴 행정부가 적극적인 양자협상을 통해 제네바합의를 도출한 반면 부시 행정부는 줄곧 6자회담을 통한 다자적 접근을 강조함으로써 북한의 반감만 더 키웠다고 비판받는다. 이후 이라크전쟁에서 드러난 미국의 일방주의적 군사행동은 북한에 대해서도 타협보다는 강경일변도의 정책을 예고했다. 실제로 부시 행정부는 1차 북핵위기 때 제네바 양자협상을 통한 합의가 결국 지켜지지 않은 것을 이유로, 북한의 기만성을 드러내고 미국의 입지를 강화하기 위해 6자회담을 통한 다자적 접근을 강조했다. 동시에 북한의 핵버티기와 미사일실험 및 핵실험과 같은 벼랑 끝 전술에 대해 나쁜 행동에 대한 보상은 없다는 원칙하에 강력한 제재와 압력을 행사했다.

그럼에도 불구하고 현실은 부시 행정부 역시 클린턴 행정부의 정책을 일부 답습할 수밖에 없는 제약을 가져다주었다. 우선 그동안 부시 행정부가 북한에 쏟아낸 강경한 발언에도 불구하고 전쟁을 통한 핵폐기는 현실적으로 거의 불가능하다. 한반도에서 전쟁이 발발할 경우 민간과 군이 입을 피해는 상상을 초월할 것으로 예상된다.[7] 더욱이 미국의

---

6) 부시 대통령은 김정일 위원장에 대해 국민을 굶게 만든 독재자(tyrant)라 부르며 경멸한다고 고백한 바 있다(Woodward, 2003).

7) 대부분의 군사 전문가들은 전쟁발발 시 한미연합 군사력이 북한의 노후한 재래식 군사력을 압도할 것으로 예상한다. 그럼에도 불구하고 전쟁 초기 서울을 중심으로 북한의 집중공격에 의한 많은 인명 및 재산 피해는 불가

군사행동에 대한 중국과 한국의 반감은 또 다른 제약요인으로 작용한다. 따라서 모든 방안이 강구될 수 있다는 부시 행정부의 수사에도 불구하고 북한에 대한 미국의 군사행동은 거의 불가능하다. 결과적으로 부시 행정부의 강경발언과 정책에도 불구하고 북한의 핵개발은 지속되어왔으며, 이 점에서 부시 행정부도 북한의 핵억지를 현실적으로 인정할 수밖에 없는 것이 아닌가 하는 문제가 제기된다.

사실 2·13합의도, 그동안 가장 심각한 한계선(red line)으로 여겨졌던 북한의 핵실험 이후에도 미국이 별다른 대책을 세우지 못하는 상황에서, 결국은 북한의 양자협상 요구를 부시 행정부가 실질적으로 받아들인 결과라는 분석이 설득력을 지닌다. 더구나 완전한 핵폐기 이전에는 어떤 보상도 없다는 입장에서 단계적 보상을 통한 북한의 핵폐기를 유도한 2·13합의가 결국은 클린턴 당시의 협상전략이 옳았음을 반증하는 것이 아니냐는 주장도 있다. 현재 이라크 상황이 날로 악화되는 가운데 부시 행정부의 임기도 이제 얼마 남지 않았고, 더욱이 2007년 상반기 중간선거에서 민주당이 승리함에 따라 결국 부시 행정부도 초기의 엄포와는 달리 클린턴 행정부의 협상 위주의 대북정책을 답습하기 시작했다는 지적이 있다. 평소에 외쳐온 북핵의 근본적이고 불가역적인 해체(CVID)를 통한 해결 대신 힘겨운 현상타파(muddling through) 정책을 취할 수밖에 없다는 것이다.

그러나 현재의 상황을 놓고 부시 행정부의 핵정책이 다시 클린턴 행정부의 정책으로 되돌아간 것으로 판단하기에는 아직 이르다. 비록

피하며, 의외로 강한 북한군의 저항에 한미연합군이 북한의 산악지형과 대도시 전투에서 고전을 면치 못할 것이라는 전망이 조심스럽게 제안된다.

부시 행정부가 이전의 다자적 협상전략에서 선회해 양자협상을 채택했다 하더라도, 이것이 6자회담을 포함한 다자주의를 포기하는 것은 아니라는 점이다. 2003년 첫 회의 이후 지금까지 10여 차례에 걸친 회담을 통해 6자회담이 북핵문제 협상에 가장 중요한 외교의 장으로 자리잡은 것은 사실이며, 참석자 모두 그 의의와 중요성에 대체로 공감을 한다. 더구나 이 회의를 주도하는 국가가 중국이라는 점 역시 6자회담에 또 다른 의미를 부여한다. 6자회담은 흔히 전략적 경쟁자로 정의되는 미국과 중국이 아시아의 가장 첨예한 안보현안을 놓고 긴밀하게 협력하는 중요한 계기가 되었다. 특히 과거 다자주의에 소극적인 모습을 보이던 중국이 적극적인 중재역할을 떠맡고 나선 것은 앞으로 이 지역의 장기적인 다자안보체제 논의에 중요한 시사점을 던져준다. 둘째, 미국이 결국 북한의 핵실험에 굴복해 타협을 하고 보상을 해주었다는 지적 역시 전적으로 동의하기 힘들다. 미국이 핵실험 이후 북한이 요구해온 양자회담을 받아들여 금융제재를 풀고 이후 중유 등 경제보상과 관계정상화 논의를 약속한 것은 사실이다. 그러나 반대로 북한 역시 미국의 이러한 자세에 적극적으로 화답해 6자회담에 신속히 복귀한 점이나, 이후 제네바합의에 훨씬 못 미치는 경제보상에 대한 대가로 영변 핵시설의 동결을 넘어 폐쇄 및 다른 모든 핵시설의 불능화 및 폐기에 원칙적으로 합의한 점 등을 고려하면 북한 역시 많이 양보했다고 볼 수 있다. 앞에서도 지적했듯이 1994년 제네바합의는 영변시설의 동결에 중점을 둔 반면 이번 합의는 영변뿐 아니라 의혹이 제기된 우라늄 프로그램, 이미 추출된 플루토늄 물질, 기타 모든 핵 관련 시설과 물질, 프로그램에 대한 신고 및 궁극적인 폐기를 목표로 한다는 점에서 훨씬 포괄적이다 (Office of the Spokesman, 2007). 이러한 조건에 북한이 응한 것은 그동안 부시 행정부가 펴온 대북압박과 제재의 효과로 해석될 여지가 있다. 부시 행정부가 보여준 단호한 태도와 광범위한 압박정책으로 북한이 보다 타협적인 자세를 보인 측면이 있다. 부시 행정부의 입장에서는 양자협상이 협상의 목표에 대한 전략적 변화라기보다는 협상의 형태에 대한 전술적 양보를 통해 북핵폐기라는 원래 목표를 여전히 추구하고 있다는 것이다.

셋째, 따라서 부시 행정부가 목표로 하는 북핵의 완전한 폐기(CVID) 원칙이 포기된 것은 아니라는 것이다. 대신 완전한 폐기를 궁극적 목표로 하되, 그것의 실현이 당장 어려운 현실을 감안할 때 차선책으로 북한의 실질적인 핵능력 증가를 막는 것이 시급한 목표가 된 것으로 해석할 수도 있다. 북핵실험 이후 강력한 대북제재를 채택했지만, 무력을 통한 핵능력 제거가 현실적으로 불가능한 상태에서 북한을 고립시킬수록 북한의 핵능력은 시간이 지남에 따라 심각하게 증가할 수 있다는 현실적 판단이 미국으로 하여금 북한과의 협상에 나서게 한 것이 아닌가라는 추측이 가능하다. 즉, 북한과의 극단적인 핵위기를 방지함과 동시에 북한의 추가 핵실험 및 핵물질 생산을 중지시키는 데 부시 행정부의 최근 대북접근의 전향적·전술적 선회의 1차 목표가 있다는 것이다. 이는 결국 이제 임기가 얼마 남지 않은 상태에서 북핵의 근본적 해결과 새로운 위기보다는 현실적 관리가 부시 행정부의 실제 목표로 자리 잡은 것이라는 가정도 가능케 한다. 그럴 경우 북핵 동결에 주안점을 둔 1차 위기 당시 클린턴 행정부의 정책과 일면 상통하는 측면도 없지 않다. 그럼에도 불구하고 북한이 2·13합의에서 합의된 이행의무를 준수하지 않을 경우 부시 행정부는 다시금 강한 압박정책을 통해 북한의 비핵화를 지속적으로 추구할 것으로 전망된다. 그리고 이러한 비핵화 노력은 2009년에 들어설 차기 정부의 지속적인 정책으로 자리 잡을 것이다.

5. 결론

1) 2 · 13 이후의 전망

그동안 부시 행정부의 정책은 오락가락해 보이거나 일견 북한의 핵을 인정하는 듯한 인상을 주었다. 그러나 이것은 미국이 북핵에 대한 CVID정책을 포기해서라기보다는 테러와의 전쟁과 특히 이라크 사태에 매몰된 부시 행정부의 정책이 한반도와 북핵문제에 집중하지 못했기 때문이다. 6자회담은 다자주의라는 명목하에 부시 행정부가 자신들이 당면하기 싫은 골치 아픈 북핵문제를 중국에게 위탁하는(outsourcing) 기능을 수행했다. 문제는 중국 역시 북핵문제에 대해 한편으로는 핵확산 방지와 다른 한편으로는 북한의 체제붕괴 방지라는 이중목표를 놓고 애매한 자세를 취하고 있다는 점이다(Wu, 2005: 35~48). 결과적으로 이는 6자 가운데 가장 취약한 북한이 회담의 결과를 주도하는 상황을 낳고 있다. 혹자는 지난 8년 동안 부시 행정부의 대북정책은 결국 실패했으며, 북한은 그동안 미국의 강경책에도 불구하고 핵실험을 통해 핵보유국의 지위를 확보하고 중국과 한국으로부터 여전히 각종 지원을 통해 체제를 유지하는 성과를 이룩한 것으로 분석된다.

그렇다면 과연 1·2차 북핵위기에서 북미 간 외교협상 혹은 대결의 승자는 누구인가? 앞에서 말했듯이 미국의 정책은 과연 실패한 것인가?

2·13합의가 교착상태에 빠진 가운데 미국 부시 행정부의 임기도 다해가고 있다. 많은 이들이 이라크 상황에 발목 잡힌 상태에서 미국이 새로이 북한에 강경책을 쓰기는 힘들고, 따라서 당분간 교착상태가 지속될 것으로 판단한다. 이 가운데 중국에 이어 한국의 대북지원이 재개되고 시간이 흘러 미국에 새로운 행정부가 들어선다면 북한의 김정일 정권은 클린턴 행정부에 이어 부시 행정부와의 두 번의 대결에서 모두 살아남은 체제가 될 것이다. 바꾸어 말하면 미국과의 외교전쟁 최종의 승리자는 김정일 정권이며 이는 핵을 통한 체제유지라는 북핵개발의 기본목표를 달성한 것으로 해석될 수 있다.

그러나 김정일 정권의 최종승리를 선언하기에는 아직 해결되지 않은 문제들이 제기된다. 첫째, 북한의 핵개발 완성이 확인된 것은 아니다. 미국 정보당국이나 여러 전문가들은 북한이 최소한 8개에서 10개에 이르는 핵무기를 생산하기에 충분한 핵물질을 이미 확보했을 것으로 추정한다. 그러나 북한이 실제로 사용 가능한 핵폭탄을 완성했다는 증거는 없다. 북한이 핵무기를 완성하기 위해서는 다른 나라의 사례에서 보듯 최소한 몇 차례의 핵실험을 더 해야 한다. 더구나 2006년 10월의 1차 핵실험 자체도 그 규모 면에서 인도나 파키스탄이 행한 일반 핵실험에 비해 훨씬 작은 것으로 판단됨에 따라 과연 핵실험 자체가 성공했는지에 대해서도 의문이 남아 있다. 따라서 북한의 핵개발은 여전히 진행형이며 진정한 핵보유국이 되기 위해서 넘어야 할 관문은 아직도 많이 남아 있다. 북한의 핵은 최소한 미국이 보기에 아직까지는 종이 호랑이일 가능성이 크다.

둘째, 시간을 끌면 끌수록 김정일 정권이 상대할 미국의 대통령과 행정부가 바뀔 수도 있지만 북핵폐기라는 미국의 기본목표가 쉽게 바뀔 것 같지는 않다. 비록 악의 축이라는 부시 대통령의 용어가 차기 행정부에서는 쓰이지 않는다 할지라도 북한의 핵개발을 공식적으로 용인할 가능성은 없다. 이에 대해 혹자는 최근 미국이 오랫동안 핵 제재를 가해온 인도와 새로운 평화적 핵기술협력을 약속한 사례를 들어 미국이 북한의 핵도 인정할 수 있다는 가능성을 지적하기도 한다. 이에 대해 인도는 북한과 달리 오랫동안 민주주의 체제를 유지해왔다는 점이 강조된다. 또한 최근 급속한 경제성장과 함께 중국을 견제하기 위한 인도의 전략적 중요성 등에서 인도와 북한을 비교하는 것이 무리라는 의견이 제기된다. 또한 북한과 비슷한 비민주적 군부독재 체제이지만 테러와의 전쟁에서 미국의 가장 중요한 전략적 동맹으로 떠오른 파키스탄과도 상황이 틀리다. 오히려 북한의 경우 공식적으로는 아직 미국이 정한 몇 안 되는 테러 지원국의 하나이다. 더욱이 북한은 미국의 가장 중요한 우방의 하나인 한국과 군사대결을 하고 있을 뿐 아니라 틈만 나면 공식적으로 미국에 대해 핵과 대량살상무기를 통해 보복할 것을 공언해왔다. 9·11 이후 테러와 대량살상무기 확산의 방지, 그리고 민주주의 확산이 가장 근본적인 외교안보전략의 핵심으로 떠오른 미국이 이 모든 것에 반하는 북한의 핵개발을 용인할 수는 없다. 따라서 냉전기 봉쇄전략과 같이 정권에 따라 구체적 대응전술에 차이가 있을지언정 북핵의 근본적 폐기라는 미국의 목표는 정권에 상관없이 지속될 것이다.

셋째, 북한체제의 근본적 취약성이 그대로 남아 있다는 점이다. 지난 10여 년간 모든 이의 회의와 국내외적 어려움 속에서도 김정일 체제가 버티어냈다고 해서 앞으로 50년, 100년을 이대로 더 지속하리라고 상정하는 것은 논리의 비약이다. 오히려 앞으로 다가올 10년에서 20년

이 북한의 체제유지에 가장 중요한 시기가 될 것이다. 이미 김정일 이후 체제에 대한 의문과 논란이 제기되는 가운데 북한체제의 절대적 존재로 자리 잡은 김정일 개인의 운명은 북한체제의 운명에도 결정적인 변화 요인을 제공할 것이다. 문제는 북한체제가 장차 다가올 변화에 얼마나 잘 대처할 수 있는가이다. 북한이 선군주의의 기치를 내걸고 북핵을 고집하는 한 미국과의 근본적인 관계 개선은 불가능할 것이다. 미국과의 관계 개선이 없는 한 북한이 개혁 개방을 통해 국제사회의 본격적인 일원이 되기는 불가능하다. 이는 곧 한국의 남북 교류와 지원 정책에도 근본적인 제약을 낳는다. 한국과 중국의 지원은 북한의 현 체제를 겨우 지탱하는 데에는 도움이 될지언정 근본적인 문제를 해결하지는 못한다. 결국 북한의 경제와 체제문제는 스스로의 근본적인 개혁과 노력을 통해 해결할 수밖에 없다. 그러나 북한이 생존수단으로 선택한 핵개발은 국내의 개혁은 물론 국제사회와의 교류에 근본적 제약으로 작용하는 모순을 낳고 있다. 이 상황이 영원히 지속될 수는 없다. 김정일 위원장의 향후 거취는 이러한 북한의 모순이 극적으로 드러나는 계기가 될 것이다. 현재의 체제가 지속되는 한 김정일 위원장의 뒤를 이을 지도자(혹은 지도체제)에게도 여전히 비상의 시국을 헤쳐나갈 나름의 특별한 지도력이 요구된다. 북한은 과연 김일성 주석에 이어 김정일 위원장이라는 절대적 지도자에 버금가는 또 다른 비상한(?) 지도자를 3대에 걸쳐 배출해낼 수 있을까?

만일 북핵사태가 다시 악화된다면 미국도 이제는 보다 강경한 제재를 가할 것이다. 문제는 북한의 경우 이제 쓸 수 있는 핵카드가 얼마 남지 않았다는 점이다. 이미 핵실험을 한 상태에서 무력사용이나 핵물질의 이전이라는 극단적인 상황을 제외하고 북한이 더 이상 새로이 사용할 핵위협은 없다. 제2차, 제3차 핵실험이나 미사일 실험은 오직 미국을 비롯한 국제사회의 압력을 불러올 구실만 제공할 뿐이다. 이에 비해 미국은 전면적인 경제제재, 금융압박, 유엔 제재위원회의 본격적인 활동, 보다 강력한 유엔 제재 등 보다 다양한 압박수단을 가동할 수 있다. 더욱이 2·13합의 과정에서 미국이 그동안 주변국과 북한의 요구를 받아들여 나름대로의 진지한 협상을 시도했다는 점에서 한국이나 중국도 더 이상 북한의 입장을 옹호하고 미국에게 유화책을 요구할 명분을 찾기도 힘들 것이다. 최근 미국 대선의 결과 민주당 행정부가 들어서게 되겠지만 그렇다고 해도 북핵폐기라는 미국의 기본 목표가 바뀔 가능성은 적다. 그간 부시 행정부의 대북정책은 이미 민주당과 공화당 사이의 요구사항을 반영한 것이다. 그럼에도 불구하고 북한이 시간 끌기를 하면서 2·13합의를 무산시킨다면 북한과의 협상에 대한 미국의 의심만 증폭시키는 결과를 초래할 것이다. 비록 미국 정부가 무력을 통한 정권교체나 핵폐기를 시도하지 않더라도 본격적인 봉쇄 속에 북한의 정권교체를 본격적으로 시도할 수도 있다. 결국 북한에게 남은 시간은 그리 많지 않아 보인다. 북한에게는 단기적인 이익보다 장기적인 화를 면하는 지혜와 올바른 현실인식이 그 어느 때보다 요구된다.

2) 우리의 대응

비록 뒤늦게나마 북한이 핵신고라는 2·13합의의 2단계 고비를 넘었지만 핵폐기와 완전한 비핵화를 이룰 수 있을지는 여전히 미지수다. 만일 북한이 핵시설 신고와 검증에 성의 있는 자세를 보인다면, 마침내 북한이 핵포기의 전략적 선택을 했다는 중요한 신호로 받아들여질 수 있으며, 북미관계 정상화 및 한반도를 둘러싼 평화노력은 탄력을 받을 것이다. 이는 노무현 정부 임기 말에 성사된 2차 남북정상회담의 합의사항 이행에도 큰 도움을 줄 것이다. 남북의 경제협력이 한층 가속화되면서 북한의 개혁 개방도 본격화될 수 있다. 나아가 남북이 합의한 정전체제의 종식과 한반도 평화체제의 수립에도 커다란 진전이 예상된다. 그러나 반대로 북미가 북핵시설의 불완전한 신고와 테러지정국 해제지연 등의 문제를 놓고 갈등을 벌인다면, 그동안 어렵게 쌓아온 6자회담의 성과와 북미 간의 신뢰가 하루아침에 무너질 가능성도 배제할 수 없다. 물론 이러한 사태가 당장 극단적 군사대결이나 위기상황으로 발전하지는 않더라도, 오랜만에 찾아온 북미관계의 해빙은 돌이킬 수 없는 상태로 냉각될 것이다. 새로 당선된 오바마 행정부는 북한과 지속적으로 양자 협상을 추구할 것을 천명했다. 그러나 동시에 북핵의 완전한 제거라는 부시 행정부의 기본 목표도 지속될 것임을 확실히 하고 있다. 2006년 6월 북한이 미사일 실험으로 위협하며 북핵위기를 조장하던 시기에, 클린턴 행정부에서 북핵문제를 담당하며 대화를 주도했던 윌리엄 페리 전 국방장관과 애쉬턴 카터 현 하버드대 교수는 언론기고를 통해, 북한과의 외교협상이 더 이상 실용성이 없다며 북한의 미사일 시설에 대해 크루즈미사일을 이용한 대북 선제공격을 할 것을 주장했다(Carter and Perry, 2006.6.22: A29).

2008년 초에 들어선 한국의 이명박 정부는 경우에 따라 상당히 다른 북핵사태를 맞이할 수 있다. 그러나 그것이 어느 방향이든 이명박 정부에서 북핵사태를 다루는 데 교훈으로 삼아야 할 몇 가지가 지적된다. 첫째, 그때그때의 상황에 너무 일희일비하지 말고 신중한 자세로 임해야 한다는 것이다. 북미관계의 해빙모드가 계속된다 하더라도 북핵문제의 완전한 해결에는 많은 시간과 절차적 노력이 필요하다. 따라서 끝까지 북한의 움직임과 의도를 주시하면서 한국 안보에 가장 큰 위협인 북핵의 완전한 제거에 힘써야 한다. 만일 북미관계가 다시 갈등관계에 들어선다면 또 다른 위기관리 능력이 요구된다. 이 과정에서 당장 전쟁의 위협을 과장하거나 무조건적인 유화책은 오히려 미국으로 하여금 한국을 배제한 채 더욱 극단적인 수단을 사용할 빌미를 제공할 수 있다. 위기 시 대북위협에 대한 억제를 더욱 강화하며 북한의 도발에 대한 강력한 응징을 경고하는 것이 오히려 사태의 장기적 안정과 해결에 도움이 될 것이다.

둘째, 햇볕과 압박의 유연하고 적절한 조화이다. 남북관계의 냉전적 대결에서 벗어나 새로운 관계를 설정하는 것은 시대의 대세이다. 특히 경제적으로 빈곤과 궁핍에 빠진 북한동포를 돕는 인도적 사업은 한국사회의 기본가치와 일치하며, 장기적으로는 통일을 위한 정당한 투자로도 볼 수 있다. 그러나 이것이 북한정권에 대한 무원칙적인 지원으로 연결되어서는 안 된다. 북한을 협력과 대화의 파트너로 인정함과 동시에 한국사회의 기본가치를 반영하는 인권문제에 대한 정당한 제기나, 탈북자에 대한 지원, 대북원조에 대한 정당한 사찰요구, 국군포로 및 납북자 송환 등의 문제는 지속적으로 원칙을 가지고 제기해야 한다. 동시에 북한과의 경제교류도 확대해 북한경제의 실질적인 개선과 개방에 힘써야 한다. 그럼에도 불구하고 북한이 기만적인 핵위협을 계속한다면 여기에 대해 우리 스스로의 원칙에 입각한 압박이 필요하다. 국제정치에서 강압과 회유는 외교의 기본이며 이것이 조화를 이룰 때 가장 큰 효과를 낼 수 있다. 둘 중 하나를 무조건 배제하거나 맹목적으로 추종하는 것은 우리 스스로 효과적인 정책수단을 포기하는 것이다.

셋째, 미국 및 국제사회와의 긴밀한 공조이다. 미국과 한국의 북핵에 대한 입장이 완전히 일치하는 것은 아니다. 그러나 북핵이 각자의 안보에 가장 큰 위협이 되며, 따라서 이것을 제거하는 것이 공통의 이익이라는 점은 양국을 여전히 가장 중요한 협력 파트너로 묶고 있는 현실이다. 더욱이 이 목적을 달성하기 위해 양국은 서로의 긴밀한 협조를 필요로 한다. 따라서 북핵에 대한 세부적인 차이는 있을지라도 공통의 목표를 위해 기본적인 신뢰와 긴밀한 의사소통을 통해 효과적인 대북공조를 이루어야 할 것이다. 이것이 한반도에서 불행한 전쟁을 막고 북핵의 완전한 해결을 이루는 중요한 요소임을 한국 정부는 항상 주지해야 한다.

참고문헌

≪조선중앙통신≫. 2007.10.6. "2단계 6차 6자회담 진행, 공동문건 발표".

1994.10.21. "Agreed Framework between the United States of America and DPRK." Geneva.

2006. "Security Council Condemns Nuclear Test by Democratic People's Republic of Korea, Unanimously Adopting Resolution 1718." from http://www.un.org/News/Press/docs/2006/sc8853.doc.htm

2007.12.7. "Press Briefing by Dana Perino." Retrieved December 8, 2007, from http://www.whitehouse.gov/news/releases/2007/12/20071207-2.html

강릉시. 2004.2.11. "President Announces New Measures to Counter the Threat of WMD." The White House.

______. 2005.1.20. "Inaugural Address." The White House.

______. 2007.10.3. "Statement by the President." The White House Retrieved October 5, 2007, from http://www.whitehouse.gov/news/releases/2007/10/20071003-1.html

______. 2007.10.3. "Statement by the President." Retrieved October 5, 2007, from http://www.whitehouse.gov/news/releases/2007/10/20071003-1.html

Ambroise, Stephen. 1997. Rise to Globalism: American Foreign Policy Since 1938. New York: Penguin Books.

Bush, George W. 2002.9. "The National Security Strategy of the United States of America." The White House.

Carter, Ashton B. and Perry, William J. 2006.6.22. "If Necessary, Strike and Destroy: North Korea Cannot Be Allowed to Test This Missile." New York Times, A29.

Cha, Victor D. 2002.5/6. "Korea's Place in the Axis." *Foreign Affairs.*

Clinton, William. 1995.4. "Dual Containment." April.

______. 1995.4.30. "Remarks at the World Jewish Congress Dinner in New York City." from http://frwebgate1.access.gpo.gov/cgi-bin/PDFgate.cgi?WAISdocID=903133194590+2+1+0&WAISaction=retrieve

Fukuyama, Francis. 1992. *The End of History and the Last Man.* New York: Avon Books, Inc.

Gaddis, John Lewis. 2002.11/12. "A Grand Strategy of Transformation." *Foreign Policy*.

Office of the Spokesman, 2007.2·13. "North Korea-Denuclearization Action Plan." Washington, DC from http://www.state.gov/r/pa/prs/ps/2007/february/80479.htm

______. 2007.10.3. "Six Parties October 3, 2007 Agreement on Second-Phase Actions for the Implementation of the Joint Statement." Washington, DC from http://www.state.gov/r/pa/prs/ps/2007/oct/93223.htm

Rice, Condoleezza. 2000. "Promoting the National Interest." *Foreign Affairs*, Vol. 79, No. 1(January/February), pp. 45~62.

______. 2006.1.18. "Transformational Diplomacy: Remarks at Georgetown School of Foreign Service." from http://www.state.gov/secretary/rm/2006/59306.htm

Testimony of Stuart Levey, Under Secretary for Terrorism and Financial Intelligence, U.S. Department of the Treasury, Senate Appropriations Subcommittee on Transportation, 2006.4.6. "Treasury, the Judiciary, Housing and Urban Development and Related Agencies." Washington, DC JS-4163. from http://www.ustreas.gov/press/releases/js4163.htm

The White House. 1997.5. "A National Security Strategy for a New Century."

______. 1999.5. "A National Security Strategy for a New Century."

______. 2006.10. "9·11 Five Years Later: Successes and Challenges." pp. 11~16.

Waltz, Kenneth N. 2004. "Nuclear Myths and Political Realities." in Robert J. Art and Kenneth N. Waltz(eds.). *The Use of Force: Military Power and International Politics*. New York: Rowman & Littlefield Publishers, Inc., pp. 102~118.

Wit, J., Poneman, Daniel B. and Gallucci, Robert L. 2004. *Going Critical: The First North Korean Nuclear Crisis*. Washington, DC: Brookings Institution Press, pp. 387~392.

Woodward, Bob. 2003. *Bush at War*. New York: Pocket Books.

Wu, Anne. 2005. "What China Whispers to North Korea." *The Washington Quarterly*, Vol. 28, No. 2(Spring), pp. 35~48.

제6장

중국의 북핵외교

김흥규(외교안보연구원)

1. 서론

이 글은 중국이 제1·2차 북핵위기에 대응하는 과정에서 북핵문제에 대한 정책의 지속성과 변화는 어떠했으며 그 정책의 특성을 결정하는 요인은 무엇이었는지를 이해하고자 하는 시도이다.

북핵문제는 단지 북미 양자관계뿐만 아니라 냉전체제가 와해된 이후 세계의 유일한 초강국으로 부상한 미국이 동북아시아라는 공간에서 새로이 부상하는 중국과 어떠한 관계를 맺어야 하는지에 대한 문제를 제기했으며, 새로운 동북아 국제질서의 형성과 관련해 주요한 정책적 실험무대를 제공했다. 다른 한편으로 북핵문제는 중국에게 부상하는 국력에 따라 대외정책을 어떻게 조정하고 행사해야 하며 미국과의 관계는 어떻게 수립해야 하는가를 시험하는 리트머스 시험지와도 같은 것이었다.

1993년 본격적으로 쟁점이 된 북핵문제는 현재도 진행형이며 그

처리 결과에 따라 한반도의 미래는 물론이고 세계적 차원의 안보구도를 변화시킬 수 있는 주요한 사안으로 남아 있다. 중국은 북핵위기 과정에서 북한의 유일한 조력자이자 가장 직접적으로 영향력을 행사할 수 있는 국가로 여겨져 왔으며 실제로는 방관자, 조언자, 균형자, 중개자 및 압력행사자로서 다양한 역할을 수행해왔다. 그간 북핵과 관련한 중국의 외교정책은 중국외교의 전반적인 변화추세와도 연관되어 1990년대 피동적인 자세에서 2003년에 들어서는 점차 능동적이고 적극적인 자세로 전환되어왔다는 것이 일반적인 정설이다.

이 글은 북핵문제가 처음으로 제기되기 시작한 1990년대 초부터 2007년 12월 말까지를 연구대상으로 하고 있으며, 북핵위기를 통해 드러난 중국의 대응과정을 살펴보고, 중국 대북 핵정책의 특성 및 방향을 가늠해보면서 동시에 북핵위기 해결을 위해 한국 정부에 주는 시사점을 발견하고자 한다.

2. 제1차 북핵위기

1) 탈냉전과 특수 북중관계의 해체

냉전시기 중국의 대북한정책은 종종 피로 결합된 운명공동체적 관계로 묘사되는 특수한 관계에 기초하고 있었다(陳峰君, 1999: 442). 이는 제도적으로 1953년 체결된 경제문화협력협정과 1961년 체결된 조중우호협력지원조약에 의해 뒷받침되었다. 하지만 이러한 특수관계가 일반적인 국가관계보다 더 긴밀한 교류와 의사소통 체계를 갖추고 우호적일

거라는 일반적인 통념과는 달리, 상당한 긴장과 갈등을 동시에 내포한 관계였다.[1)] 북중 간의 갈등과 불신은 이미 한국전쟁 때부터 내재되어 있었는데, 1951년 김일성이 중국군 최고사령관 펑더화이의 요구를 무시하고 북한군을 보호하기 위해 전선에서 일방적으로 철수시킴으로써, 중국군 역사상 최악의 참패를 야기시켰다. 1950년대 말 북한 내부의 권력투쟁 과정에 중국이 개입해 김일성의 권력을 위태롭게 했던 사건은 김일성으로 하여금 주체사상을 본격적으로 강화하는 계기를 제공했고, 문화대혁명 때 극에 달했던 상호 불신의 역사는 냉전시기 내내 북중관계의 이면이 결코 평탄치 않았음을 드러내준다.[2)]

하지만 냉전적 대립상황에서 북한이 중국과 같은 이데올로기적 동질성을 유지하고 있었고, 양국의 지도자들이 항일전쟁과 공산혁명 과정 및 한국전쟁에서 인간적인 유대를 형성했으며, 대미공동 전선이 필요했다는 점은 북중관계를 특별하게 만든 중요한 요인이었다. 양국 간의 관계는 질적인 측면에서 볼 때, 냉전시기에조차도 양국 당국 간에 의사소통의 문제가 심각했으나[3)] 지정학적 및 전략적인 측면에서 이해를 공유하고 있었다. 중국은 이러한 이해를 바탕으로 최근까지 북한과의 '특수'관계를 유지해왔다.

---

1) 이러한 실례들은 오진용(2004)의 책에서 잘 설명된다. 특히 문혁시기 북중 간의 갈등은 Schaefer(2004)의 논문을 보라. 2001년 발생한 양빈사건을 사례연구로 하여 북중관계에서 의사소통의 문제점을 지적한 글로는 김흥규·최명해(2005)의 논문이 있다.

2) 한국전쟁과 관련한 부분은 필자의 인터뷰(2007)이며, 다른 부분은 이종석(2000), 정성장·임재형(2003)의 논문에서 인용.

3) 이에 대해서는 필자의 You Ji 교수와의 인터뷰(2007년 6월 1일).

북한의 전략적 가치에 대한 재평가는 중국의 국가발전 목표변화 및 냉전체제의 변화과정과 깊은 연관이 있다. 북한의 전략적 중요성은 중국의 정책이 군사적 안보와 이데올로기적인 편향에 우선순위가 주어진 경우 중국에 위협을 가할 수 있는 주변 강대국 사이에 긴장과 갈등의 수위가 높아졌을 때 상대적으로 높아지며, 북한의 중국에 대한 협상력도 아울러 증대된다. 중국의 외교정책이 군사적 대결이나 안보분야보다 경제발전을 우선시하고, 미·소(러시아)와의 갈등관계를 자제하고 등거리외교를 표방할 때 북한의 전략적 중요성은 그만큼 축소되었다.

1980년대 동북아정세는 냉전체제가 점차 완화되고 역내국가들 간의 상호 교류와 접촉이 강화되는 추세였다. 중국은 1980년대 북한과 매년 약 한 차례 정도의 고위급 인사교류가 있었지만 비정치적인 분야와 민간 방면에서는 한국과 교류를 점차 확대해나갔다. 이미 1974년 9월 한중 간 우편통신 교류가 시작된 이래 1984년 중국 정부는 한국과 민간외교의 발전을 희망한다는 의사를 공개적으로 표명했다(陳峰君, 1999: 450~451). 이를 계기로 양국 간 체육, 학술 및 경제 방면의 교류가 크게 확대되었다.

중국은 1987년 제13차 당대회에서 개혁의 진전을 위한 이론적 기초인 '사회주의 초급단계론'을 제시해 대외적인 평화추구와 개혁정책이 후퇴하지 않을 것임을 천명하고 있었고 중국에 대한 서방의 우려스러운 시각도 점차 누그러지고 있었다. 소련 고르바초프의 개혁정치로 중소 간 긴장완화의 흐름은 분명해지고 있었고, 한국에 새로이 등장한 노태우 정권은 '7·7선언'을 통해 북한을 배제하지 않으면서도 북방정책을 지속적으로 추구할 것을 공식화했다. 미국 역시 미소 간의 데탕트와 한국의 북방정책 추진을 배경으로 1988년부터 10월 미 국무성이 입안

한 ‘조심스런 구상(modest initiative)’에 따라 1991년까지 북한과 외교상의 실무접촉 제한을 완화하고 베이징에서 18차례에 걸쳐 비공식 참사관급 대화를 가졌다(서보혁, 2004: 163).

이러한 냉전체제의 완화는 동북아에서 북한의 전략적 중요성을 상대적으로 감소시켰다. 이는 중국과 소련이 한국과 수교를 진행할 외교적 공간을 제공했다. 한중수교를 저지하는 중국 내부의 이념적 저항선도 이미 ‘사회주의 초급단계론’을 제시했던 제13차 당대회가 열린 시점부터 제거되었다고 봐야 할 것이다. 1991년 8월 소련의 붕괴는 기존의 북중관계라는 측면에서 볼 때, 북한이 중국과의 협상력을 제고할 주요한 지렛대가 소멸되었다는 것을 의미했으며 중국은 상대적으로 외교적 유연성을 획득할 수 있었다.

당시 남북 간의 관계가 전반적으로 긍정적이었음에도 불구하고, 북한의 핵문제가 제기되었다는 것은 북한이 직면한 국제정치적인 고립상황과 연관이 있다. 한중수교에 대한 보완책으로 북미 및 북일수교를 병행해야 한다는 북한의 입장에 대해 미국은 한중수교와 북미수교는 별개의 사안이라 선언하면서 북한의 핵프로그램이 철저하게 국제적 사찰을 받아야 한다고 압박했다.[4] 일본과의 수교 역시 일본이 이은혜(李恩惠) 납치 문제를 쟁점화함으로써 단시일 내에는 타결을 기대하기 힘든 상황으로 전개되었다.

중국은 한중수교의 전제로서 북미 및 북일수교를 설득할 수 없는 현실에 직면하자, 북한의 선호에 관계없이 한국과 수교를 단행하기로

4) 당시 제1차 북핵위기의 전망에 대한 미국 측 기록은 위트·폰맨·갈루치(2005)의 책이 있다.

결정했다. 북핵문제에 대해서도 미국과 보조를 같이해 한반도 비핵화 지지입장을 북한에 명백히 전달했다. 한편 북한을 설득하기 위해 중국은 1991년 10월 북한의 김일성을 초청해 이례적으로 12일 동안이나 여러 지방을 돌며 지난한 설득과 압박 작업을 병행했고, 동시에 북한의 안전보장과 125만 톤의 석유제공, 미화 약 30억 1,300만 달러에 달하는 막대한 경제원조를 약속했다(오진용, 2004: 338).

북한은 당시 중국과 전통적인 우호관계를 강조하면서 고위급 간의 빈번한 접촉을 통해 중국과의 관계를 더욱 강화하고 한중 간의 관계발전을 지연 및 저지시키려 시도했다. 북한의 전략은 우선 한중수교를 저지하려 시도하다가 이것이 불가능하다는 것을 인지한 후로는 동북아에서 외교적 균형을 되찾기 위해 한중수교와 북미 및 북일수교를 연계시키려 했다.[5] 하지만 중국의 개혁 개방 정책과 국제정세의 변화로 말미암아 북한의 전략적 가치가 이미 변화된 상황에서 북한은 중국의 한국 접근을 막을 수 있는 대안이 없었다.

따라서 1980년대 말에서 1990년대 초에 이르는 시기 북중 간에 빈번하게 전개된 최고위급 방문외교는 양국 간의 우호관계를 반영하기보다는 당시의 긴장되고 긴박한 외교상황을 함축적으로 설명해준다. 중국은 북한의 체면을 배려하면서도 자국의 이해관계는 정확히 전달하는 방식으로 북한을 설득하고 압박했다. 결국 한중 양국은 1991년 남북한의 유엔 가입을 실현시키고 아울러 영사 기능을 가진 무역사무소를 개설했으며, 1992년 8월에는 공식적으로 국교를 수립했다.[6] 이러한

---

5) 이러한 변화는 김일성이 중국을 방문한 1990년 9월부터 감지되었다.

6) 한중수교의 진행과정에 대해서는 오진용(2004: 271~362)의 책이 있다. 중

일련의 상황전개 속에서 북한은 국제적으로 고립되었고, 일정한 경제적 보상을 받기는 했지만 한중수교를 인정하지 않을 수 없는 상황을 강요받았으며, 북한 지도부 특히 김정일의 대중인식은 극도로 악화되었다.

2) 장쩌민 체제의 대외정책과 제1차 북핵위기

제1차 북핵위기 과정에서 드러난 중국의 대북 및 북핵정책은 장쩌민 시기의 외교정책의 전반적인 맥락 속에서 이해하는 것이 필요하다. 중국 최고지도자들의 세대교체에 따른 북중 간 인적 유대관계의 이완, 경제발전 우선전략의 유지와 미국과의 협력관계 필요성 증가, 냉전의 와해에 따른 북한의 전략적 지위 저하, 대외적 외교역량 강화 필요성 등의 요인들은 북중관계에 부정적인 영향을 주었다(Heungkyu Kim, 2008).

1990년대 초 중국을 둘러싼 대외정세에 대한 공식적인 평가는 양극체제에서 다극체제로 전환하는 전환기적인 시기여서 불안정했다는 것이다. 하지만 실제로는 1991년 소련의 붕괴 이후 미국 중심의 단극체제적인 특성이 강화되었다. 더구나 1991년 걸프전에서 미국이 보여준 군사 능력은 중국의 정치 및 군 인사들에게 세계적인 군사 및 경제 강국인 미국과 경쟁하고 도전적인 태도를 취하기보다는 미국 중심의 국제체제에 편입해 강대국의 지위를 추구하는 것이 자국의 이익에 합치한다는 인식을 심어주었다. 덩샤오핑(鄧小平)이 제기한 도광양회(韜

국은 한국과의 수교를 결정하기 위해 1990년대 초 중앙외사영도소조 회의를 네 차례나 소집했고, 격론 끝에 한국과의 수교가 불가피하다는 결론에 도달했다고 한다(필자의 You Ji 교수와의 인터뷰, 2007년 6월 1일).

光養晦) 식 외교전략은 이를 상징적으로 잘 표현해주고 있다. 이 전략은, 중국이 제3세계에 속하는 발전중인 국가로서 힘의 한계를 인식하고 지속적인 경제발전과 성장을 위해서는 다른 국가와 불필요한 갈등과 충돌을 피해야 한다는 내용을 담고 있다.[7] 1994년 전후로 미국 클린턴 행정부는 중국을 국제사회에 더욱 포용하고자 하는 정책으로 전환하는, 이른바 '개입과 확장(engagement and enlargement)' 방침을 채택해 중국이 도광양회 식 외교전략을 지속할 수 있는 우호적인 국제환경을 제공했다.[8]

중국은 천안문사태 이후 미국의 제재로 심각한 정치·경제적 타격을 받았을 때, 미국과 직접적인 대립은 피하는 대신 주변국과의 관계를 안정시키고 경제협력을 강화해 경제발전에 이바지하고자 했다. 이러한 외교정책의 기조가 동북아지역의 공간적 특성과 결합해 나타난 중국의 외교정책은 선린외교[睦隣外交]의 추진이었으며 북한의 반대에도 불구하고 한국과 국교수립을 단행했다. 이러한 외교정책은 장기적으로는 중국이 추구하는 다극화전략의 지역기반을 강화하는 것이었다. 중국은 한국(1992)을 비롯해서 베트남(1990), 라오스(1991), 몽골(1994) 등 주변국과 국교를 수립했고,[9] 그 여파로 북중관계는 1990년대 말까지 소원한 상태를 유지했다.

---

7) 중국의 자체 인식 변화와 외교행위의 연관성을 잘 정리한 글로는 김애경(2004: 33~60) 참조.

8) 클린턴 행정부는 아울러 1994년 5월 26일 중국의 최혜국대우를 무조건 연장했다. 보다 자세한 내용은 James Mann(2000)의 Ch. 16 참조.

9) 중국은 1989년 6월부터 1993년 말까지 무려 27개국과 수교했다(김태호, 2003). 전반적인 정황에 대해서는 謝益顯(1999: 252~257) 참조.

하지만 이러한 상황에서도 중국이 북한을 대하는 방식은 소련과 크게 달랐다. 소련은 국내정치적·경제적 위기로 말미암아 상대적으로 한국의 경제적 도움이 더욱 필요했기 때문에 중국보다 훨씬 빠르게 한국과의 수교를 결정했다. 결과적으로 소련은 한국과의 수교를 결정하는 과정에서 북한의 입장을 심각하게 고려하지 않았고 1990년 비밀스럽고 신속하게 한국과 국교를 수립하면서 북한에게 상황을 받아들이도록 강요했다.[10]

이에 반해 중국은 북한과의 관계를 고려하면서 보다 신중하고 점진적으로 한국과의 관계를 개선해나갔다. 물론 1989년 천안문사태 이후 국제무대에서의 중국의 고립은 일시적으로 북한의 전략적 가치를 제고했을 수도 있다. 이에 따라 한국 측의 의지와 관계없이 한중수교 역시 일정 정도 지체되었을 개연성도 있다. 하지만 한중수교 과정에서 나타난 중국의 접근방식은 중국외교의 특징을 잘 드러내준다. 즉, 내부적으로 자신의 전략적 이해는 명확히 하되, 상대방과의 차이를 전면에 드러내기보다는 공통의 이익을 찾는 구동존이(求同存異) 방식을 적극 구사하는 것이다. 이 방식은 직설적이기보다는 암시적이고 함축적인 형태로 인내심을 가지고 설득하며, 상대방이 중국의 이해를 완강히 거부하거나 다른 대안을 찾을 수 없는 상황에서 유보하는 방법이 타당하지 않다고 판단될 경우, 행동은 단호하고 과감히 취하며 상대방으로 하여금 받아들이지 않을 수 없게 하는 것이다. 그리고 후속조치로 상대방의 체면을 살려주고 중국이 나름대로 최선의 노력을 다했다는 인식을 심어주려 노력했다.

---

10) 한소수교의 진행과정에 대해서는 오진용(2004: 237~270) 참조.

중국은 1990년대 중반 북한이 제기한, 한국을 배제하고 현재의 정전협정을 북미 간의 평화협정으로 대체하자는 주장에 대해서는 반대입장을 분명히 했다. 이러한 중국 측의 입장은 한국의 입장을 배려한 것이라기보다는 주요 당사국을 배제하는 정책이 한반도의 평화와 안정에 도움이 되지 못한다는 실용적이고 현실적인 판단에 기초한 것으로 보이며(김태호, 2003: 65), 대한반도 정책이 보다 실용주의적인 관점에서 중국의 이해득실에 따라 결정되고 있음을 보여주었다. 물론 중국의 이러한 정책은 한중수교 이후 악화된 중국에 대한 북한의 불신감을 더욱 가중시켰다고 볼 수 있다.

3) 제1차 북핵위기의 발생과 경과

핵능력을 확보하기 위한 북한의 노력은 이미 1956년 3월 북한과 소련이 두 개의 핵협력협정을 체결하면서 시작되었고, 북한 과학자들은 소련의 드브나 핵연구소에서 핵물리학에 대한 집중훈련을 받았다. 그 후 북한은 1965년 소련의 지원을 받아 IRT-2000형 소형 연구용 원자로를 건설했고, 1967년부터 가동하기 시작했다(Mansourov, 1995). 북한의 핵무기에 대한 관심은 1961년 쿠바 미사일 사태를 통해 자주국방의 필요성을 느끼면서 가시화되었고, 1964년에는 김일성이 중국에 친서를 보내 중국의 핵기술 공유를 요청했다. 그러나 중국은 약소국에 핵무기가 필요하지 않다는 이유로 김일성의 요청을 일축했고, 이후에도 북한의 요구를 거절했다(Oberdorfer, 1997: 252~253).

소련으로부터도 핵능력 보유에 대한 지원을 받을 수 없다는 것이 확실해지자 1980년 북한은 이미 비밀 해제된 영국의 흑연감속 원자로 모델에 따라 독자적으로 30메가와트급의 제1원자로를 건설했고, 1980년대 중반에는 가동을 시작했다. 1987년 2월에는 제2원자로의 시험가동에 성공해 원자력의 운용능력을 향상시켰다. 미국은 이러한 북한의 활동에 대해 소련을 통해 압력을 넣었고, 소련이 추후 4기의 핵발전소를 지어주겠다는 약속을 함에 따라 북한은 1985년 12월 12일 핵확산금지조약(NPT)에 가입했다(위트·폰맨·갈루치, 2005: 4). 그러나 북한은 NPT 가입 이후 요구되는 18개월 이내 국제원자력위원회(IAEA)와 포괄적인 핵안전협정을 체결해야 할 의무를 이행하지 않았다. 오히려 북한은 이 기간에 플루토늄 생산시설을 구축했고, 결국 자국의 원자력 능력을 바탕으로 1991년 12월 31일 한국 노태우 정부로부터 한반도 주한미군 핵무기의 완전철수를 보증하는 '한반도비핵화공동성명'을 이끌어냈다. 그러고 나서야 1992년 1월 30일 IAEA 핵안전조치협정에 서명했다.

1990년대 초 북한이 직면한 국제정세의 변화, 즉 냉전체제의 해체와 소련의 붕괴는 북한이 극복하기에는 너무나 어려운 구조적인 성질의 것이었다. 북한은 경제적으로 원유와 원자재를 공급해주던 전략적 후견국이자 제조업의 주요 수출시장이었던 소련을 잃게 되었고, 1992년 중국 역시 한국과의 국교수교를 단행했으며, 북미 및 북일 간의 수교는 요원한 상황이 되었다. 안보적 불안과 외채상환 불능이라는 경제적 어려움 속에서 북한은 핵무기 문제를 국제적으로 이슈화함으로써, 북한이 당면한 문제에 대한 해답을 찾고자 하는 첫 번째 시도를 했다. 1993년 새로이 들어선 미 클린턴 행정부는 이미 선거운동 과정에서 대량살상무기와 탄도미사일의 확산방지를 대외정책의 1순위로 삼겠다고 공언한 바 있어(*The Washington Times*, 1993.5.13: A7), 북핵위기는 미국 대외정책의 1순위에 대한 정면도발이었고 새로운 클린턴 행정부 대외정책의 주요한 시험대가 되었다.

북한은 1993년 2월 10일 미신고시설 두 곳에 대한 IAEA의 특별사찰을 거부했으며, IAEA는 이에 대응해 같은 해 2월 25일 특별사찰결의안을 채택했다. 북한은 이후 한미 팀스피리트 훈련이 대규모로 재개되자 이를 빌미로 3월 12일 NPT 탈퇴를 선언하면서 제1차 북핵위기가 본격화되었다.[11] 이에 유엔 안전보장이사회는 북한에 대해 5월 11일 IAEA 사찰을 수용하고 NPT 탈퇴를 철회할 것을 요구하는 결의안을 채택했다.

북핵위기에 대처하기 위해 미국 행정부에서는 천안문사태 이후 소원했던 중국과의 관계 및 역할에 대해 긍정적인 방향으로 재평가하게 되었다(Mann, 2000: 288~289). 북미 간에 군사적 긴장이 높아지는 가운데 이 긴장을 완화하기 위해 6월 2~11일에 뉴욕에서 북미 간 고위급회담이 처음으로 개최되었다. 이는 그간 한반도 문제와 관련해 북미 간의 양자 직접접촉을 주장해온 북한이 핵을 빌미로 해 거둔 외교적 성과라 할 수 있었다. 1993년 7월에는 제네바에서 제2차 회담이 개최되었다.

북미 간의 합의에 따라 1994년 3월 추가사찰이 실시되었으나, 북한이 다시 극단적인 방식의 외교전략을 구사해 방사화학실험실에 대한 시료채취를 거부하고, 1994년 5월에는 5메가와트 원자로의 폐연료봉을 임의로 인출함으로써 상황은 더욱 악화되었다. 이에 대해 미국은 특별성명을 발표하고 안보리의 대북제재논의를 촉구했고, IAEA 정기이사

---

11) 당시 한국의 한승주 외무부장관은 대화를 통한 해결 이후 단계적인 경제제재 조치를 취한다는 로드맵을 제시해 미국에 평화적 해결 시도를 우선할 것을 설득했고, 또한 경제제재에 중국의 협력이 긴요한 관건임을 부각시켰다(정옥임, 1995: 27). 북핵일지는 한국전략문제연구소(2004: 319~337) 참조.

회는 대북제재결의안을 채택했다. 북한은 6월 13일 IAEA 공식탈퇴를 선언하면서 제재는 선전포고로 간주하겠다고 언명했다. 미국은 이에 상응해 6월 15일 대북제재결의안 초안을 발표하고, 군사적 대응책에 대해서도 준비했으며, 대북압박의 강도를 높이면서 동시에 다른 한편으로는 카터 전 미국 대통령의 방북을 통해 극적인 타결을 모색했다.

그 결과 6월 24일~10월 21일에 북미 간 실무접촉 및 고위급회담을 거쳐 제네바기본합의문을 체결하기에 이르렀다. 이 과정을 통해 북한은 미국으로부터 안보 측면에서 하나의 정치적 실체로 인정받아 북미관계를 개선하고 한반도 비핵화에 대한 합의를 받아냈으며, 경제적 측면에서는 흑연감속로를 1,000메가와트급 경수로 2기로 대체하고 건설기간 동안 대체에너지로 중유를 연간 50만 톤 제공받기로 했다. 이에 대한 대가로 북한은 비핵화 의무이행 및 남북대화 재개를 합의했다. 이 합의를 바탕으로 북한이 1994년 11월 1일 핵활동 동결을 선언함으로써 제1차 북핵위기는 종료되었다. 결국 북한의 김일성은 국제정치적으로 고립되고 불안정한 상황에서 북핵문제를 외교적 자산으로 활용해 극적 타협을 통해 주요한 외교적 성과를 거둘 수 있었다. 그러나 제1차 북핵위기 과정에서 드러난 북중 및 북미 간의 불신감과 갈등 증대는 향후 제2차 북핵위기 과정에 영향을 미치게 되었다.

4) 중국의 대응과 결말

1993년 3월 시작된 제1차 북핵위기는 새로운 북중관계를 상징적으로 드러내주는 일종의 리트머스 테스트와 같았다. 당시 북한은 군사동맹국이었던 소련이 1990년, 중국이 1992년에 한국과 수교함으로써 국제적으로 고립되어 유사시 핵우산이라는 안전보장을 확신할 수 없는 안보불안의 상황에 처해 있었고, 국내적으로는 식량 부족과 지도자 계승의 어려운 과정에 있었다. 고립감과 안보불안의 상황에서 북한은 편승과 굴복의 외교보다는 상황을 더욱 악화시켜 외교적 목적을 달성하는 벼랑 끝 외교(Brinkmanship Diplomacy)를 택했다. 이러한 극단적 정책은 김일성의 국내정치 장악력이 확고했기 때문에 가능한 일이었다. 당시 중국은 한국과 북한 사이의 관계를 재조정하고 있었다.

중국의 입장에서 북핵문제는 양날의 칼을 맨손으로 쥐고 있는 것과 같이 부담스러운 사안이었다. 비록 중국이 경제발전을 중심으로 한 국가발전 전략을 채택했지만 북한의 전략적 가치를 완전히 무시할 수는 없는 입장이었다. 하지만 북핵문제로 인해 야기될 사안들은 중국에게 더욱 부담스러운 것으로서 우선 미국과의 관계가 크게 악화될 수 있고, 역내 핵무장의 확산 가능성 및 미국과 대만 간의 관계강화로 이어질 수 있었다. 더구나 중국이 천안문사태 이후 새로이 추진하고 있는 주변국 외교의 주요 축인 한국과의 관계도 고려하지 않을 수 없었다.

중국의 북핵문제에 대한 기본입장은 한반도 비핵화 원칙을 유지하면서도 무력사용이나 경제제재보다는 미국과 북한 및 IAEA와 북한 간의 양자 직접대화로 문제를 해결해나가야 한다는 것이었다. 따라서 중국은 제1차 북핵위기 때 '당사자' 해결의 원칙을 지속적으로 강조하면서 가능한 직접협상의 참여자로서의 역할을 맡기를 원하지 않았다. 그리고 북핵문제를 유엔 안보리에 상정하는 것에 반대하면서 IAEA의 범위 내에서 해결해야 한다고 주장했다(謝益顯, 1995: 264). 이러한 입장의 이면에는 북한의 핵개발 능력이 아직 낮은 단계이므로 북한의 핵 자체가 중국에 직접적인 위협이 되지는 않을 것이며, 미국과의 협상을 위한 카드일 뿐이라는 인식이 강했다.[12] 이후 북핵문제에 대한 중국의 입장은 북중 양자관계의 진행상황과 중국의 전략적 우선순위가 결합되어 변화되었다.

북한의 벼랑 끝 외교정책은 미국의 비타협적이고 절대주의적 비확산 정책과 충돌하면서 상황이 악화되어 급기야 북미 간 군사적 충돌의 가능성까지 대두되었다. 미국에서는 국방부와 국방정보국(DIA)을 중심으로 한 강경파들이 군사적 공격을 주장하고 있었고, 의회에서도 북핵문제에 대한 온건한 입장에 회의를 표하면서 존 머서(John Murtha)나 샘 넌(Sam Nunn) 등이 국방예산 증액을 주장하고 나섰다(*The Sun*, 1993.3.18: A6; *Los Angeles Times*, 1993.3.31: A1). 미국이 북한에 대한 제재를 논의할 것을 유엔 안보리에 단호하게 요청하고, 북한도 이에 굴복하지 않아 북미 간 군사적 충돌의 가능성까지 제기될 정도로 긴장이 고조되었다. 중국에게 북핵위기의 전개양상은 점차 개선되어가고 있던 중·미 간의 관계를 급격히 악화시키고, 1992년 덩샤오핑의 남순강화 이후 점차 본격화되고 있던 중국의 개혁정책을 크게 위태롭게 할 수 있는 가장 부담스럽고 위급한 사안으로 부각되었다.

중국은 이미 막후조정을 통해 북핵문제를 평화롭게 해결하고자 노력해왔고, 남북한이 한반도 비핵화를 선언하는 과정에서 북한에 조용한 압력을 행사하여 1990년과 1992년 북한이 IAEA의 핵사찰을 받는 데 기여한 바 있다(劉金質 外, 2006: 30). 하지만 한중수교는 중국의 대북한 영향력을 급속히 약화시켰고 중국 역시 이를 인정하고 있었다(*The*

---

12) 필자의 You Ji 교수와의 인터뷰(2007년 6월 1일).

Christian Science Monitor, 1993.5.6: 6; 1994.6.1: 8). 1993년 4월 3일 IAEA 이사회는 북한의 의무 불이행을 유엔 안보리에 공식적으로 보고하기로 결정했고, 미국 및 서방진영은 중국의 반발에도 불구하고 유엔 안보리에 북핵문제를 상정하면서 타협안으로 4월 8일 대북결의안 대신 의장성명서를 채택했다. 이 과정에서 중국은 분규에 휘말리기를 원치 않아 북미 간 중재자의 역할을 수행하기를 공식적으로 거절했지만, 비공식적으로 이러한 역할을 수행했다(위트·폰맨·갈루치, 2005: 47~49).

미국은 북핵문제가 발생하자 북핵문제 해결을 위해 북한에 대한 압력을 높이는 가운데 중국의 참여를 유도하고 국제사회에서 대북연합세력을 형성하는 '점진적 확대(gradual escalation)' 전략을 채택했다(위트·폰맨·갈루치, 2005: 37). 미국은 1993년 5월 IAEA 사찰에 힘을 실어주고 북한과의 협상국면을 유리하게 이끌기 위해 안보리 4개국의 대북결의안 채택을 추진했다. 중국은 기존의 입장에서 후퇴해 북미 간의 추가협상을 전제로 더 이상 유엔 안보리 결의안 채택에 걸림돌이 되지 않을 것이라고 언급함으로써 기권할 것임을 암시했고, 5월 11일 북한이 핵확산금지 의무사항을 이행하고 모든 회원국들이 해결책 모색을 촉구하는 유엔 안보리 결의안 제825호가 통과되었다(정옥임, 1995: 31~33).

중국은 1993년 11월 19일 첸치천 외교부장을 통해 한반도 핵문제에 대한 3원칙, 즉 한반도 평화와 안정 유지, 비핵화, 대화를 통한 해결원칙을 제시하기는 했으나 중국의 역할은 여전히 소극적인 형태에 머무르고 있었다(劉金質 外, 2006: 31). 그러나 북미 간의 접촉이 별 소득 없이 끝나고 1994년 미국의 대북 경제제재 논의가 현실화될 가능성이 커지면서 중국의 막후외교는 활발해지기 시작했다. 중국은 1994

년 4월에 미국·중국·북한 간의 3자회담을 주선해 북미대화 재개를 위해 노력했다. 하지만 북한은 이 자리에서 핵물질 수출 및 핵실험 단행 가능성까지 제기해 상황을 더욱 악화시켰다(위트·폰맨·갈루치, 2005: 459).

이에 중국은 공식적으로는 유엔의 북한제재에 반대하는 입장을 견지하고 있었지만, 북한대사 및 주유엔 북한대표부에 북한의 핵문제와 관련해 중국이 무한정 북한을 지지할 수 없고 대북제재를 규정한 안보리 결의가 통과되는 것을 반대하지 않는다는 뜻을 통고했다. 또한 이러한 메시지 전달 사실을 미국 및 한국에도 공개했다(*Los Angeles Times*, 1994.6.29: A1). 이는 핵문제와 관련해 기존의 내정불간섭 및 안보리 제재를 반대하던 중국의 정책이 전환하고 있음을 보여주는 것이었다. 물론 당시 상황에서 이러한 중국의 태도는 북한의 김일성 정권에 상당한 압력으로 작용했을 것이다(서보혁, 2004: 179). 중국은 북한의 계속되는 강경책이 중국의 국가이익에 도움이 되지 않는다는 입장을 분명히 전달하고자 했고, 다양한 통로를 통해 이러한 중국의 우려와 이해를 북한 측에 통고했다. 중국의 외교적 결단은 기존에 북한 지도부에 내재해 있던 중국에 대한 불신감을 더욱 증폭시켰을 것이며, 동시에 중국의 새로운 발전 및 외교전략이 북한에 어떠한 영향을 미칠 수 있는지를 여실히 체험하게 했다.

1994년 6월 미국의 클린턴 행정부는 점차 대북강경책으로 기울었고, 6월 9일 IAEA에서 대북제재 결의안(GOV/2741)이 통과되었다. 카터가 평양에 도착해 6월 16일 김일성 주석과 면담을 하던 시각에 클린턴 대통령은 백악관의 고위 보좌관들과 대북제재조치에 대비한 한반도 군사력 증강방안에 대해 2시간 동안 난상토론을 벌이고 있었다(정옥임,

1995: 212). 국제정치적 고립과 미국의 강경대응 가능성을 감지한 김일성은 이미 샐리그 해리슨(Salig Harrison)과의 면담 때보다 유연한 입장으로 전략적 선택을 한 것으로 보이며, 카터의 방북을 활용해 남북한 간 정상회담, 핵발전의 경수로 전환, NPT 및 IAEA의 안전협정에 대한 완전한 수용, 특별사찰의 허용 가능성 및 핵동결 의지를 전달했다. 미국 내에서 유화정책에 대한 반발이 만만치는 않았지만,[13] 클린턴 정부는 결국 북한과의 타협을 바탕으로 10월 21일 북미기본합의문에 조인했다.

1994년 북핵위기에서는 다음과 같은 중요한 특징을 발견할 수 있다. 우선 미국 클린턴 행정부는 경제적 지원부터 군사적 수단까지 동원, 양자와 다자(국제기구) 대화의 병행 등 다양한 수단을 유연하게 적용하면서 북한과 협상했다. 군사적 수단을 동원해서라도 북한의 핵무장을 막겠다는 강력한 정책 우선순위와 의지를 지니고 있었고, '점진적 확대' 전략에 따라 한국·일본 및 기타 우방국과 공조체제를 확고히 했다. 양자적인 대화를 중심으로 북핵문제를 해결하려 했지만 동시에 다자적인 방식도 활용해 북한을 압박할 줄 알았다. 또한 위기가 고조되고 상대방이 궁지에 빠졌을 때, 유연한 전략을 구사해 상대방으로 하여금 타협하게 할 동기(Carrot)를 제공해 위기를 해소했다.

---

13) 당시 미국은 대규모의 중간선거를 앞두고 있었고 공화당은 클린턴 행정부의 외교적 유약함을 득표전략으로 삼고 있었다. 강경파 중 일부는 카터를 'Rabbit Fighter'라고 조소하기도 하고(*The Washington Times*, 1994.6.17: A4) 클린턴의 대북유화책에 대해 클린턴을 'Jimmy Clinton'이라고 비아냥대기도 했다(*Far Eastern Economic Review*, 1994.6.30; *The New York Times*, 1994.6.26: A17).

둘째, 북핵문제 해결을 위해 중국은 소극적이라는 이미지와는 달리 중대한 시점에 건설적인 역할을 수행했다. 중국은 북핵문제의 평화적 해결을 강조하면서도 한반도 비핵화에 대한 원칙을 일관되게 고수했으며, 북한이 북핵문제를 해소하지 않고 긴장을 고조시키는 상황에서 과거의 행태와는 달리 IAEA가 제기한 북한 비핵화를 촉구하는 안보리 결의안 채택에 반대하지 않음으로써 북한에 대한 국제적 압력에 동참했다. 이는 중국이 북한에 대해 "북한이 상황을 더 악화시키는 것을 원치 않는다"는 분명한 의사표시를 공개적으로 한 것이며, 북한이 유사시 완전히 고립될 수도 있다는 것을 인식하게 해 스스로 핵위기를 해소하는 쪽으로 정책을 전환하게 하는 주요한 요인을 제공했다.

셋째, 김일성의 유연성을 들 수 있다. 김일성은 정권 장악력을 바탕으로 핵위기가 고조되고 군사적 제재의 가능성이 논의되는 상황에서 유연성을 발휘할 수 있었다. 즉, 위기가 충돌로 치닫는 상황에서 국제적인 인물인 카네기재단의 셀리그 해리슨을 초치해 핵동결을 시사하는 메시지를 전달함으로써 제네바합의로 가는 길을 제공했다.

5) 제네바합의 이후 북중관계

1994년 제네바합의가 체결된 이후 북중 간은 정치적 긴장에도 불구하고 군사·안보적인 측면에서는 여전히 밀접한 관계를 유지하고 있었다. <표 6-1>에서 보듯이 1992년 한중수교 이후에도 중국의 대북한 무상원조와 우호가격 판매는 결코 줄어들었다고 볼 수는 없다. 오히려 1996년 12만 톤 및 1997년 33만 톤의 무상 식량원조에서 보듯이(이종석, 2000: 279~280) 북한이 경제적으로 어려울 때나 국제적 지원이 부족할

〈표 6-1〉 북한의 대중국 중요 지원성 물자 수입추이

(단위: 만 톤)

연도	1991	1992	1993	1994	1995	1996	1997	1998	1999	2000	2001	2002	2003
원유	110	110	105	83	102	94	51	50	32	39	58	47	57
비중(%)	61.1	72.4	77.2	91.2	92.7	100	45.8	82.6	100	100	100	79.0	100
곡물	30	62	74	31	15	55	87	29	24	28	44	22	35
비중(%)	23.3	74.7	67.7	62.2	15.9	52.0	53.2	25.9	22.2	23.1	31.1	21.8	43.1

자료: 이동률(2004: 153).

주: 1) 수량은 무상원조와 우호가격에 의해 도입한 물자의 합.

2) 원유수입이 1997년부터 급감한 이유는 이해 예멘에서 60만 톤 수입, KEDO에서 1996년 이후 매년 50만 톤 지원했기 때문임.

3) 2002년부터 KEDO 지원 중단. 중국의 무상원조 형태 지원은 소량(예를 들면 1999년 2만 톤, 2000년 없음).

4) 2002년 러시아로부터 12만 5,000톤 수입.

5) 2001년 및 2003년 수입의 증가는 각기 장쩌민과 우방궈의 방북과 상관관계가 있어 보임. 특히 우방궈의 방북은 제2차 6자회담 참석유도와 관련이 있는 것으로 알려짐.

6) 곡물의 경우 1997년 이후 국제기구의 인도적 지원이 높은 비중 차지. 2002년 이후는 핵문제로 인도적 지원이 상대적으로 감소.

때, 중국은 다양한 형태의 원조를 통해 북한을 지원했고 이는 중국의 대북한 영향력의 주요한 자원이 되었다. 한편 같은 기간 북한과 정치적인 측면에서는 한국에 비해 소원했지만, 군사 관련 인적 교류는 한국에 비해 양과 질에서 더 높은 수준을 유지하고 있었음을 보여준다.[14)]

북중이 다시 정치적으로 접근하는 것은 1990년대 후반부터다. 1997년 9월에 개정된 미·일 방위협력지침의 적용대상에 한반도와 대만해협이 포함되고, 유고에서 미군기에 의한 중국대사관 폭격은 미·일에 대한

14) 북중 간의 군사교류 현황은 이종석(2000: 283~284), 한중 간의 군사교류 현황은 김태호(2003: 73), 1999년 이후 북중 간 주요인사 교류 내역은 이동률(2004: 144~145) 참조.

중국의 경계심을 고조시켰다(이종석, 2000: 286). 북한의 입장에서는 경수로 건설이 지연되고 북핵에 대한 의혹이 지속적으로 제기되는 가운데 미국과의 긴장과 갈등이 강화될 것을 예상할 수 있었고 미국을 견제할 세력으로서 중국의 지원이 절실해졌다.15)

21세기를 전후해 점차 악화되었던 동북아지역 강대국들 간의 관계와 북한문제는 중국에 대한 북한의 전략적 중요성을 제고시켰으며, 그 결과 1999년 6월 북한 김영남 최고인민회의 상임위원장의 중국방문을 계기로 북중 고위 지도자 간의 상호 방문이 재개되었다. 중국은 같은 기간 국가발전이라는 목표를 달성하기 위해 유리한 한국과의 정치·경제협력을 유지해나가면서도 안보 전략적으로 필요한 북한에 대한 영향력을 동시에 확보하려는 두 마리 토끼를 다 잡는 전략을 구사하고 있었다고 할 수 있다.

3. 제2차 북핵위기

1) 후진타오 체제의 대외정책과 제2차 북핵위기

후진타오 시기의 대외환경은 장쩌민 시기에 비해 보다 어려운 상황이

15) 1998년 8월 ≪타임≫지는 금창리 시설에 대한 핵의혹을 제기하고 있고, 1999년 11월에는 미 공화당 정책보고서에서 북한의 핵개발 지속 가능성에 대해 지적하고 있다. 다른 한편 북한은 2003년 완공예정인 본래 계획의 이행이 거의 불가능하게 되고 경수로 건설이 지연되자 1999년 8월 24일 긴급대책을 요구하고 나섰다(한국전략문제연구소, 2004: 321~323).

었다. 이는 주로 미국의 변화된 대외전략 및 대중전략과 연관된 것인데, 2000년 새로이 집권한 미국의 부시 행정부는 중국을 '전략적 경쟁자'로 규정하고 공세적인 견제정책을 추진했다. 비록 2001년 9·11테러를 계기로 중국이 미국에 적극 협력함으로써 일정 정도 관계가 개선되었지만, 미 국방부의 중국군사력에 관한 2005년 의회보고서(Office of the Secretary of Defense, 2005)에서도 나타나듯이 부시 1기 행정부는 중국의 군사적 위협을 주장하면서 중국을 적극적으로 압박하는 정책을 취했다.

2001년 이후 미국이 취했던 전 세계적 반(反)테러 노력은 실제 중국을 전략적으로 포위하는 양상을 띠었다(Harris, 2001: 173). 미국은 기존의 한미, 미·일, 미·호주 동맹에 덧붙여, 아프가니스탄 전쟁을 계기로 중국의 서부 접경지역인 중앙아시아에 군대와 군사시설들을 주둔시키고, 동남아시아에서는 싱가포르·베트남·필리핀 등과 군사교류를 확대했으며, 서남아시아에서 전통적으로 중국과 적대관계였던 인도와 협력관계를 강화했다. 특히 2005년 2월 2+2회의에서 드러난 것처럼 전례에 없을 정도로 일본과 군사적·전략적 유대를 강화했으며, 중국 현 정권의 정통성 문제와 밀접하게 연관되고 민감한 사안인 대만을 양국의 안보방위 범위에 공개적으로 포함시켜 중국을 자극했다.

후진타오 시기의 대외정책은 탈냉전 이후 새로운 국제체제가 단순한 다극체제라기보다는 일초다강(一超多强) 체제라는 인식에 기반하고 있다. 미국의 초강대국으로서의 지위를 인정하면서도 일방적인 행위를 억제하는 다극화 현상이 진행되고 있다고 평가한다. 이러한 인식은 물론 1990년대 중반 이후 정립된 중국의 새로운 대외정책의 연장선상에 있는데, 이는 자국의 경제발전에 유리한 안정된 국제환경을 조성하기 위해 주변국과의 관계를 개선하고, 미국과 직접적인 대립을 피하며,

중국의 국제지위를 활용할 수 있는 유엔 및 다자기구 등을 적극 활용한다는 것이었다.

후진타오 체제는 '중국위협론'에 적극 대응해 '평화적 부상론', '평화적 발전론' 및 '조화세계론' 등의 이론화 작업을 통해 중국의 발전은 주변을 위협하지 않고 오히려 주변 지역의 평화유지에 기여하면서 강대국으로 전환할 것이며, 아울러 국제사회에서 책임 있는 강대국으로 행동할 것이라고 강조했다.[16] 다른 한편으로는 미국의 인권외교 공세에 대한 중국의 반응에서 엿볼 수 있듯이, 지난 20여 년 동안 성공적인 경제성장에 기반한 자신감과 국내의 민족주의적 요구를 바탕으로 부당하다고 생각되는 미국의 요구나 주장에 대해서는 보다 적극적으로 목소리를 내고 있다. 군사적으로도 미·일의 군사적 압박에 적극 대응해 러시아와 다각적인 협력관계를 강화한 결과, 2005년 8월 최초로 중국 영토에서 러시아와 군사훈련을 단행했고 2007년에도 러시아 볼가 강 유역에서 합동 군사훈련을 실시했다.

2002년 10월 후진타오 체제와 거의 동시에 시작된 북한 핵위기는 동북아 지역의 평화와 안정을 추구하는 중국 대외전략의 근간을 흔들면서도 북한의 전략적 중요성을 재평가하는 계기가 되었다. 중국은 보다 공세적인 미국과 일본의 압력에 직면해 북한을 자국의 영향권 내에 두면서도, 북핵문제에 대해서는 제1차 핵위기 때와는 달리 위기 초부터

16) 평화적 부상론은 중앙당교 정비젠(鄭必堅)의 아이디어로 2002년 비공개석상에서 이미 언급되었으며, 2003년 12월 4일 후진타오가 정치국원들을 위해 특별히 9개 강대국의 흥망성쇠를 연구한 2명의 학자를 불러 강연을 하게 하면서 주목을 받았고, 며칠 후 국무원 총리 원자바오가 하버드대 연설에서 화평굴기론(和平崛起論)을 재차 언급하면서 주목을 끌었다.

적극적인 중재자의 역할을 수행해 '대국화' 외교와 책임 있는 강대국으로서의 역할을 수행하려 했다.

2002년 10월 제2차 북핵위기가 발생하자 중국은 초기에 심각하게 대응하지 않았으며(Feng, 2004: 5), 제1차 북핵위기와 같이 '당사자' 간의 대화와 협상에 의한 타결 원칙을 유지했다(仇發華, 2005: 24). 그러나 곧 이러한 수동적 외교를 포기하고 보다 능동적이고 적극적인 외교로 전환해 '책임 있는 강대국'이자 지역이해의 주요 조정자로서 역할을 부각시키려 했다. 이러한 정책변화는 2002년 새로이 등장한 후진타오 체제의 기존 대외정책에 대한 전반적인 재검토와 연관이 있었다. 새로운 후진타오 체제가 직면한 대외정책 문제는 이라크와 북핵문제였으며, 대외정책의 검토과정에서 다른 요인보다 국익을 우선시하는 외교부의 안들이 대부분 채택되었다(후나바시 요이치, 2007: 395~396). 중국 제4세대 지도자들과 외교부는 북한 지도부와 인적 유대가 약했을 뿐만 아니라 실용주의 외교를 지향했기 때문에 북한의 행위를 달가워하지 않았다. 북핵위기는 역내 안보불안정을 고조시키고 미국과의 갈등을 강화시켜 중국의 경제발전 전략에 커다란 악영향을 가져올 수 있었다. 미국과 군사적 갈등 시 후진타오 체제는 상대적으로 국내 민족주의의 압박으로 유연한 정책의 채택이 어렵고, 궁극적으로는 개혁의 좌절로 인한 정치 사회 불안으로 정치적 정당성을 위협받을 수도 있었다.

중국은 북핵문제에 보다 적극적으로 대처하기로 결정했고, 2003년 초 6자회담을 성사시키기 위해 북한과 미국 사이에 50여 차례가 넘게 메시지를 전달하는 역할을 수행했다. 결과적으로 북미 양국을 설득하고 주변국을 합류하게 해 6자회담을 성사시키는 데 주요한 역할을 했다(Jian, 2003: 14). 아울러 이후 개최된 여러 차례의 6자회담에서 상당한 경제적 부담과 정치적 비용을 치르면서도 교섭을 통해 북핵위기를 해소하려는 원칙을 고수했으며 한반도 평화를 유지하기 위해 노력했다. 중국은 동시에 대북외교도 적극적으로 전개해, 경제적 포용과 관여 정책을 통해 대북 투자 및 협력을 강화하고, 중유나 식량 등 전략물자의 부족분을 보충해주었으며, 특히 북한 군부에 조건 없이 식량을 지원함으로써[17] 대북 영향력을 유지하려 노력했다.

2) 제2차 북핵위기의 발생과 경과

제2차 북핵위기는 제1차 위기 때와 마찬가지로 북한의 국제적 고립이 악화되는 과정에서 발생했다. 당시 경수로 공사가 계속 지체되면서 현실적으로 그 완공은 가까운 시일 내에 달성하기 어려운 과제가 되었고, 2001년 등장한 부시 행정부는 공세적 개입정책(Hawk Engagement Policy)을 채택해 북한의 핵개발 가능성에 대한 의혹을 해소하라고 지속적으로 압력을 가하고 있었다. 1995년 12월 15일 체결된 경수로 협정에 따르면, 2기의 1,000메가와트급 경수로가 2003년에 완공될 예정이었으나 당시 1/4의 정도만 진척되고 있었고(龐中英, 2004), 현실적으로 2010년에 이르러서도 완공이 불가능할 것으로 나타났다. 2002년 10월 3~5일 미국의 대북 특사 제임스 켈리(James Kelly)의 방북기간 중 핵문제, 탄도미사일, 인권문제 등에 대한 미국의 대북한 압력에 북한이 대응하는 과정에서 북한에 고농축우라늄을 이용한 비밀 핵무기 프로그램이 존재한다고 주장하면서 제2차 북핵위기가 야기되었다. <표 6-2>는

17) 필자의 You Ji 교수와의 인터뷰(2007년 6월 1일).

〈표 6-2〉 제2차 북핵위기 관련 주요회담

회의	기간	내용
북·미·중 3자회담	2003.2.23~25	합의 부재. 북미 간 직접대화에 의의
제1차 6자회담	2003.8.27~29	공동 발표문 없음. 6자회담의 유용성과 지속에 합의
제2차 6자회담	2004.2.25~28	북핵폐기, 북한 안전보장, 핵동결과 상응조치 등 실질적 주제들 논의
제3차 6자회담	2004.6.23~26	말 대 말, 행동 대 행동의 원칙 제시, 비핵화 의지 재확인, 이견의 존재 인정, 의장성명 발표
제4차 1단계 6자회담	2005.7.26~8.7	공동문안 작성 합의시도. 북핵의 평화적 사용권을 놓고 대립. 휴회.
제4차 2단계 6자회담	2005.9.13~19	한반도 비핵화 합의문안 도출, 북미·북일 정상화, 대북 경제지원 및 한반도 평화체제 수립에 대한 원칙적 합의, 핵 평화적 사용권 모호 처리
제5차 1단계 6자회담	2005.11.9~11	말 대 말, 행동 대 행동의 원칙 재확인, BDA문제로 공전
제5차 2단계 6자회담	2006.12.18~22	북한 핵실험 이후 첫 회담 진전 없음
제5차 3단계 6자회담	2007.2.8~13	북미 간 베를린 양자회담을 바탕으로 2·13합의 도출, 북핵문제의 포괄적 접근, 5개 분과 설치, 북핵 불능화 목표확인과 보상원칙 설정
북미 제1차 회담	2007.3.6	뉴욕에서 힐과 김계관 회동, 관계 정상화 문제 및 테러 지원국 명단에서 북한 삭제 문제 등 논의
제6차 1단계 6자회담	2007.3.19~22	5개 분과 가동 확인, BDA문제 미해결로 공전
제6차 6자회담 단장회의	2007.7.17~20	9·19공동성명 및 2·13합의 준수, 북한 핵불능화 재확약, 북한에 중유 95만 톤 상당의 지원 약속, 행동 대 행동의 원칙 등 네 가지 원칙 재확인
북미 제2차 회담	2007.9.1	제네바에서 비핵화 및 관계 정상화 문제 토론
제6차 2단계 6자회담	2007.9.27~30	북한 금년 내 핵불능화 조치 및 모든 핵프로그램 신고, 핵물질과 기술의 이전 불가 합의, 적절한 시기 내 6자 외교장관회의 개최

자료: 북핵 관련 한국 외교부의 사이트는 http://www.mofat.go.kr/index.jsp 참조. 중국의 잘 정리된 사이트는 http://news.xinhuanet.com/ziliao/2003-01/08/content683434.htm.

제2차 북핵위기 발생 이후 최근까지 개최된 주요회담에 대해 개략적으로 소개한 것이다.

북핵위기가 다시 발생한 이후 미국과 북한은 중국의 적극적인 중재로 2003년 4월 23~25일에 베이징에서 북·미·중 3자회담이 개최될 때까지 제1차 북핵위기 초반에 그러했던 것처럼 맞대응(Tit-for-Tat)식의 대응을 통해 상황을 악화시켜 나갔다. 미국은 위협과 회유를 병용하는 방식을 통해 북핵문제를 해소하려 했고 북한은 벼랑 끝 외교방식을 통해 긴장의 수위를 높여가면서 목표를 달성하려 했다. 2003년 초에는 미국의 대북 군사공격 가능성과 관련한 언급들이 자주 등장했다.

북한은 핵위기를 해소하기 위해 북미 간의 양자회담 개최를 제기했으나 미국은 이를 계속 거부했다. 이에 중국의 중재로 우선 3자회담을 거친 후, 궁극적으로 러시아까지 참여하는 6자회담을 개최하자는 북한의 주장을 타협안으로 하여 8월 27~29일에 베이징에서 제1차 6자회담이 개최되었다. 한·북·미·중·일·러 6개국은 제1차 회담에서 북핵문제의 평화적 해결 원칙과 6자회담의 유용성에 합의했으나, 북핵프로그램의 완전하고 검증 가능하며 돌이킬 수 없는 핵폐기가 이루어져야 한다(CVID)는 미국의 방침과 선(先)보장 및 보상, 후(後)폐기라는 북한의 원칙이 충돌했다. 제3차 회담까지 해결책을 찾지 못하다가 급기야는 2005년 2월 북한의 핵보유선언으로 한반도 핵문제의 성격이 본질적으로 변화하면서 군사적 충돌로까지 확산될 수 있는 위기를 맞게 되었다.

이러한 위기를 타개하기 위한 돌파구는 한국의 대북 전력지원 등과 같은 적극적인 제안으로 마련되었으며, 이를 바탕으로 2005년 제4차 6자회담을 통해 한반도 비핵화에 대한 9·19공동선언에 합의할 수 있었다. 그러나 북핵의 평화적 이용에 대한 해석이 다르고 미국이 마카오의 방코델타아시아은행(BDA)을 북한의 불법자금 출처로 지명하고 실제적인 금융제재를 가하면서 6자회담은 표류하기 시작했다. 결국 북한이 2006년 7월 5일 장거리미사일 발사 및 10월 9일 핵실험을 단행하기까지 북미 간의 극단적인 대결은 6자회담의 효용성에 대한 의구심까지 제기하게 만들었다.

극단적인 대결상황에 부담을 느낀 북미 양국은, 미국이 베를린에서 실제적인 양자회담을 용인하는 등 유연한 대북정책을 채택하자 상호 타협하는 데 성공했다. 2007년 제5차 3단계 6자회담에서 북핵폐기를 향한 초보적 단계로서 '불능화(disablement)' 조치를 취할 것을 단기적 목표로 했는데, 이 과정에서 북한의 행위에 상응하는 경제적 보상을 해준다는 로드맵을 그리는 2·13합의에 도달했다. 아울러 기존의 비핵화문제에 집중하는 전략에서 벗어나 한반도를 둘러싼 냉전과 갈등체제를 근본적으로 해소하려는 포괄적인 접근법이 채택되었다. 현재 이러한 새로운 접근법이 한반도의 냉전과 북핵문제를 근본적으로 해결할 수 있을지는 시험대에 올라 있다.

2007년 10월 3일 발표된 제6차 2단계 6자회담의 합의에 의하면 북한은 2008년 말까지 핵불능화를 시행하고, 보유한 모든 핵에 대한 신고 절차를 완수해야 하지만, 2008년 1월 현재 북한의 의무달성에 대한 북미 간의 입장 차이가 드러나고 있어 전도가 불투명한 상황이다. 특히 한국에 보수적인 이명박 정부가 들어서면서 북한과 새로운 관계정립이 되지 않고 있고, 미국 역시 대통령 선거를 앞두고 주요 현상을 변경할 정책전환을 할 수 없다는 점에서, 북핵 해결은 지지부진한 채 보다 장기화될 가능성도 커지고 있다.

3) 중국의 대응

제2차 북핵위기 과정에서 드러난 중국의 대북한 태도는 일반적으로 인식된 혈맹의 '특별한 관계'로 비춰지기에는 그리 호의적이지 않았다. 이러한 중국의 대북한 태도변화는 2003년 4월 중국의 후진타오 주석이 방중한 조명록 북한 국방위원회 제1부위원장과 회담하면서 드러났다. 조명록이 북중관계를 '피와 탄환'의 관계라고 표현한 데 대해 후진타오는 '전통적인 우호'관계로 정정했다(후나바시 요이치, 2007: 397). 이러한 중국의 대북정책의 변화는 사실 2001년 9월 장쩌민 중국 국가주석이 북한을 방문했을 때 언급한 "전통을 계승하고 미래를 지향하며 서로 화목하고 협력을 강화하자"는 방침에서도 엿볼 수 있다(劉金質 外, 2006: 14). 이는 중국이 북한과 한국전쟁에서 피로 맺어진 관계에서 탈피하고 싶다는 의지를 표현한 것이었다.

위기가 발생하자마자 중국은 관망적 자세를 취하다가 2003년 1월 북한이 NPT 탈퇴를 선언하면서 보다 적극적인 자세로 전환했다. 2003년 1월 10일 장쩌민 국가주석은 부시와의 전화통화에서 NPT 체제의 보편성을 강조하면서 중국은 북한의 NPT 탈퇴를 지지하지 않으며 비핵화 원칙을 지지한다는 입장을 분명히 했고, 이어 16일에는 후진타오 당 총서기 역시 중국은 한반도 내 핵무장을 지지하지 않는다는 점을 재차 언급했다. 중국이 공개적으로 북한의 핵문제와 관련해 완곡한 어법 대신 직설적으로 표현한 것은 처음 있는 일이었다(Feng, 2006: 5). 중국은 이처럼 비교적 위기의 초기상황부터 북핵개발에 반대한다는 입장을 분명히 하는 등 대북압박을 시도했다.

중국은 우선 제1차 핵위기 때의 정책기조를 바탕으로 제2차 위기가 발생하자 한반도 비핵화, 안정과 평화 유지 및 대화를 통한 문제해결이라는 원칙을 제시했다(≪人民日報≫, 2003.2.14). 단 제1차 위기 때 강조했던 '당사자' 원칙은 강조하지 않았다. 북미 간의 의견이 점차 첨예하게 대립되고 이라크전쟁이 조기 종결되어 미군의 다음 공격대상으로 북한이 예상되는 등 한반도 안정이 위협받게 되자, 보다 적극적으로 중재자 역할을 하기 시작했다. 중국 입장에서 보자면 미국의 대북한 공격 가능성을 제어할 목적 이외에도 북한의 취약성을 고려해 보다 적극적이고 빠르게 북핵문제에 개입하게 되었다. 중국의 한 내부문건이 이를 잘 말해주고 있는데, "북한이 미국과 상호불가침조약을 체결하고 경제적 이익을 얻을 목적으로 북핵문제를 야기했지만 주어진 외교적 카드가 부족한 상황에서 미국에 전적으로 굴복해 중국에 불리한 협정을 직접 체결하는 상황"을 중국은 우려했다(≪內部參閱≫, 2003.2.28).

2003년 2월 미 국무장관 파월은 중국을 방문하여 중국의 보다 적극적이고 책임있는 행동을 요청했고, 그 다음 날 중국은 첸치천(錢其琛) 부총리, 왕이(王毅) 외교부 부부장 등을 북한에 파견해 더 이상 상황을 악화시키지 말 것과 대화에 참여하는 것 외에 다른 대안이 없음을 설득했다(Feng, 2004: 6). 동시에 중국이 참여하는 3자회담을 개최할 것을 제시해 압력과 설득을 병행하는 전략을 바탕으로 북한의 태도변화를 이끌어냈고, 2003년 2월 베이징에서 3자회담을 개최할 수 있었다. 이와 같은 중국의 활동은 북핵위기를 다루는 데 있어 다른 국가의 내정에 간섭하지 않는다는 과거의 원칙을 이미 포기하고 있었다는 것을 말해준다.

2003년 2월에 개최된 3자대화가 큰 성과 없이 끝나고 미국이 양자적인 접근을 완강히 거부하자, 중국은 미국이 주장하는 다자틀 내에서 북한의 입장을 반영하는 양자대화 구도를 상정하고 6자회담의 성사를 위해 북한의 참여를 설득하려 다양한 방법을 시도했다.[18] 그중 새롭고 특별한 방법은 최고지도자 간의 개인서신 교환인데, 후진타오 총서기는 2003년 7월 12일 다이빙궈(戴秉國) 외교부 부부장을 통해 북한 김정일 위원장에게 친서를 전달하도록 했다. 램턴(David Lampton)에 의하면, 후진타오는 다이빙궈를 통해 보낸 개인서신에서 비핵화에 대한 중국의 확고한 입장을 전했고 이에 대한 대가로 경제지원을 약속했다. 동시에 북핵위기가 군사적으로 얼마나 위험스러운지를 설명하고 궁극적으로 북한정권의 붕괴 및 인명피해 가능성에 대해서도 구체적으로 언급했다. 이는 북한이 군사분쟁의 발단이 된다면 중국은 참전하지 않을 것임을 암시하는 것이기도 했다(Lampton, 2003; Feixiong, 2004: 13). 이러한 수사는 중국의 정치 지도자로서는 드물게 보여준 강력한 의사표현이었다. 동시에 회유책을 병행해 6자회담이 북한을 고립시키는 구도가 아니라는 것을 적극 설득하는 한편, 디젤유 1만 톤을 무상으로 제공하기로 했다. 결국 북한은 중국의 제의를 수용해 6자회담 참여를 발표함으로써 2003년 8월 27일 1차 6자회담의 베이징 개최가 성사되었다. 이 회담을 통해 각국은 한반도 비핵화 목표에 동의했다.[19] 그러나 이 과정에서 북한은 회의 참가를 중국이 아닌 러시아에 먼저 통보함으로써 중국이

---

18) 중국은 본래 일·러를 배제한 4자대화를 내심 선호했고 미국은 러시아를 배제한 5자회담을 선호했다. 하지만 중국 자체의 안보적 고려, 역내 세력균형과 북한의 입장을 감안해 결국 6자회담에서 타협점을 찾게 되었다(신상진, 2005: 40).

19) 제1차 6자회담의 중국 측 평가는 http://www.china.com.cn/chinese/2003/Aug/394735.htm, 2006년 1월 19일 검색.

미국의 주장에 경도되고 북한에 노골적으로 압박전술을 구사한 것에 대해 간접적으로나마 불만을 표출함과 동시에 북한의 중국에 대한 일정한 불신을 드러냈다(신상진, 2005: 41~42).

중국은 '다자틀 속에서 양자회담이 주도'되는 방안을 선호했다(朱鋒, 2005: 26~33). 중국의 입장에서 볼 때 북핵위기의 근원은 한반도 냉전체제에 있으며 북한의 안보불안이 가장 큰 요인이기 때문에(陳龍山, 2005: 10~11) 우선 북미 양자 간 협상을 바탕으로 북미관계 개선을 도모하고 북한의 핵개발 저지와 생존을 위한 부담을 해소하며, 북한문제로 인한 중·미 간 갈등 가능성도 동시에 해결하는 효과를 기대했다. 이러한 해결방식은 결국 중국을 겨냥한 미국의 미·일동맹 강화나 미사일 방어 정책(MD) 추진의 명분을 약화시킬 수 있으며(史澤華, 2003: 16), 아울러 한국의 대북정책과도 기본적으로 맥락을 같이하면서 동북아의 대중국 전선이 형성되는 것을 억지하는 효과도 있었다. 동시에 다자틀 속에서 중국이 적극적인 역할을 함으로써 북핵문제가 북미 간의 직접대화만을 통해 해결될 경우 한반도에서의 미국과의 영향력 경쟁에서 밀릴지도 모르는 상황을 최소화할 수 있었다. 중국의 '대국화' 외교전략의 측면에서 한반도에서의 영향력 확보와 그를 통한 미국의 견제는 분명 중요한 목표이지만, 동시에 중국이 대국으로서의 국제적 정체성을 확보해가는 과정에서 미국과의 우호적 관계유지도 사실상 중요하기 때문이었다. 따라서 '다자틀 속에서 양자적 접근' 방식은 중국의 이러한 딜레마를 해결하는 데 적절한 대안으로 간주되었다.

중국은 북핵문제에 적극적으로 참여해 3자회담 및 제1차 6자회담을 성사시켰고, 대화를 통한 평화적 해결의 가능성을 마련함으로써 국제적 위신을 높이고 지역 강대국으로서의 영향력을 제고시킬 수 있었다.

중국은 동시에 북핵문제의 외교안보적 중요성을 인식하고 2003년 말에 조선반도사무판공실을 외교부 내에 설치한 뒤 닝푸쿠이(寧賦魁)를 북핵 담당 대사로 임명해 제도적으로 북핵문제의 실무를 담당할 능력을 강화했다.[20]

중국은 제2차 6자회담의 재개를 위해서 2003년 10월 30일 우방궈 전인대 상무위원장이 북한을 방문해 김정일을 설득하는 한편 5,000만 달러 규모의 무상 경제원조 제공을 약속했다. 2003년 12월 왕이 외교부 부부장이 북한을 방문해 설득작업을 한 결과 북한은 마침내 제2차 6자회담의 참여를 발표했다. 이 과정에서 중국이 사용한 수단은 '경제원조를 통한 설득과 부분적 압박전술'이었다. 북핵개발계획을 중단시키기 위해서는 북중군사동맹조약을 폐기해야 한다는 선지루(沈驥如) 중국사회과학원 학자의 주장이 공개된 것도 이 시기이다(沈驥如, 2003: 53~58). 비록 이 주장이 중국의 공식입장은 아니고 개인 의견이지만 중국 국무원 산하 연구기관의 연구원이라는 점과 과거와는 전혀 다른 관점이 공개된 점에서 충분한 주목을 끌었다.

중국은 사전접촉을 통해, 일본은 인질문제를 제기하지 않고 미국과 북한은 장시간의 양자회담을 개최하며, 북한은 미국에 상호불가침조약 문제를 제기하지 않는다는 약속을 받아내 제2차 6자회담의 개최 분위기를 성숙시켰다.[21] 하지만 제1차 회담 이후 반년 만인 2004년 2월 25일 개최된 제2차 회담에서 핵폐기와 지원을 동시에 병행하자는 북한의

---

20) 아울러 2004년 국무원의 싱크탱크인 국무원발전연구센터(DRC)에 조선반도 연구센터를 새로이 개설해 이 분야의 연구역량을 강화하는 조치를 취했다.

21) 제2차 6자회담의 정황에 대해서는 http://www.china.com.cn/chinese/HIAW/508697.htm, 2006년 1월 19일 검색.

주장과 '완전하고 검증 가능한 돌이킬 수 없는(CVID)' 수준의 핵폐기 이후 지원해야 한다는 미국 측 주장이 평행선을 달렸고, 공동문건 안에 '이견이 있음을 명시하자'는 북한 측의 주장을 미국이 거부해[22] 결국 실질적인 성과를 거두지는 못했다.

2004년 3월 24일에 리자오싱(李肇星) 외교부장은 김정일과 면담하고 6자회담 개최와 이를 위한 실무그룹의 구성에 대한 동의를 이끌어냈다. 4월 19~20일에 김정일 위원장의 베이징 방문에서는 3억 인민폐에 달하는 중유를 무상으로 원조하고 미국으로 하여금 대북 적대시 정책을 포기할 것을 요청할 것이란 점을 제시하면서 북한의 6자회담 참여를 재확인했다(이교덕·신상진, 2004: 7~8). 그러나 제3차 6자회담이 평화적 해결을 위한 '말 대 말과 행동 대 행동의 원칙'에 대한 합의에 이르렀음에도 불구하고, 구체적인 조건에 대한 합의에는 이르지 못하고 종료된 후, 북한은 2004년 11월에 치러진 미국의 대선 결과를 관망하면서 제4차 6자회담의 참여를 유보했다. 중국도 미 대선과 그 이후 미국의 정책이 구체화되기까지 북한에 6자회담의 참여를 촉구하거나 종용하는 등의 영향력 행사를 유보하고 관망하는 자세를 보였다. 북한은 이 시기에 부단히 핵능력을 제고하는 작업을 진행시키고 있었다.

중국의 이러한 일시적으로 유보적이고 관망적인 태도는 2005년 2월 10일 북한의 6자회담 불참 및 핵보유 선언 이후 달라졌다. 북한의 돌발적인 행동은 중국과의 협의나 사전통보 없이 단행되었기 때문에, 그동안 중재자 역할을 수행해왔던 중국의 외교력이 다시 시험대에

22) http://www.china.com.cn/chinese/zhuanti/chwt5/1018541.htm, 2006년 1월 19일 검색, p. 1.

올랐으며, 중국 역할론과 회의론이 동시에 대두되었다.

중국은 북한에 대해 강경책을 채택하는 대신 2월 29일 북한이 선호하는 당 대외연락부장 왕자루이(王家瑞)의 방북을 통해 '한반도의 비핵화, 북한의 합리적 안보우려 해소, 6자회담의 조기 개최' 등을 골자로 하는 후진타오의 메시지를 전달했다(박영호 외, 2005: 7). 이어 북한과 '투자촉진보호협정'을 체결하는 등 경제협력을 강화하는 한편, 당정 및 주요 단체의 대표단이 잇달아 북한을 방문해 양국 간의 친선관계를 확인하는 조치를 취하면서 회유정책을 통해 북한에 대한 영향력을 재강화했다. 북한도 이에 호응해 2005년 3월 중국 전국인민대표대회에서 통과된 '반국가분열법'에 대해 미국·일본 등 주요 서방국가들의 반대에도 불구하고 제일 먼저 공식적인 지지를 보냈다(≪조선중앙통신≫, 2005.3.16). 중국 역시 북핵문제를 유엔 안보리에 상정해야 한다는 중앙당교 교수 장롄구이(張璉瑰)의 주장을 발표한 '세계지식(世界知識)'의 웹사이트를 폐쇄시키는 등(Tkacik, 2005: 4~5) 북한과의 우호협력관계를 유지하기 위해 노력했다.

북중관계의 강화는 미·일과 중국 사이의 관계 악화와도 밀접한 연관을 지니고 있다. 2005년 동북아 정세는 미국과 일본이 외교 및 국방장관 회담인 도쿄의 2+2회의에서 군사동맹적인 성격을 강화하고 대만문제로 중국을 크게 자극하면서 긴장감이 높아졌다. 이에 대해 중국은 2005년 8월 최초의 중·러합동군사훈련에서 드러나듯이 상하이협력기구 강화 및 활발한 아세안 외교를 통해 극복하고자 했다. 당시 변화된 동북아 정세 속에서 중국에 대한 북한의 전략적 가치는 상대적으로 높아졌다. 이에 따라 중국은 북한에 강요를 통한 압력 발휘보다는 설득과 인내를 통해 안정적으로 현상을 유지하면서 북핵문제를 해결하는 것을 선호했고, 역내 국가관계는 서로 불신과 대립이 강화되면서 북핵문제 해결의 돌파구를 찾지 못한 채 공전하게 되었다.

이러한 상황에서 제4차 6자회담의 개최는 중국의 영향력보다는 한국의 주도적 역할이 중요했다. 즉, 전력공급을 포함해 소위 북한판 '마셜플랜'이라 불리는 한국의 중대제안의 영향으로 남북관계가 급속히 개선되는 가운데 제4차 6자회담의 분위기가 무르익었고, 결국 2단계에 걸친 4차 6자회담에서는 6개항의 합의문을 도출하는 데 성공했다. 미국 역시 중국과의 관계를 개선해 북핵문제의 해결을 위해 중국이 이해상관자(Stakeholder)로서 더 적극적인 역할을 수행해줄 것을 요청하는 등 새로운 북핵정책을 채택해 협상의 분위기를 조성했다. 이에 중국은 북미 간의 이견을 좁히고자 수차례에 걸친 수정안을 제시하면서 합의문 도출을 위해 중재역할을 강화했다.

중국은 2005년 10월 8~11일에 북한 노동당 창건 60주년(10.10)을 축하하는 중국 정부대표단의 방북과 10월 28~30일 후진타오 국가주석의 공식 우호방문을 통해 북중 간의 우호협력 관계를 대내외에 과시하면서 대북 영향력을 강화해나갔다. 원자바오 중국 국무원총리가 2006년 1월 김정일 국방위원장과의 면담에서 제시한 것처럼 "정부가 주도하고, 기업이 참여하며, 시장원리에 입각해 운영(政府引導, 企業參與, 市場運作)"한다는 대북 경제협력방침을 바탕으로 대북 경제협력을 위한 청사진들을 구체화하기 시작했다.[23]

주목할 만한 사실은 2006년 7월 5일 북한이 장거리미사일을 발사하

23) 차후 50억 달러에 달하는 대북투자를 계획하고 있다는 설도 제기되었다. 필자의 인터뷰(2006년 4월 15일).

기 전인 2006년 상반기에 중국과 북한 사이에 상호 인적 교류가 활발했고 비교적 우호적인 분위기가 강했다는 것이다. 북한은 그럼에도 불구하고 미사일 발사를 강행해 중국을 상당히 곤혹스런 상황으로 몰아넣었다. 이는 조중우호협력조약이 명시한 주요 사안에 대한 '사전 통보' 의무를 명백히 저버린 것이었다. 2006년 10월 9일 북한의 핵실험은 중국으로서도 전혀 예상하지 못한 충격적인 사건이었다. 북한은 중국의 강력한 경고에도 불구하고 실험을 단행했으며, 북한 지도부의 명을 받은 주중국 북한대사관은 사전에 인지했음에도 불구하고 불과 실험 20분 전에야 통보했다.[24)]

북한은 중국의 대북한정책이 보다 전략적이고 실리적인 이해차원에서 전개되고 있다는 것을 잘 이해하고 있으며, 비록 중국의 압력에 강요당하기도 하지만 북한은 자체의 전략적 이해에 따라 중국을 적절히 활용하려 했다. 북한의 김정일 정권은 국제적으로 고립되어 있기 때문에 중국에 대한 경제적 의존도가 높아지는 현실을 인정하고 있고, 실리적인 차원에서 중국으로부터 전략물자(석유 및 식량 등)를 최대한 확보하려는 정책을 펴고 있다. 하지만 동시에 중국의 영향력이 과도해지는 것을 두려워해 일방적인 대중종속의 단계로 가는 것을 경계한다. 따라서 북한은 러시아와도 관계를 강화해 중국을 견제하려는 정책을 펴고 있다.

중국의 입장에서는 북한의 전략적 중요성이 냉전시기에 비해 상대적으로 감소되었다 할지라도 여전히 존재하며, 미국의 일반적인 압력에 굴복해 북한을 궁지로 모는 것은 북한체제의 붕괴 가능성과도 연관되어

---

24) 필자의 베이징 인터뷰(2007).

중국이 쉽사리 취할 수 없는 외교적 선택이 되고 있다. 이처럼 복잡한 이해관계는 중국은 북한이 현실적으로 의지하는 거의 유일한 전략적·경제적 지원국이면서도, 중국의 북한에 대한 영향력 행사는 조심스럽고 제한적일 수밖에 없다는 것을 말해준다.

4) 중국의 역할평가

제2차 북핵위기 과정에서 중국이 적극적인 외교에 나선 것은 북한 핵개발 능력 자체를 심각하게 받아들였기 때문은 아니었다. 제2차 북핵위기 초 중국의 북한 핵능력에 대한 인식은 제1차 북핵위기의 경우와 유사하다. 심지어 2005년 2월 북한의 핵보유 선언 이후에도 중국 전문가들은 북한이 3~4기 이하의 초보적인 수준의 핵무기를 개발했을 가능성에 대해 인정하기도 했지만,[25] 실제로 이를 큰 위협으로 의식하지는 않았다.

제2차 북핵위기 과정에서 중국을 움직인 가장 중요한 변수는 미국의 대북한 군사공격의 개연성이 커졌다는 것이었다. 북한은 제1차 위기 때보다 훨씬 공세적이고 강경한 전술을 구사했고, 미국 역시 9·11테러 사건 이후 일방주의적인 외교정책을 본격화하고 있었기 때문에 한반도에서 군사적 충돌의 가능성은 그 어느 때보다 높았다. 중국이 예상하는 군사적 충돌의 결과는 북한의 군사적 패배와 김정일 정권의 붕괴였으며

---

25) 2005년 필자가 베이징 및 상하이에서 가진 수차례의 비공개회의에서 들은 중국 측 견해로, 학자들은 비교적 더 많은 핵보유를 추산하는 데 비해 핵전문가들은 오히려 보수적으로 추산하고 있다고 한다. 가장 최근의 공개적 평가는 孫向麗(2007: 13~19)의 논문 참조.

이는 한국에 의한 한반도 통일을 의미했다. 전략적인 구도에서 보자면 통일한국은 미국의 영향력 아래 놓이게 되어 중국 접경은 미국과 군사적으로 직접 대면하는 상황이 되는 것이다. 더구나 전쟁의 결과 밀려들 수백만 명의 북한난민은 중국의 동북지역 경제는 물론이고 중국 전체의 사회안정과 경제발전에 엄청난 부담을 줄 것으로 예측되었다.

따라서 북핵문제가 발생하자마자 2003년 1월에 제출된 내부 보고서는 북중 국경지대에 군사력을 재배치하고 강화해 혹시 발생할 수도 있는 동북지역의 불안정요인을 해소하라고 권하고 있다(李大光, 2003: 37~40). 물론 이 보고서에서 의미하는 군사적 배치는 중국의 북한 군사개입 가능성보다는 유사시 국경안정을 위한 봉쇄를 의미하는 것이었다. 중국은 제1차 6자회담이 실패로 끝난 직후인 2003년 9월, 실제로 북한에 대한 압력의 수단으로 북중 국경지대에 배치되어 있던 보안경찰들을 인민해방군으로 대체했다.

이미 앞에서 언급한 대로 북핵위기로 인한 북미 간 군사적 충돌은 중국의 '평화적 발전'전략 전체를 위태롭게 할 수 있는 사안이었다. 한반도와 관련한 중국의 전략적 방침은 중국이 한반도 분쟁의 여파에 휘말리지 않도록 한반도의 안정과 평화를 유지하는 것이다. 두 번째로는 북핵문제가 미·중 간의 정치군사적 갈등상황으로 전이되는 것을 막으면서도, 북한체제의 붕괴로 인해 한반도에서 미국의 영향력이 확대되는 것을 저지하는 것이다. 이를 위해 중국 입장에서 최선의 외교는 북한의 호전적이고 통제할 수 없는 수준의 행위를 억제하고 관리하는 것이었다. 이러한 목표를 달성하기 위해 중국은 북한에 대해 설득(물질적 동기부여 포함), 조언, 원조, 비난 및 압력 등의 다양한 방법을 구사했고(Feixiong, 2004), 필요할 때는 전에 볼 수 없을 정도로 노골적인 압박의 방법을 적절히 구사했다. 특히 북한이 '핵실험 등 상황을 악화시키는 조치를 취하지 않겠다'는 사전약속을 어기고 핵실험을 단행했을 때 중국은 전례 없이 빠르게(당일 12시 30분) 공식성명을 발표해, 북한의 핵실험은 '제멋대로(悍然) 한 행동'이며[26] 중국은 '결단코 반대'한다는 격앙된 반응을 보였다.

중국은 북한 핵실험 이후 미국과 긴밀한 협조관계를 유지하면서 10월 15일 통과된 북한 핵실험 관련 유엔 안보리 1718호 결의안 채택에 주요한 역할을 담당했다. 이 결의안은 유엔헌장 제7장 42조에 따른 군사적 제재를 언급하지 않았지만 광범위한 경제제재를 적용하는 41조를 명시하고 향후 군사적 제재를 가능하게 하는 42조의 적용 가능성을 열어놓았다는 점에서, 지금까지 유엔에서 북한에 대해 취한 가장 강력한 결의안이었다. 중국의 이러한 행동은 북한의 입장에서 볼 때는 조중우호협력지원조약(1961.7.11) 제3조에 명시된 "체약 쌍방은 체약 상대방을 반대하는 어떠한 집단과 어떠한 행동 또는 조치에도 참가하지 않는다"는 합의를 무시한 것이었다.

북한의 중국에 대한 불신의 수준도 높아서 중국이 보다 강력한 강제라는 수단을 사용할 경우 예상되는 대가도 만만치 않다. 따라서 중국이 강요의 수단을 사용할 경우, 북한이 중국의 영향권에서 이탈할 가능성과 행위의 불가측성에 따른 역내 불안정성이 높아질 가능성이 크다고 판단하고 있어 중국의 대북 영향력은 일정한 한계를 지니고 있다.

---

26) 중국외교부가 1997년 이래 '제멋대로(悍然)'란 표현을 공식적으로 사용한 것은 총 여섯 차례이며, 중국의 핵심적인 국가이익이 침해받았을 때 중국의 강력한 적대감을 표현하기 위해 사용했다. 이 개념을 북한에 적용한 것은 최초의 일이었다.

이와 같은 중국의 이해와 상황을 고려할 때, 결국 한반도 북핵위기와 관련해 중국이 취할 수 있는 현실적인 정책은 북한과는 지속적인 경제협력 관계 확대 및 전략적 물자제공을 통해 북한정권의 붕괴를 방지하면서 동시에 일정한 영향력을 유지하고, 한반도의 비핵화 원칙의 유지를 공언하고 역내 안정을 해칠 갈등의 확산을 방지하며, 무력보다는 대화를 통해 문제를 해결하고, 미국의 과도한 영향력 확대를 억제하는 것이다. 동시에 북핵문제를 현상으로 인정하고 '궁극적인 해결'은 보다 장기적인 목표로 설정하고 '상황관리'에 더 중점을 두면서, 과도한 정치경제적 부담을 지는 상황은 회피하고 혹 발생할지도 모를 북한의 비상사태에 대해서도 준비를 강화하는 것이다.

중국이 이해하는 북핵문제의 근원은 북미 간의 오랜 냉전구조와 이에 따른 불신과 연관되어 있기 때문에 그 구조를 해체해 해결책을 찾기는 쉽지 않다. 동시에 북한은 사회주의 체제 일반이 심각하게 겪었던 체제적 효율성의 문제를 안고 있으며, 개혁과 개방 정책을 거부하고 핵위기를 야기시켜 국제적으로 고립된 취약한 체제이다. 북한의 딜레마는 개혁과 개방을 필요로 하면서도, 개혁을 위한 자체의 재원조달 능력이 결여된 상태에서 개혁과 개방 정책을 채택하는 것이 오랜 폐쇄성으로 말미암아 체제의 위기로 전이될 수 있다는 점이다. 따라서 북한의 김정일 정권은 진퇴양난의 위기 속에서 핵무기를 바탕으로 안보와 외부의 경제지원을 동시에 획득하려는 무리한 도박을 하는 것으로 판단하고 있다.

2007년 3월 북한의 김계관 6자회담 대표가 미국 워싱턴의 코리안소사이어티(Korean Society)에서 연설한 내용은, 북한이 단지 생존 차원의 문제를 떠나 보다 구조적인 동북아의 역학관계를 고려해 친미적인 국가로서 중국을 견제하는 데 미국을 지원할 수 있다는 함의를 담고 있어[27] 북중 상호 간의 불신을 더욱 커지게 했다. 중국은 북미 간의 긴장완화와 국교수교를 한반도 상황의 안정과 북핵문제의 해결을 위해 필수적인 것으로 여기고 있기 때문에, 2006년 12월 베를린에서 김계관과 힐(Hill)이 6자회담의 틀 밖에서 양자회담을 통해 북핵문제의 실마리를 찾는 것을 지원했다. 김계관의 발언은 이러한 측면에서 북한의 대미관계 개선을 위한 노력으로 평가절하하면서도, 중국의 입장에서는 중·미 간의 관계를 이간질하려는 시도이자[28] 나아가서는 향후 동북아의 국제관계의 불확실성을 가중시키는 것이었다.

비록 2·13합의로 북한 비핵화를 위한 초기적 조치에 합의한 상태지만, 북한이 처해 있는 상황과 미국의 의지 및 비핵화를 향한 과정의 어려움으로 인해 단기적인 전망은 그리 낙관적이지 않다. 중국의 입장은 물론이고 일본·러시아 심지어 미국의 입장에서도 단기적이고도 현실적인 최선의 선택은 북한이 대량살상무기를 외부로 유출하지 못하게 차단하고 역내 상황을 안정시키면서 북핵을 관리하는 방식일 수 있다. 그리고 중·장기적으로는 북한 내부의 사태추이에 대비하는 대책을 수립하는 데 더 초점을 맞출 개연성이 높다.

2005년 9월 제4차 6자회담 및 2007년 2·13합의로 한반도 핵무기 폐기와 보상에 관한 원칙적인 합의 및 그 초보적인 절차에 대한 합의가 이루어지기는 했지만, 구체적인 내용은 아직 모호한 형태로 남아 있어 그 폐기과정은 험난한 협상과 위기를 반복할 가능성이 크다. 그 전조는

---

27) 이에 대한 분석은 외교안보연구원 윤덕민 교수와의 대화에서 나온 것임.
28) 이는 필자의 베이징 인터뷰(2007년 4월 24일 및 25일).

이미 BDA의 북한계좌 처리를 둘러싼 과정에서도 잘 엿볼 수 있다. 이러한 상황에서 현재 국제사회의 책임 있는 대국을 자처하는 중국으로서는 보편적인 국제가치라 여겨지고 이미 정립된 국제규범은 준수한다는 원칙을 지니고 있어 그 선택은 제한적일 수밖에 없다.

중국이 북한에 권고할 방안은 북한이 중국의 후견 아래 북핵 및 그 추가개발계획을 포기하거나 더 이상 상황을 악화시키지 말고 우선 개혁 개방을 추진하는 것이다. 하지만 이는 북한의 전략적 결단을 요구하는 사항이면서 동시에 북한 정책변화의 결과로 중국의 대북한 영향력 상실이라는 대가를 가져올 가능성도 있어 중국에게도 양날의 칼과 같은 방안이다.

다른 대안은 미국이 북한에 군사적으로 개입할 빌미를 주지 않으면서 현상을 유지하는 외교정책을 펴는 것이다. 6자회담을 지속하면서 북한이 미국을 자극하는 추가행동을 하지 못하게 국제공조를 유지하고 중국이 지속적으로 역내 안정에 긍정적인 역할을 수행하는 것이다. 이로써 중국은 역내 안정과 평화를 유지하고 미국과의 직접적인 대결을 회피하면서도 북한에 대한 일정한 영향력을 행사할 수 있다. 그 과정에서 중국은 고립되어 있는 북한에 경제지원과 협력을 강화하여 정치적 영향력뿐만 아니라 경제적 영향력까지 확대할 수 있다. 이는 북핵문제가 중국의 이해라는 측면에서 볼 때 장기화될 수 있는 가능성을 시사하는 것이다.

북한이 추가 핵실험을 하거나 핵보유를 기정사실화하려 할 경우 전개될 국제정치 상황은 중국으로 하여금 엄청난 외교적 딜레마에 빠지게 할 것이다. 중국은 이미 핵을 보유하기로 결정한 북한의 결심을 저지하려 할 때 예상되는 비용이 지나치게 크고, 핵으로 무장한 북한을 여전히 영향권 아래 둘 수 있다고 판단한다면 상하이 푸단대 미국연구소 소장인 선딩리(沈丁立)가 주장한 것처럼 북핵을 용인할 가능성도 생각해볼 수 있다.[29] 단 이 경우, 중국으로서는 이미 김계관의 언급에서 현실화되고 있는 것처럼 핵을 가진 북한이 중국보다는 미국의 편에 서서 오히려 중국을 견제하는 최악의 시나리오를 고려하지 않을 수 없는 입장이다.

4. 1·2차 북핵위기 과정에서 나타난 중국의 정책 비교

현재까지 이 글의 잠정적 결론은 제2차 북핵위기 기간에 중국의 역할이 국제무대에 더 가시적으로 드러난 것은 사실이지만, 이는 제1차 북핵위기 기간 동안 중국이 피동적인 입장에만 있었다는 것을 의미하지 않는다는 점이다. 1·2차 북핵위기 기간에 중국은 미국과 마찬가지로 북한을 상대하는 데 채찍과 당근을 적절히 혼용해 입장을 관철시키려 노력해왔다. 중국은 북한을 설득하기 위해 암시·설득·물자제공·조언제공·회유 등의 유화책뿐만 아니라 압력과 협박 등 다양한 수단을 동원했다. 특히 필요할 경우, 단호하고도 간결하게 자국의 입장을 전해 원칙을 관철시켰다. 이런 차원에서 볼 때, 중국의 대북 접근방식은 1·2차 북핵위기를 다루는 과정과 근본적으로 크게 다르지 않은 것으로 나타난다.

---

29) Dingli Shen(沈丁立, 2005: 51~54). 선딩리의 주장은 미국의 소극적인 태도에 대한 강한 반감에서 나오며, 실제로는 미국에 대한 경고적인 의미가 강하다. 필자의 선딩리와의 상하이 인터뷰(2005년 12월).

중국은 1·2차 북핵위기에서 한반도 비핵화, 한반도 안정과 평화 유지 및 대화와 타협을 통한 문제해결이라는 원칙을 공히 유지했으며, 이를 위해 양자적인 접근법은 물론이고 다자적인 접근법도 병행해 외교적 노력을 기울였다. 물론 1차 위기 때 중국은 상대적으로 더 양자 중심의 해결책을 선호했지만, 이것이 한계에 부딪쳤다고 판단되자 유엔 안보리를 활용한 다자적인 접근법을 인정하는 방향으로 선회했다.

1·2차 북핵위기 때에 미국은 국면을 타협 분위기로 전환시키는 데 가장 결정적인 역할을 할 수 있었다. 미국은 제네바합의와 2·13합의에서 나타나듯 여러 정책 옵션 가운데 북한에 대해 유화적인 태도로 전환했을 때 북핵위기의 경색된 국면을 완화할 수 있었다. 북핵문제가 상호 극단적인 맞대응 방식의 협상전략으로 난국에 봉착했을 때, 미국은 중국의 긍정적 역할을 인정하면서 개입할 공간을 제공했다. 2차 북핵위기가 발생했을 때, 중국은 초기 국면부터 보다 적극적으로 중재자의 역할을 시도했는데 미국이 그러한 공간을 제공하지 않았다면 어려운 일이었다. 한반도의 안정을 가장 주요한 한반도 관련 정책목표로 삼고 있는 중국으로서는 미국과 북한의 군사적 충돌 위기가 고조되었다고 판단되는 시점에서 적극 개입했다.

북핵위기는 공교롭게도 남북 간의 관계가 비교적 호전되고 있었지만 북미 간의 관계가 악화되는 상황에서 발생했다. 북중 간의 관계는 1차 위기 때는 악화되는 상황에서, 2차 위기 때는 호전되는 상황에서 발생했다. 아울러 제2차 북핵위기의 전개과정에서는 북중 간에 의사소통이 강화되고 중국이 대북한 관여정책을 활발히 전개하는 시점에서 오히려 북한 미사일위기 및 핵실험이 진행되었다. 이는 북미 간의 관계 악화로 인한 북한의 국제적 고립감과 안보 불안이 북핵문제를 촉발시키는 주요한 계기가 되었을 가능성이 크고, 과거 남북 간의 호전된 관계는 북핵문제의 발생을 제어할 정도의 견제장치로서는 미흡했다고 할 수 있다. 이는 북한이 핵보유를 결심하게 된 근본적인 원인이, 한국과의 체제경쟁에서 승리할 수 없다는 상황적 요인을 극복하기 위한 북한의 타개방안과 결부되어 있기 때문으로 보인다.

노무현 정부 아래 강화된 남북 간의 접촉이 북한 핵문제의 추가적인 악화조치를 방지할 수 있을 정도로 견제역할을 발휘할 수 있는지 여부는 한국의 대북물자 제공에 따른 영향력의 제고라는 측면보다는 현 남북 간 신뢰구축의 정도 및 북한이 한국에 대해 지니는 전략적 목표가 변화했는지가 중요하다. 그리고 중국이라는 변수는 일반적으로 인식하는 것보다 '북핵위기'의 촉발을 막지 못했다. 다만 중국 변수는 북핵위기가 해소되는 과정에서 주요한 역할을 수행하고 있다.

1·2차 북핵위기에서 드러난 중국의 대응에 시기와 정도의 차이가 발생하는 것은 변화된 역내 안보환경, 북핵위기의 심각성에 대한 인식 및 가용할 국내자원의 차이에 있었다. 미국 클린턴 행정부의 핵무기 비확산 정책은 IAEA를 이용한 다자주의적 접근과 핵개발 의혹을 지닌 국가에 대해 당근과 채찍의 방식을 사용하는 쌍무적 접근법을 병용했고, 부시 행정부는 대량살상무기의 확산정책에 대해 일방주의적이고 보다 공세적인 접근을 시도했다. 2차 위기의 경우, 보다 공세적으로 중국을 고립시킬 의지가 있는 미 행정부를 다루고 있다는 측면과 북미 간에 군사적 충돌의 가능성이 크다는 점에서 긴박감이 더했다.

1차 위기 때 중국은 북미 간의 전쟁 가능성을 낮게 평가했고 북한 핵무장의 심각성도 상대적으로 낮게 평가했다. 따라서 상당 기간 동안 북미 양자 간에 시간을 두고 교섭할 문제로 치부했고, 중국은 직접 당사자라기보다는 상황이 악화되는 것을 방지하면서 의사소통의 통로 역할을 하는 소극적 의미의 중재자로 남아 있었다. 하지만 제2차 위기발생 때 한반도 전쟁 가능성에 대해 심각히 우려했고 위기 초기부터 적극적으로 개입해 중재와 조정자의 역할을 적극적으로 담당하는 외교를 전개했다. 이 과정에서 중국은 북한의 입장을 대변하기보다는 공정한 중재자의 역할에 더 강조를 두고 문제를 해결하려 했기 때문에 북중 간의 불신은 강화되었다.

2차 위기 때 중국은 그간 경제적 성과를 바탕으로 한 대내 민족주의적 압력의 영향을 더 강하게 받고 있었고, 정책 결정의 차원에서 볼 때도 1차 북핵위기에 비해 더 다양한 의견을 지닌 중국 전문가 집단의 존재가 확인되었다. 중국 정부는 내부에서 제기되는 다양한 목소리를 대북한외교에 활용해 때로는 압력의 수단으로 때로는 회유의 수단으로 활용할 수 있었다. 동시에 북핵위기가 곤혹스런 사안이었음에도 불구하고 신장된 국력에 대한 자신감은 오히려 중국의 대외 위상을 높이는 계기로 활용할 수 있도록 적극적인 외교정책을 채택하도록 했다. 중국은 2차 북핵위기를 이용해 중·미관계의 개선 및 한중관계의 개선이라는 부수적인 성과를 획득할 수 있었다.

중국은 북핵위기 상황에서 중·미관계가 악화되고 군사적 긴장으로까지 치닫는 상황을 적극 피하고자 노력했다. 하지만 제2차 위기 때 핵실험과 같은 북한의 무리한 행위로 인해 책임 있는 강대국으로서 중국의 국제적 이미지가 타격을 받게 되고, 미국과 갈등요소가 확대됨에 따라 북한의 전략적 위치는 더욱 부정적으로 전환되었다. 북한은 전략적 가치의 측면에서 중요하기보다는 중국의 국가이익에 중대한 불이익을 초래할 수 있는 문제아(traouble maker)로 관리해야 할 대상이라는 인식이 오히려 강화되었다. 이는 기존에 전략적 가치를 기반으로 한 북중 간의 우호관계와는 다른 차원의 관계로 중국의 '강대국화' 전략에 종속되고 실리에 기초한 보통 국가관계로의 전환을 의미하는 것이기도 했다. 이 관계는 '상호 전략적 이해관계'와 '상호 불신'이라는 개념으로 특징지을 수 있다.

중국은 '북한체제 유지'라는 정책목표가 미국과의 충돌로 전이되지 않도록 북한이 더 이상 위기를 확대시키지 말 것을 요구하면서, 미국이 북한에 대해 군사력 사용을 고려할 수 없는 조건을 유지하기 위해 노력하고, 북한으로 하여금 핵포기 및 개혁과 개방 정책을 추진하도록 종용하고, 북핵의 보상을 보증해주는 후견자의 역할을 하려 할 것이다. 북핵문제의 궁극적 해결은 미국이나 북한 양자의 전략적 결단을 바탕으로 한 포괄적인 접근방식에 의해 해소되어야 한다고 보고 있지만, 제1차 위기와 달리 북핵문제 해소에 필요한 국제적 보상에 참여할 것을 분명히 하고 있다.

중국의 입장에서 한국에 보다 보수적인 이명박 정부의 등장은 새로운 변수를 의미하며 북핵문제에 있어 불확실성과 불안정성을 가중시킨다. 앞으로 중국외교는 한국의 새로운 정부가 완고한 대북정책이나 강경책을 채택해 상황이 악화되는 것을 방지하고, 북한에 대해서는 추가적인 상황악화 조치를 취하지 못하도록 압력을 가하면서 동시에 유인책도 강화할 것으로 보인다. 이런 의미에서 최근 미국의 국제전략연구소에서 발간한 보고서 중 중국이 북한 유사시 중국군을 동원해 개입할 수 있다는 사실을 유출시킨 것은 의미심장하다(Glaser, Snyder and Park, 2008: 19).

참고문헌

김애경. 2004. 「중국의 대외정체성 인식변화」. ≪국가전략≫, 제10권 4호, 33~60쪽.

김태호. 2003. 「한중관계 11년과 미래」. ≪계간사상≫, 가을, 61쪽.

김흥규, 최명해. 2005. 「양빈사건과 북한·중국관계」. ≪한국정치학회보≫, 제39집 1호(봄), 325~346쪽.

박영호·김영춘·여인곤·전병곤. 2005. 「북한의 핵무기 보유 선언 이후 주변 4국의 반응과 향후 정책 전망」. ≪통일정세분석≫. 통일연구원.

서보혁. 2004. 『탈냉전기 북미관계사』. 서울: 선인.

신상진. 2005. 「중국의 북핵 6자회담 전략」. ≪국가전략≫, 제11권 2호, 40쪽.

오진용. 2004. 『김일성시대의 중소와 남북한』. 서울: 나남출판사.

위트·폰맨·갈루치(Joel Wit, Daniel Poneman & Robert Gallucci). 2005. 『북핵위기의 전말』. 김태현 옮김. 서울: 모음북스.

이교덕·신상진. 2004. 「김정일 국방위원장 중국방문 결과분석」. ≪통일정세분석≫. 통일연구원, 7~8쪽.

이동률. 2004. 「중국의 대북한 영향력에 대한 실증연구」, 『중국의 대내외 정치환경의 변화와 한국의 대응전략』. 서울: FKI China Forum.

이종석. 2000. 『북한-중국관계, 1945~2000』. 서울: 중심.

정성장·임재형. 2003. 「대외전략」. 『북한의 국가전략』. 서울: 한울.

정옥임. 1995. 『북핵 588일』. 서울: 서울프레스.

한국전략문제연구소. 2004. 『동북아 전략균형』. 서울: 한국전략문제연구소.

후나바시 요이치. 2007. 『김정일 최후의 도박』. 서울: 중앙일보 시사미디어.

≪조선중앙통신≫, 2005.3.16.

필자의 베이징 인터뷰(2007년 4월 24일 및 25일).

필자의 선딩리와의 상하이 인터뷰(2005년 12월).

필자의 인터뷰(2006년 4월 15일).

필자의 You Ji 교수와의 인터뷰(2007년 6월 1일).

仇發華. 2005. 「中國在朝鮮核問題上的作用及其受局限的原因分析」. ≪東北亞論壇≫, 2期, p. 24.

龐中英. 2004. 「朝鮮核問題」. Retrieved October 3, 2005, from http://www.crf.org/newsleter/

200402/003.htm
謝益顯 主編. 1995.『中國外交史(1979～1994)』. 邦州: 河南人民出版社.
史澤華. 2003.「朝鮮核危機的走勢」. ≪瞭望≫, 第2期, p. 16.
孫向麗. 2007.「朝核問題實質與發展顚末」. ≪現代國際關係≫, No. 6, pp. 13～19.
沈驥如. 2003.「維護東北亞安全的當務之急: 制止朝核問題上的危險博齊」. ≪世界經濟與政治≫, 第9期, pp. 53～58.
劉金質·潘京初·潘榮英·李錫遇 編. 2006.『中國與朝鮮半島國家關係文件資料滙編(上) 1991-2006』. 北京: 世界知識出版社.
李大光. 2003.1.31.「朝鮮半島形勢走向與我之對策」. ≪內部參閱≫, No. 5.
朱鋒. 2005.「朝鮮問題六方會談前途分析」. ≪現代國際關係≫, 第1期, pp. 26～33.
陳峰君 主編. 1999.『冷戰後亞太國際關係』. 北京: 新華出版社.
陳龍山. 2005.「朝鮮半島局勢 : 2004年評價及2005年展望」. ≪東北亞硏究≫, 第1期, pp. 10～11.
≪內部參閱≫. 2003.2.28.「從伊拉克危機看朝鮮核問題發展走向」, No. 8.
≪人民日報≫. 2003.2.14.「江澤民會見韓國當選總統特使」, 第1版.

Feixiong, Guo. 2004.7.20. "China's Role and Objectives in the North Korean Nuclear Crisis." *China Strategy*, Vol. 3.
Feng, Zhu. 2004.7.20. "China's Policy on the North Korean Nuclear Issue." *China Strategy*, Vol 3.
Glaser, B., Scott Snyder and John Park. 2008.1.3. "Keeping an Eye on an Unruly Neighbor." *A Joint Report by Center for Strategic and International Studies & U.S. Institute of Peace*. USIP. p. 19.
Harris, Stuart. 2001. "China's Diplomacy in North and Northeast Asia: Norms and Practice." in Yongjin Zhang and Greg Austin(eds.). *Power and Responsibility in Chinese Foreign Policy*. Sydney: Asia Pacific Press.
Jian, Chen. 2003. "Limits of the Lips and Teeth Alliance." *American Political Science Review*, No. 115, p. 14.
Kim, Heungkyu. 2008. "The Sino-North Korean Realtionship at the Crossroads." in Chung, Seongjang(ed.), *North Korea in Distress*. Seoul: Sejong Institution.
Lampton, David P. 2003.9.9. "China and the Crisis in Korea" Retrieved January 21, 2006. from http://www.inthenationalinterest.com/Articles/Vol2Issue30/Vol2Issue30Lampton.html.
Mann, James. 2000. *About Face*. New York: Vintage Books, Ch. 16.

Mansourov, Alexandre Y. 1995. "The Origins, Evolution and Current Politics of the North Korean Nuclear Program." *Nonproliferation Review*, Vol. 2, No. 3.

Oberdorfer, Don. 1997. *The Two Koreas*. Reading: Addison-Wesley. pp. 252~253.

Office of the Secretary of Defense. 2005. *Annual Report to Congress: The Military Power of the People's Republic of China 2005*. Washington, DC.

Schaefer, Bernd. 2004. "North Korean Adventurism and China's Long Shadow, 1966~1972." *The Cold War International History Project Working Paper #44*. Washington, DC: Woodrow Wilson International Center for Scholars, October.

Shen, Dingli(沈丁立). 2005. "Accepting a Nuclear North Korea." *Far Eastern Economic Review*, March, pp. 51~54.

Tkacik, John. 2005.3.15. "Does Beijing Approve of North Korea's Nuclear Ambitions?." *Backgrounder*, No. 1832, pp. 4~5.

Far Eastern Economic Review. 1994.6.30.

Los Angeles Times. 1993.3.31., A1. & 1994.6.29., A1.

The Christian Science Monitor. 1993.5.6., p. 6 & 1994.6.1., p. 8.

The New York Times. 1994.6.27., A17.

The Sun. 1993.3.18., A6.

The Washington Times. 1993.5.13., A7. & 1994.6.17., A4.

http://www.china.com.cn/chinese/2003/Aug/394735.htm, 2006년 1월 19일 검색.

http://www.china.com.cn/chinese/HIAW/508697.htm, 2006년 1월 19일 검색.

http://www.china.com.cn/chinese/zhuanti/chwt5/1018541.htm, 2006년 1월 19일 검색, p. 1.

제7장

북한의 핵개발과 국제협상

한국 정부에의 함의

황지환(명지대학교 북한학과)

1. 서론

1993년 3월 북한의 핵확산금지조약(NPT) 탈퇴에 의해 촉발되었던 제1차 북한 핵위기는 1994년 6월 김일성과 카터의 극적인 평양합의와 10월 북미 간의 제네바합의(Agreed Framework)가 타결됨으로써 부분적으로 해소되었다. 그러나 2002년 10월 북한의 고농축우라늄(HEU) 프로그램 활동에 대한 북미 간의 논란으로 제2차 핵위기가 시작되었다. 2004년 6월까지 북핵문제를 타개하기 위해 남북한과 미국·중국·일본·러시아가 참석하여 세 차례에 걸쳐 베이징 6자회담이 열렸지만 큰 성과를 거두지 못했다. 2005년 9월 19일에 열린 4차 6자회담에서 북핵문제의 평화적 해결에 합의하는 공동성명(Joint Statement)이 채택되었다. 하지만 미국의 북핵폐기 원칙과 북한의 동결과 보상 원칙이 충돌해 공동성명 합의 바로 다음 날부터 갈등이 다시 고조되었다. 공동성명 합의 직후

갈등이 고조된 점은 북한 핵문제가 가지는 구조적 어려움을 잘 보여준다.

베이징공동성명이 합의된 지 1년 반이 지난 2007년 2·13합의가 이루어졌지만, '말 대 말'의 합의가 '행동 대 행동'으로 이행될 때까지 북한 핵문제는 위기국면을 벗어날 수 없다. 그 사이 북한은 2006년 7월 5일, 대포동 2호 미사일을 포함한 7기의 미사일을 시험 발사했으며, 석 달 후인 10월 9일 마침내 핵실험을 강행했다. 이에 유엔은 안전보장이사회를 열어 두 차례에 걸친 대북제재결의를 만장일치로 채택하며 북한의 행동에 강력하게 대응했다. 2·13합의와 10·3합의 등 베이징 6자회담에서의 일정한 진전에도 불구하고 북한과 국제사회 사이에는 북핵폐기를 위한 논란이 끊임없이 계속되고 있다. 따라서 국제사회는 실질적인 핵보유국인 북한을 상대해야 하는 부담을 안게 되었고, 북한은 점점 더 강력해지는 국제사회의 제재와 압력에 직면해 있는 것이 현실이다.

이처럼 북한 핵프로그램이 한반도뿐만 아니라 세계질서의 주요한 불안정요인으로 등장하면서 북한 핵문제를 해소하기 위한 학문적·정책적 노력은 커다란 관심을 받아왔다. 하지만 북핵문제의 중요성에 비해 북한의 핵개발 의도와 핵정책의 변화를 일관적으로 설명하기 위한 노력은 상대적으로 미약했다고 할 수 있다. 북한 핵문제에 관한 대부분의 논의들이 핵위기의 전개과정에 따라 당면한 상황에 대한 해법 제시를 중심으로 이루어져왔기 때문에 핵문제를 대하는 북한의 외교정책에 관한 일관된 설명을 발전시키기보다는 미국과 한국의 대북정책 방향에 더 커다란 초점을 맞추어왔던 것이 사실이다(황지환, 2006).

기존의 접근법이 냉전의 종식 이후 북한이 처해 있는 상황을 이해하고 핵위기의 본질을 설명하는 데 나름대로 중요한 관점을 제시했던 것이 사실이지만, 북한이 보여준 핵정책의 변화를 얼마나 설득력 있게 제시해왔는지는 의문이다(Hwang, 2008). 가령 북한이 공격적인 의도에서 시종일관 강력한 핵정책을 추진하면서 국제사회와 충돌하고 있었다면(Cha, 2002), 1994년 김일성-카터합의와 이에 이은 제네바합의, 2000년 조명록 국방위원회 부위원장의 백악관 방문 및 올브라이트 미 국무장관의 평양 방문, 2005년의 9·19공동성명과 2007년의 2·13합의 등 북한의 중대한 정책변화를 설명할 수 없을 것이다. 북한의 핵정책은 1990년대 초반 이후 강경책과 유화책 사이에서 미묘한 변화를 보이는데, 핵무기에 의한 북한의 군사적 의도를 지나치게 강조한다면 북한의 정책변화를 제대로 이해하지 못하는 문제점을 노정시킨다.

반면 북한의 핵의도를 상대적으로 유화적으로 바라보는 진영에서는 북한이 미국에 대해 상호성(reciprocity)의 원칙하에 맞대응하는 전략을 가지고 미국의 정책에 따라 언제나 협력적인 정책을 펼칠 의도를 가져왔다고 설명한다(Sigal, 1998; Harrison, 2002). 이 경우 북한의 핵정책은 미국의 대북정책의 변화에 의해 설명되는데, 미국이 대북 강경책을 펼칠 경우 북한 핵문제는 위기로 치닫고 미국이 대북 온건책을 펼칠 경우 해결의 실마리를 찾을 수 있다는 것이다. 하지만 이러한 설명은 북한의 핵정책을 미국의 대북정책에 의한 종속변수로서만 인식해 미국의 중대 제안에 대해 북한이 종종 사태를 악화시켜왔던 상황을 설명해 주지 못할뿐더러 북한의 주장을 액면 그대로 수용하는 듯한 경향을 보인다(Pollack, 2003: 44). 북한이 핵문제를 통해 미국과의 관계 개선을 시도하고 있었다면, 그동안 왜 더 적극적이고 건설적인 노력을 하지 않았던가 하는 의문이 남는다.

북한 핵문제에 대한 국내 논의 역시 북한에 대한 온건론에 바탕을 둔 낙관론과 강경론에 바탕을 둔 비관론이 주류를 이루어왔다. 더구나 북한 핵문제에 관한 국내 논의는 지나치게 극단적인 부분만을 취사선택해서 국내정치적으로 이용했던 측면이 있었다. 북한의 능력과 현실을 넘어 핵무기의 공격성을 지나치게 강조하는 강경파나 남북한 관계 개선의 관점에서 북한의 핵의도를 순수하게만 바라보며 협력의 가능성을 과도하게 평가하는 온건파의 모습이 그렇다. 북한 핵문제 역시 국내사회의 보수 대 진보 논의의 틀 속에 갇혀 있는 것이다. 이러한 문제는 북한 핵위기를 국제정치 문제로 이해하기보다는 국내정치와 남북한의 문제로 이해하려는 국내적인 한계에서 비롯되었다. 북한 핵문제에 대한 국내의 제한적인 이해는 정확한 현실인식을 방해하고 올바른 정책을 선택하는 데 장애가 되어왔다. 북한이 김일성-김정일 체제를 유지하기 위한 마지막 끈이라고 인식하고 있는 핵프로그램은 역설적으로 북한의 체제위기를 가중시키고 북한의 정권안보에 커다란 위협을 가져올 가능성도 배제할 수 없다. 북한과 국제사회의 충돌이 무한정 진행될 수는 없기 때문에 극단적으로는 핵문제가 북한의 국내정치적 변환 문제를 결과할 가능성도 논의되고 있다(하영선, 2006).

결국 기존의 논의들은 북한의 핵정책에 대한 일관적이고 세밀한 설명을 제시하는 데 상당히 소홀했다고 할 수 있다. 핵문제에 대한 북한의 의도를 오해하고 정책변화를 간과하는 오류를 범한다면 이의 해결을 위한 정책적 처방은 훨씬 더 어렵고 잘못된 정책적 함의를 제시하는 문제점이 지적된다.

2. 북한 핵프로그램의 기원과 핵개발 의도

북한 핵문제는 전형적인 냉전의 유산이다. 세계질서가 냉전의 종식 이후 새로운 질서로 진입하고 있음에도 불구하고 한반도 주변의 안보질서가 여전히 과거 냉전의 굴레에서 벗어나지 못했다는 점을 가장 잘 보여주는 사건이 북한 핵위기이다.

1990년대 초반 이후 20년 가까이 끌어온 북한 핵문제가 수많은 협상에도 불구하고 완전히 해소되지 않는 이유는 무엇일까? 그렇다고 해서 핵위기가 극단적인 군사적 충돌로 발전되지도 않는 이유는 무엇일까? 이 의문을 풀어가기 위해서는 북한 핵위기의 근원을 이해해야 한다. 냉전시기 북한은 소련과 중국에 자국의 안보를 상당 부분 의존하면서 한반도 세력균형을 추구해왔다. 하지만 냉전의 종식 이후 두 강대국 동맹이 남한에 대한 적대시 정책을 포기함으로써 북한은 더 이상 소련과 중국의 핵우산을 신뢰할 수 없게 되었다(Oberdorfer, 2001). 소련의 해체와 동유럽 국가의 체제전환은 북한의 생존 가능성에 커다란 위협을 제기했다. 이후 북한은 자체 핵프로그램에 의한 강력한 억지력의 필요성을 가지게 되었다고 주장한다(북한 외무성 성명, 1990.9.18). 하지만 북한의 핵프로그램은 대량살상무기의 확산을 방지하려는 국제사회에서 용인될 수 없었다. 결국 북한 핵위기는 탈냉전시기 북한의 생존전략과 국제사회의 확산방지 노력의 충돌에서 비롯된 것이다. 이러한 평행선을 좁혀보려는 기나긴 노력의 과정이 1994년 제네바합의문과 2005년 9·19공동성명 및 2007년 2·13합의문이다. 북한은 모든 협상과 합의문에서 안전보장을 지속적으로 요구하고 있고, 국제사회는 핵프로그램의 포기를 강조하고 있다. 이처럼 북한 핵문제는 한반도 냉전구조라는 쉽지 않은 연결고리를 담고 있다.

1) 냉전의 종식과 북한 핵개발의 기원

남한에 대한 북한의 상대적 세력약화는 냉전시기에도 점진적으로 진행되어온 것이 사실이다. 그러나 냉전기 세력약화가 냉전 종식 이후와 비교될 수는 없었다. 냉전기에는 북한 지도부가 세력 약화를 인식하고 있었음에도 1990년대 이후에 전개되는 상황만큼 심각하게 받아들이지는 않았던 것으로 보인다. 최근 공개된 동독의 외교문서에 따르면 (Korea Initiative, 2003/04), 1970~1980년대 김일성은 한반도 사정에 대해 상당히 낙관적인 견해를 피력하고 있었다. 1970년대 말에도 경제적 난관에 대한 논의가 있었지만, 박정희 정부의 불안정성과 북한의 대소·대중관계를 고려할 때 북한의 입지에 대해 확신하고 있었던 것이다. 1980년대에도 한미합동군사훈련인 팀 스피리트(Team Spirit)에 관한 걱정이 엿보이지만, 그리 비관적이지는 않았다. 1980년대까지 북한은 주체노선을 표방하면서도 소련 및 중국과 강력한 동맹관계를 유지하고 있었고, 소련과 중국 중 어느 나라도 북한이 다른 한쪽으로 치우치는 것을 원하지 않았기 때문에 북한은 적절한 외교력을 구사하면서 양국으로부터 상당한 군사적·경제적 지원을 얻을 수 있었다. 심지어 고르바초프조차도 북한에 대한 소련의 강력한 지원의사를 보일 정도였다 (Oberdorfer, 2001: 154~160). 결국 소련과 중국의 강력한 지원 덕분에 냉전시기 북한의 지도부는 자국의 대외상황이 한반도에서 크게 악화되고 있다고 인식하지 않았다.

그러나 냉전의 종식 이후 북한의 대외여건은 근본적으로 변화되었다.

1980년대 말 이후 한국이 국제사회에서의 지위를 확대하고 1990년대 초반 소련 및 중국과 연이어 외교관계를 수립하면서 북한은 외교적으로 더욱 고립되었는데, 북한은 이러한 변화에 강력하게 반발했다. 1990년 9월, 셰바르드나제 외무장관이 북한을 방문해 소련의 한반도 정책변화를 설득하려 했을 때, 김일성은 셰바르드나제를 만나주지도 않았을 뿐더러, 북한의 지도부는 핵개발 의사를 암시하며 소련을 강하게 비난했다.[1] 중국은 소련보다 신중한 입장을 보였고, 북한 역시 중국에 대한 공식적인 비난은 자제했지만 북한 내부적으로는 중국의 정책변화를 맹렬히 비난하며 심지어 대만문제를 이용해서 중국을 견제하자는 논의도 있었다고 전해진다(황장엽, 1999: 252).

동맹관계의 변화는 북한에 치명적인 타격을 입혔다. 1984년과 1986년에 김일성이 모스크바를 방문한 이후 소련은 북한에 대한 군사적·경제적 지원을 크게 증대시켰으나, 1990년 이래 지원은 급감했으며, 특히 에너지 부문에서 북한의 어려움은 가속되었다. 북한은 소련의 지원감소를 중국에 의존하려 했으나, 중국 역시 지원을 줄이기는 마찬가지였다(Sigal, 1998: 22~3; Oberdorfer, 2001: 243~44). 북한의 경제는 1990년대 초 급격히 악화되었는데, 국민총생산이 1991년에 7.5% 감소한 것을 시작으로 10% 이상씩 계속 감소했다(Hamm, 1999: 131). 냉전기 남한에 대한 경제적 열세를 경험하던 북한이었지만 냉전종식 이후 갑작스런 추락은 국가와 정권의 기반을 악화시키고 있었다.

결과적으로 냉전의 종식 이후 북한 지도부의 대외적 위협인식은

1) 이에 대한 북한의 공식 논평으로는 "딸라로 사고파는 외교관계," ≪로동신문≫, 1990.10.5.

급격히 악화되었다. 더 이상 소련과 중국에 안보를 의존할 수 없게 된 북한 지도부는 체제생존에 대해 심각하게 고민해야 했다. 1990년 셰바르드나제가 북한을 방문한 지 일주일 후, 김일성은 중국을 방문해 덩샤오핑·장쩌민 등과 면담한 것으로 알려져 있는데, 이때 김일성은 사회주의의 생존 여부에 대해 크게 근심했다고 한다(Oberdorfer, 2001: 219~220). 북한이 한반도에서 세력균형과 정권의 안정이라는 현상유지(status quo)를 추구했다면, 냉전의 종식 이후 그 입지가 크게 위협받은 것이다.

2) 북한의 핵개발 의도: 두 가지 시각

이론적 관점에서 북한처럼 안보위협이 증대되는 국가가 취할 수 있는 전략은 세 가지다. 우선 구조 현실주의자(structural realist)가 제시하는 균형전략(balancing)을 들 수 있는데(Waltz, 1979), 이를 위해 대내적 방법인 군비증강과 대외적 방법인 동맹결성이 조합될 수 있다. 마지막으로 편승(bandwagoning)의 전략도 선택될 수 있는데, 이것은 위협의 대상을 견제하는 균형정책을 추구하는 것이 아니라 오히려 참여하는 것이다(Schroeder, 1994). 냉전의 종식 이후 소련이나 중국을 대체할 만한 우호적인 강대국이 없었다는 점을 고려한다면, 북한은 위협의 대상인 한미동맹에 참여하는 편승의 전략이나 자체적인 군사력 증강 프로그램을 통한 내부적 균형전략을 선택할 수 있었을 것이다. 그러나 편승은 김일성-김정일의 수령옹호 체제 포기를 전제하기 때문에 북한 지도부로서는 도저히 받아들일 수 없는 선택이었음이 분명하다. 따라서 북한 지도부의 선택은 핵프로그램이 중심이 된 대내적 균형전략으로 귀결되었는데, 그 과정에서 국제사회에 대해 충돌정책과 유화정책을 구사하면서 자국의 안보를 증진시키려고 시도해왔다.

북한의 핵개발은 주로 현실주의 안보논리에 의해 설명되어왔다. 이는 북한이 이전의 다른 핵개발국들과 마찬가지로 대외적인 위협에 취약하고 고립되어 있기 때문에 핵능력을 원하는 것이라는 설명이다(Waltz, 1995). 국제사회는 핵무기 개발을 반대하지만 핵무기 개발에 성공한 인도나 파키스탄의 경우에서 잘 볼 수 있듯이, 북한의 핵개발 의지는 강력할 것이고 국제사회의 억지노력은 한계가 있다. 다만 북한의 핵무기 개발 노력은 방어적인 억지(deterrence)를 위한 것이지 공격적인 용도로 사용되지는 않을 것이라고 예측한다. 북한의 지도자들 역시 핵을 공격적인 의도로 사용할 경우에 야기될 재앙에 대해서는 분명히 인지하고 있을 것이기 때문에, 정권과 국가의 안보를 보장하기 위한 방어적인 용도로서 기능할 수밖에 없다는 설명이다. 결국 북한의 핵무기 개발이 한반도와 동아시아의 안정을 근본적으로 저해하는 것은 아니며, 오히려 한반도 세력균형의 붕괴를 방지해 북한의 위협인식을 감소시키는 역할을 한다는 주장이다.

북한의 핵프로그램이 안보불안에 의한 방어적인 의도에서 시작되었다는 인식은 북한 핵위기의 평화적 해결에 대한 기대를 높여준다. 협상을 통해 북한의 안보를 보장해줄 경우 북한의 자발적인 핵포기를 유도할 수 있다는 낙관론이 그것이다(Cha and Kang, 2003). 이는 1998년 이후 김대중 정부가 추진하기 시작해 노무현 정부로 이어진 햇볕정책의 이론적 기반이 되었다. 국제사회가 북한의 안보를 보장해주고 핵프로그램 포기에 대한 적절한 경제적 보상을 한다면 북한이 핵프로그램을 포기하도록 설득할 수 있다는 협상과 보상에 의한 평화적 해결 논리이다. 이들은 그동안의 대북정책이 북한의 행동방식과 협상행태를 제대로 이해하지 못했다고 비판한다. 북한의 핵정책은 이전과는 달리 상호성의 원칙하에 당근에는 당근으로, 채찍에는 채찍으로 대응하는 맞대응 전략을 보이고 있다는 설명이다(Sigal, 1998). 북한은 협상을 통해 핵문제를 해결하려고 하는 의도를 국제사회와 공유하고 있어 협력 가능성이 높다고 평가한다. 하지만 미국 등 국제사회가 북한의 의도와 행동을 신뢰하지 못하고 강경책을 고수하고 있기 때문에 북한 핵문제가 평화적 해결의 선순환(virtuous cycle) 구조에 있지 못하고 갈등과 위기의 악순환(vicious cycle) 구조에 머물러 있다고 비판한다. 예를 들면 1차 핵위기를 해소시킨 1994년 제네바합의라든가 2000년 조명록 국방위원회 부위원장의 백악관 방문, 올브라이트 미 국무장관의 평양 방문 등 클린턴 행정부 시대에 이루어졌던 북미관계의 진전은 이러한 상호성의 원칙에 의거했다는 설명이다.

이러한 낙관론은 북한이 과연 핵프로그램을 최종적으로 포기할 수 있을까 하는 의문을 남긴다. 더 나아가 북한의 핵의도를 오해하고 북한의 핵무기 보유가 한반도와 동아시아, 더 나아가 세계 안보질서에 미치는 영향을 과소평가하는 문제점을 가진다. 북한의 핵프로그램이 방어적인 의도에서 시작되었다고 할지라도 그것이 국제사회에 커다란 위협으로 다가오는 것은 부정할 수 없다. 우선 새로운 핵확산이 일어난다는 사실이 위협일 뿐만 아니라 북한정권의 속성상 핵무기가 안정적으로 관리되기 어렵다. 북한 지도부가 대내외 상황 악화에 따라 상당히 위험한 정책 결정을 할 가능성도 있기 때문이다(Cha, 2002). 가령 김정일 정권이 불안정해지거나 내부적으로 정권변환의 움직임이 있을 경우 군부나 강경파에 의해 고의적으로 핵무기 사용이 이루어질 가능성도 배제할 수 없어 북한에 대한 핵억지가 실패할 가능성은 상존한다. 또한 북한의 핵무기 보유는 일본·한국·대만 등 다른 동아시아 국가로의 연쇄적인 핵확산 가능성을 증대시킨다. 이는 유럽지역과는 달리 탈냉전의 시대에도 여전히 불안정한 모습을 보여주고 있는 동아시아의 안보 딜레마를 악화시켜 새로운 안보불안 요인으로 대두될 수도 있다. 더구나 북한의 핵보유는 다른 불량국가들이나 테러 집단들의 핵무기 개발 욕구와 가능성을 높일 수도 있으며, 최악의 경우 북한이 이들에게 핵물질을 직접 유출시킬 가능성도 배제할 수 없다. 2001년 9·11테러 이후, 반테러·반확산의 기치를 올리며 자유주의와 민주주의의 확산을 적극적으로 추진하고 있는 미국의 변환전략을 고려해볼 때, 이러한 가능성이 조금이라도 현실화될 경우 한반도와 동아시아는 군사적 충돌의 소용돌이에 빠져들 수 있을 것이다(하영선, 2006).

3. 북한의 핵정책과 국제협상: 제1차 북한 핵위기

1) 1990년대 북한의 '벼랑 끝 정책'과 정책전환

제1차 북한 핵위기는 북한이 1993년 3월 NPT 탈퇴를 선언하면서 본격적으로 시작되었다. NPT는 핵확산금지 원칙을 강제하는 수단으로 조약 가입 18개월 이내에 국제원자력기구(IAEA)의 안전조치협정(safeguards agreement)을 체결하고 준수하도록 의무화하고 있다. 북한은 소련의 종용으로 1985년 12월 12일 NPT에 가입했으나, 안전조치협정에 서명하지 않다가 1992년 1월에야 서명했다. 이후 북한은 IAEA의 규정에 따라 자국의 핵프로그램을 신고하고 1990년 봄 핵활동을 통해 90그램의 플루토늄을 확보했다고 밝혔다. 하지만 IAEA가 북한의 핵프로그램을 검증하는 과정에서 신고내용과는 달리 북한이 최소한 세 차례 핵활동을 벌인 것으로 밝혀져 북한 핵프로그램에 대한 의혹이 불거졌다. 이후 IAEA가 북한의 과거 핵활동 의혹을 조사하기 위해 두 곳의 미신고 핵시설에 대한 특별사찰(special inspection)을 요구했을 때, 북한은 완강히 거절하고 NPT 탈퇴를 선언했다.

1차 핵위기 동안 북한은 강경한 핵정책만을 추구한 것이 아니라 미국 및 국제사회와의 대화와 협상에 임하기도 했다. 하지만 1990년대 이후 한반도 세력균형의 붕괴와 정권생존의 위협 때문에 핵프로그램을 통해 자국의 입지를 수호하기 위한 노력으로 소위 '벼랑 끝 정책'을 보여주었다. 북한은 미국과의 관계 개선을 원한다고 항상 강조했음에도 불구하고, 이해관계의 충돌이 있을 때는 언제나 상당한 위험성을 감수하는 모험주의 외교정책을 포기하지 않았다.

이 시기 남북회담에서 박영수 북측 대표의 '서울 불바다' 발언이나 영변 원자로에서 연료봉을 제거하는 강수를 둔 행위 등은 북한의 강경한 핵정책을 잘 보여준다(≪로동신문≫, 1994.3.13; 5.13; 5.16). 당시 북한 내부에서는 지하 핵실험을 통해 핵무기의 보유를 선언하자는 논의도 있었다고 한다(황장엽, 2001: 218). 당시 북한과 국제사회의 이해관계가 조화되는 국면에서는 핵문제의 평화적 해결이 기대되기도 했지만, 양자 간의 이해가 충돌할 경우에 현실은 여지없이 위기국면으로 치달았으며, 북한 지도부는 대외적으로 세계냉전의 종식과 한반도 세력균형의 붕괴 과정에서 핵개발을 가속화시키고 있었다.

북한의 '벼랑 끝 정책'은 불가피하게 미국과의 긴장을 확대하고 위기를 고조시키게 된다. 특히 1994년 5월 북한이 원자로에서 연료봉을 분리시킨 이후, 미국은 이전에 제안했던 고위급회담을 철회하고 유엔 제재를 향한 절차에 돌입한다. 문제는 북한에 대한 제재논의에 러시아나 중국 누구도 적극적으로 반대하지는 않았다는 점이다. 옐친 대통령은 유엔 제재에 반대하지 않을 것이라고 김영삼 대통령에게 언급했으며, 중국 역시 대화를 통한 해결을 선호하기는 했지만 미국 및 한국과의 관계를 고려해 적극적인 저지의사를 보이지는 않았다(Wit, Poneman and Galluci, 2004: 198~199; Oberdorfer, 2001: 320~321). 실제로 연료봉 제거에 관해 북한이 IAEA의 요구를 수용하라는 안전보장이사회의 5월 30일자 성명에 대해 중국이 아무런 조치도 취하지 않은 것은 일종의 경고 메시지로 이해되었다.

당시 북한에게 가장 민감한 사안은 미국의 군사적 공격설이었다. 미국은 유엔을 통한 제재준비와 함께 자체적으로 군사적 해결방안을 준비하고 있었다. 1994년 6월, 클린턴 행정부는 북한의 핵시설에 대한 외과수술적 공습(surgical strikes)을 논의하고 있었고 이를 위한 미군 증강을 계획 및 실행하고 있었다(Carter and Perry, 2002). 더구나 미국은 유사시 한국 내에서 미국시민을 소개시키기 위한 작전(Noncombatant Evacuation Operations; NEO)의 실제 훈련을 6월 6일 실시하여 북한으로부터 '북침을 위한 준비'라는 비난을 받기도 했다(≪조선중앙방송≫, 1994.6.7).

미국과의 군사적 충돌이 발생했을 때 북한은 중대한 전략적 딜레마에 빠질 수 있었다. 우선 북한이 미국의 공격에 반격한다면 군사적 충돌은 한반도에서 전면전으로 확대될 가능성이 높았으며, 따라서 북한정권의 붕괴는 불을 보듯 뻔한 일이었다. 반면 미국의 공격에 반격하지 않는다면 그동안의 대미 강경노선에 커다란 타격을 입고 대내외적으로 북한정권의 입지는 더욱 약화되어 체제붕괴의 위기로 이어질 가능성도 있었다. 어떤 경우든 북한으로서는 재앙이었으며 체제생존을 위협하는 극단적 상황이었다. 따라서 당시 미국과의 충돌을 고조시키는 것은 북한으로서는 극단적인 선택이었다고 할 수 있다.

실제로 1994년 5~6월을 기점으로 북한 지도부는 위기상황을 재해석하고 최악의 상황을 회피하기 위해 유화정책으로 전환한다. 이전과는 달리 북한은 5월 이후 미국에 대한 유화 제스처를 반복하며 새로운 평화회담을 제안하기도 했다. 6월에는 이례적으로 북미회담의 당사자인 강석주를 내세워 미국이 관심을 가지고 있는 모든 사항에 대한 포괄적 합의를 할 수 있다는 제안을 내놓기도 했다(≪로동신문≫, 1994. 4.29; 5.24; 6.4). 김일성 역시 북한을 방문한 샐리그 해리슨이나 지미 카터 전 대통령에게 이러한 제안을 반복적으로 했다. 실제로 미국의 관리들은 북한의 제안이 이전과는 달리 실질적으로 진전된 내용을 담고 있었다고 평가했다(Harrison, 2002: 222~224; Wit, Poneman and Galluci, 2004: 213).

당시 북한 지도부는 체면을 세우면서 최악의 시나리오를 탈출할 수 있는 방법을 고민한 것으로 보인다. 실제 김일성과 김정일은 미국의 공격을 매우 걱정하며 카터의 방북을 크게 환영했다고 한다(황장엽, 2001: 286~287). 그들이 충돌정책을 일정 부분 고수한 측면이 있었다고 해도 사실상 미국을 두려워하면서 군사적인 충돌만은 회피하려 했던 모습은 분명하게 드러난다. 북한의 정책변화를 더 명확하게 보여주는 것은 김일성-카터의 합의 이후 클린턴 행정부가 제시한 새로운 조건에 대해 북한이 전혀 반대하지 않고 무조건 수용했다는 사실이다(Wit,

Poneman and Galluci, 2004: 238~239).[2] 카터조차도 미국의 새로운 조건이 이전에는 논의되지도 않았고 합의에도 포함되지 않았던 사항이라고 반발했을 뿐 아니라, 북한 역시 이전에는 완강하게 거부했던 사항이었다. 특히 강석주가 카터와의 회담 때 이것을 매우 강경하게 거부했던 점을 고려하면, 새로운 조건에 대한 북한 지도부의 무조건적 수용은 클린턴 행정부로서도 의외의 사건이었다. 북한 지도부는 위기가 극단으로 치닫고 있음을 인식했으며, 미국과의 군사적 충돌과 정권붕괴라는 최악의 시나리오를 피하기 위해 극단적 손실의 영역에서 위험회피적 경향을 보여주었는데, 이것이 당시 북한의 정책전환을 설명해준다 (Oberdorfer, 2001: 236; Wit, Poneman and Galluci, 2004: 398).

2) 1차 핵위기 시기 북한의 대내적 상황과 핵정책

북한 핵위기의 또 다른 변수는 북한의 대내상황이다. 1차 핵위기 당시 북한의 국내상황이 악화됨에 따라 대외적으로 모험적인 외교정책을 펼칠 수도 있다는 주장이 제기되기도 했다. 일반적으로 국내정치적 불안이 대외 강경책으로 발전될 경우가 있는데(Levy, 2000: 208), 문제는 1차 위기 당시 북한의 국내상황이 지도부가 체제붕괴를 걱정할 정도로 악화된 지속 불가능한 상황이었는지의 여부이다. 만약 지속 불가능한 상황이었을 경우 '모 아니면 도(double or nothing)' 식의 자포자기 심정으

2) 김일성-카터 합의를 재확인하는 6월 20일자 편지에서 갈루치는 북미회담이 진행되는 동안 북한이 5메가와트 원자로에 연료를 다시 적재하지 말고 사용 연료봉을 재처리하지 말 것을 요구했는데, 이것은 김일성-카터의 합의에 포함되지 않았고 국제원자력기구의 방침에 위배되는 행위도 아니었다.

로 모험적인 외교정책을 추구할 가능성도 배제할 수 없을 것이다.

당시 북한의 국내상황이 상당히 악화되고 있었다는 사실은 수치상으로 명백하다. 1990년 이후 북한의 국민총생산은 매년 평균 10%가량 감소되고 있었다. 더구나 소련과 중국으로부터의 지원 감소는 에너지 부문의 위기를 고조시켜 북한의 군사적·경제적 활력을 저하시키고 있었다. 실제 1993년 12월, 북한 노동당 중앙위원회는 7개년 경제계획의 실패를 시인했고, 김일성 역시 다음해 신년사에서 북한의 심각한 경제난을 토로했다(Oberdorfer, 2001: 297~298; ≪로동신문≫, 1994.1.1). 그러나 북한의 국내상황이 내부로부터의 붕괴를 우려할 정도였다고 보기는 어렵다. 결과론적으로 김일성-김정일 체제가 지속되었기 때문이다. 몇 가지 지표를 살펴봐도 내부체제의 동요는 상당히 미약했음이 명확하다. 식량부족과 기아로 폭동이 몇 차례 있었던 것으로 보고되었지만, 상당히 미약한 수준이었던 것으로 전해진다(Merrill, 1994: 15). 오히려 북한 지도부는 오래 전부터 내부불안 요소에 대해 면밀히 대비하면서 강력한 사회통제 시스템을 구축해왔다(Oh and Hassig, 2000: 127~147).

북한 내부의 안정성은 1990년대에 이루어진 권력의 안정적인 승계과정에서도 잘 증명된다. 북한의 내부사정이 극도로 불안정했다면, 권력승계과정이 안정적이지 못하고 김정일의 권력기반이 상대적으로 취약해졌을 가능성이 높지만, 김정일은 큰 어려움 없이 국방위원장과 조선인민군 최고사령관에 취임할 수 있었다(Merrill, 1994: 12). 김정일에 반대하는 권력투쟁이 있었다는 추측은 난무했지만, 어느 것도 확인되지 않았다. 오히려 1990년대 초반에 김정일이 이미 국내문제를 전담하고 김일성은 남북한문제와 대외문제만을 담당해왔다고 알려졌는데, 김일성 스스로 서방언론과의 인터뷰에서 이 점을 명확히 했다.[3)]

결국 1990년대 초반 북한의 대내상황은 정권의 붕괴를 초래할 정도로 심각한 수준은 아니었으며, 국내체제는 그러한 위기를 내부적으로 통제할 수 있을 정도로 견고했다고 분석된다. 따라서 대내적인 문제보다 대외적인 문제, 특히 북미 간의 갈등이 북한의 핵정책에 결정적인 영향을 미쳤던 것으로 볼 수 있다.

4. 북한의 핵정책과 국제협상: 제2차 북한 핵위기

1) 제네바합의와 클린턴 행정부 시기 북미관계의 개선

1994년 6월의 김일성-카터합의는 10월의 제네바합의로 이어졌다. 이후 북한 지도부의 위협인식은 상당히 완화되었고, 핵정책도 합의에 의거해 유화정책의 기조가 지속되었다. 북한은 제네바합의의 이행을 여러 차례 약속했으며, IAEA는 북한이 실제 합의이행에 착수했다고 확인했다(≪로동신문≫, 1995.1.1; Reuters, 1994.11.29). 오히려 북한은 미국이 합의이행에 불성실하다고 불평하곤 했다. 물론 북한 역시 합의를 완전히 이행한 것은 아니었지만,[4] 1994년 합의에 따라 동결시켰던

---

3) *Washington Times*(1992.4.15). 김정일의 권력이 실질적으로는 김일성의 권력을 능가할 정도였다는 주장도 있다(황장엽, 2001: 88~89). 1990년 10월, 북한을 방문해 김일성 및 김정일과 회담을 가졌던 서동권 안기부장도 이런 분위기를 느꼈다고 한다(≪월간조선≫, 1994년 8월호).

4) Pollack(2003: 20). 당초 주장과는 달리 북한은 미국과의 외교관계 수립에 상당히 미온적인 태도를 보였다. 내부적으로도 미국 대사관의 평양 주재를

핵프로그램을 2차 핵위기가 불거질 때까지 재가동하지 않았던 것은 사실이었다.

클린턴 행정부 시기 북한의 유화정책은 미사일 발사유예(missile moratorium) 선언에서도 확인된다. 북한이 1993년 5월, 노동 1호 미사일을 동해로 시험 발사한 후 북한의 미사일 프로그램이 큰 이슈가 되었고, 핵합의 이후 북미 양국은 미사일 회담을 시작했다. 1998년 8월, 북한이 인공위성 광명성이라고 주장한 대포동 1호 미사일을 일본 열도를 넘어 발사한 후에는 미사일 위기가 조성되고 있었다. 그러나 미국의 대북정책을 재검토하기 위해 페리 전 국방장관이 1999년 5월 북한을 방문했을 때, 북한은 미국의 제안에 상당히 호의적이었다(Albright, 2003: 458). 이후 미사일 회담이 급진전되고 마침내 1999년 9월 북한은 미사일 발사유예를 선언했다. 김정일 또한 페리의 방북을 긍정적으로 평가하면서 미국에 특사를 보낼 것을 약속하기도 했다(≪조선중앙통신≫, 1999.9.24; 문명자, 2000).

이후 북한과 미국은 유례없는 관계 개선의 꽃을 피웠다. 1999년 10월 페리보고서가 제출된 후 미국은 북한과의 관계 개선을 위한 본격적인 노력을 시작했고, 북한 역시 2000년 6월의 남북정상회담을 성사시키며 미국과의 거리를 좁혀갔다. 미사일 발사유예 선언은 조명록 국방위원회 부위원장이 방미해 클린턴 대통령과 면담했을 때도 재확인되었다. 당시 공동 커뮤니케(Joint Communique)에서 북한은 제네바합의의 성실한 이행과 북미관계 개선을 위해 노력할 것을 약속했다. 이 방문에서 조명록은 클린턴을 평양에 초청하는 김정일의 친서를 전달했는데,

---

기피했다고 한다(황장엽, 1999: 315).

클린턴의 방북준비를 위해 올브라이트 국무장관이 평양을 방문해 김정일과 회담했다. 비록 중동문제와 국내정치적인 문제로 클린턴의 평양 방문은 성사되지 못했지만, 북한은 당시 미국에 상당히 유화적인 태도를 보여주었으며(≪로동신문≫, 2000.11.7), 북한에 대한 미국의 평가 역시 매우 호의적이었다(Albright, 2003: 467~469; Harrison, 2002: 228).

물론 이 시기 북한이 완전히 유화적인 모습만을 보여준 것은 아니었다. 1996년 동해안 잠수함 침투 사건, 1998년 대포동 미사일 발사, 1999년 서해안 해군 충돌에서 나타나듯 충돌적인 모습도 동시에 보여준 것이 사실이다. 하지만 북한은 이전과는 달리 충돌을 확대시키지 않고 북미 간의 전반적인 관계를 훼손시키지 않는 방향으로 문제를 해결하려고 했다. 그것은 양국 간에 모처럼 조성된 관계 개선과 그로 인해 북한이 실질적으로 취하고 있었던 이익을 잃고 싶지 않았기 때문일 것이다. 제네바합의 이후 북한의 대외상황은 개선되고 있었고, 따라서 점점 위험회피적인 외교정책을 보여주었다.

2) 부시 행정부의 등장과 북미관계의 악화: 제네바합의의 붕괴

북한 지도부의 대외인식은 2001년 1월 부시 행정부의 등장과 함께 과거로 회귀하기 시작했다. 올브라이트가 김정일을 "매우 실용적이고 신중한" 사람이었다고 표현했던 반면 부시 대통령은 초기부터 김정일에 대한 반감을 숨기지 않았는데, 미국의 대북정책은 2001년 9월의 테러사건 이후 더욱 강경해졌다. 부시는 2002년 북한을 이라크·이란과 함께 '악의 축(axis of evil)'으로 규정했는데, 이는 대북 강경책을 강화해 갈 것임을 암시하는 것이었고, 그것은 '핵태세 보고서'(Department of

Defense, 2002)나 '미국 국가안보전략'(White House, 2002)으로 구체화되었다.

클린턴 행정부와는 다른 부시 행정부의 강경책에 북한은 바로 대응하지 않고 일단 관망의 자세를 유지하고 있었다(≪조선중앙통신≫, 2001.1.25; 2.21). 하지만 변화된 미국의 대북인식에 대해 북한 지도부의 대미인식 역시 점진적으로 악화되는 것은 불가피했다. 북한은 클린턴 행정부와 부시 행정부를 비교하며, 부시의 '악의 축' 발언에 대해 클린턴 행정부가 다져놓은 핵과 미사일에 관한 합의 가능성을 폐기하는 것이라며 비난했다. 특히 '핵태세 보고서'에 관해서는 양자합의를 파기하고 핵공격에 의한 정권교체를 의도하고 있다고 맹렬히 비난했다.[5)]

북미 간 긴장의 고조 속에서 북한의 우라늄 프로그램에 대한 논란이 불거진 후, 제네바합의는 2002년 10월 붕괴되었다. 미국은 북한이 제네바합의를 근본적으로 위반했다며 한반도에너지개발기구(KEDO)의 대북 중유공급을 중단시켰다. 이에 북한은 미국이 그동안 제네바합의에서 유일하게 이행하던 사항을 폐기했다며 합의의 파기를 선언했다. 이후 북한은 의도적으로 핵위기를 고조시키는 충돌정책을 펼치기 시작했다(≪로동신문≫, 2002.11.22; 12.13; 12.23; 12.28). 북한은 중유공급이 중단된 이후 핵프로그램을 제네바합의 이전 상태로 되돌리는 절차에 착수했다. IAEA의 봉인과 감시장치를 제거하고 연료봉을 교체했으며, 12월 31일 IAEA의 사찰단마저 추방하고 다음해 1월 10일 마침내 NPT에서

---

5) ≪로동신문≫(2002.1.1; 2.1; 3.14). 북한은 클린턴이 방북하지 않은 것을 매우 아쉬워했다고 한다. "Testimony of Donald P. Gregg before the Committee on Foreign Relations of the U.S. Senate, February 4, 2003." http://foreign.senate.gov/testimony/2003/GreggTestimony030204.pdf.

의 '자동적이고 즉각적인' 탈퇴를 선언했다.

결국 북한은 북미관계의 악화와 이로 인한 위협인식이 증대함에 따라 의도적으로 위기를 고조시키기 시작한 것이다. 북한의 우라늄 프로그램에 대한 의혹은 클린턴 행정부 시대에도 존재했던 것이 사실이지만, 당시에는 북한이 유화정책을 펼치고 있었다는 점에서 북한의 정책변화는 역시 부시 행정부와의 관계 악화에 기인한 바 크다. 제네바 합의의 붕괴와 부시 행정부의 대북 강경책은 분명 북한 지도부에게는 현상유지를 위협하는 중대한 요인이었다. 따라서 북한은 자신들의 입지를 지키려는 모험적인 핵정책을 다시 추구하게 되었다.

3) 6자회담과 북한 핵정책

2002년 가을 2차 핵위기가 시작된 이후 부시 행정부에 대한 북한의 위협인식은 점점 악화되어 강경한 핵정책을 가져왔는데, 특히 2003년 3월 미국이 이라크를 침공한 이후 더욱 악화되었다. 북한은 이전에도 미국의 군사적 움직임에 매우 민감하게 반응해왔지만, 이라크전쟁이 시작된 이후 북한은 이라크 상황을 북한의 상황과 대비시키면서 핵무기의 필요성을 강력하게 시사했다. 이라크전쟁이 북한에게 더욱 위협적이었던 이유는 미국이 공개적으로 정권교체를 선언하고 있었기 때문이다. 미국이 이라크에서 정권교체를 위해 전쟁을 일으켰다면, 북한 또한 침공할 수 있다는 것이 북한 지도부의 분명한 인식이었다(≪로동신문≫, 2003.3.18; 3.22; 4.19). 당시 북한의 위협인식과 충돌정책은 2003년 8월 이후 개최된 6자회담에서도 분명하게 드러난다. 2004년 6월까지의 세 차례 6자회담에서 나타난 북한과 미국의 상반된 주장은 핵문제에 관한 두 나라의 좁혀지지 않는 인식의 차이를 확인시켜주었다. 북한은 미국이 대북 강경책을 중지하고 북한의 안보를 보장하지 않으면 협력하지 않을 것임을 분명히 했고, 미국은 북한 핵프로그램의 '완전하고, 입증 가능하고, 되돌릴 수 없는 폐기(CVID: complete, verifiable, and irreversible dismantlement)'를 우선적으로 강조하면서 북한과의 직접협상을 거부했다. 물론 6자회담을 통해서 핵문제가 일부 해결되는 듯한 분위기도 있었지만, 북미 간의 이견은 끝내 좁혀지지 못하고 곧 경색국면으로 복귀하곤 했는데, 이것은 2005년 8월 이후 열린 4·5차 6자회담에서 잘 드러난다. 9월 19일, 북한과 미국은 새로운 합의를 이루며 공동성명을 발표했지만, 합의 바로 다음 날부터 갈등이 재현되고 이후의 회담이 결렬된 것은 핵문제와 관련된 북미관계의 난맥상을 여실히 증명하고 있다(Pan, 2005.11.12). 부시 1기와 2기 외교팀의 대북정책에 일정한 차이가 존재한다고 하더라도, 미국의 대북정책이 실질적으로 변화되지 않은 상황에서, 그리고 북한의 대미인식이 근본적으로 변화하지 않은 상황에서 북한의 정책변화를 기대하는 것은 현실적으로 불가능하다. 북한은 여전히 손실의 영역에 놓여 있으며, 2006년 7월의 미사일 발사와 10월의 핵실험에서 볼 수 있는 바와 같이 상당한 위험성을 감수하는 모험적인 정책을 의도적으로 추구할 것이기 때문이다.

4) 2차 핵위기 시기 북한의 대내상황과 핵정책

1994년 7월 김일성의 갑작스런 사망 이후 북한의 내부붕괴 가능성이 계속 언급되어왔다. 특히 내부위기는 1990년대 초반보다는 중반 이후에 더욱 심각했는데, 실제로 체제붕괴를 가져올 수도 있다는 분석이 제기되기도 했다(Eberstadt, 1999). 북한은 1995년 가을 이후 수차례의 홍수와 가뭄으로 매우 심각한 식량난에 처했으며, 소위 '고난의 행군'을 걷게 된다. 북한의 어려운 식량사정은 기본적으로 비효율적인 경제체제에서 기인한 것이지만, 반복되는 자연재해는 사정을 더욱 악화시켰다. 식량위기 때문에 최대 300만 명으로 추산되는 인구가 기아로 사망했다(Natsios, 2001: 201~206). 아무리 통제가 철저한 국가라 해도 인구의 10% 이상이 단기간에 사망하는 상황이 방치된다면 커다란 체제위협 요인이 될 것은 분명하다. 김정일조차 식량위기가 무정부 상태를 유발하고 있다며 폭동의 가능성을 언급하기도 했다(≪월간조선≫, 1997). 만일 그러한 상황이 지속되었다면, 북한이 상황타파를 위해 모험적인 대외정책을 추구했을 가능성도 있었을 것이다. 그러나 북한은 오히려 대외상황을 이용하며 대내상황 악화를 막으려고 시도했는데, 제네바합의 이후 개선되고 있던 대외관계를 통해 국제사회로부터 많은 식량지원을 얻어냈다(≪조선중앙통신≫, 1998.3.2). 황장엽 또한 당시 북한이 내부적으로 붕괴직전의 상황이었으나 한국의 햇볕정책과 국제사회의 지원으로 붕괴위기를 벗어났다고 주장했다(황장엽, 2003: 64~65, 113).

당시 북한의 대내상황은 식량위기로 인해 극단적 위기의 상황으로 치닫고 있어서 대외적으로 모험적인 외교정책을 추구할 가능성도 배제할 수 없었다. 하지만 대외상황이 호전됨에 따라 북한 지도부가 위험을 감수하기보다는 위험회피적인 경향을 보이며 국제사회의 도움을 얻어 최악의 체제위기를 넘긴 것으로 분석된다(황지환, 2006). 많은 사람들의 예상과는 달리 김일성 사후 김정일 체제 역시 내부의 도전과 위기에 견딜 수 있는 비교적 안정적인 체제를 구축한 것으로 판단된다(Noland, 1997). 이러한 인식은 2000년 북한을 방문한 미 국무장관 올브라이트가 목격한 북한의 상황과도 일치한다. 더구나 2000년 이후 북한의 경제상황은 호전되기 시작했고 한국과의 지속적인 경제협력으로 최악의 시나리오를 벗어나고 있었다.[6)]

5. 베이징 6자회담과 국제협상: 9·19공동성명, 2·13합의 및 10·3합의

한국 정부는 제2차 북한 핵위기의 와중에 6자회담의 한 당사자로서 북미 간 협상을 촉진시키기 위해 주도적 역할을 경주해왔다. 그러나 현실적으로 각 국가의 이해관계를 냉정하게 판단해 행동하는 현실적 사고보다는 북한 핵문제 타결과 남북한 관계 개선에 대한 열망에 사로잡혀 문제의 본질을 제대로 보지 못한 것이 사실이다.

이러한 문제점은 2005년 9월 19일 베이징 4차 6자회담의 공동성명 발표 이후 여지없이 드러났다. 당시 정동영 통일부장관은 "6자회담이야말로 평화와 위기의 갈림길에서 우리 스스로 결단하고 회담 타결을 이끌어낸 역사적 의미가 있으며 한국외교의 승리"라고 강조했다(≪연합뉴스≫, 2005.9.9). 하지만 '말 대 말'의 합의는 '행동 대 행동'의 이행으로 이어지지 못했다. 2007년 2월 13일 '9·19공동성명 이행을 위한 초기조치' 합의가 이루어질 때까지 1년 반 가까이 북한 핵문제는 다시 난항에

6) 한국은행에 따르면, 북한은 1997년 −6.3%, 1998년 −1.1%의 마이너스 성장을 계속하다가 1999년 6.2%, 2000년 1.3% 등 플러스 성장으로 전환된 것으로 알려져 있다(http://www.bok.or.kr/index.jsp).

빠져들었다. 이후 10·3합의가 이루어졌지만, 한국 정부를 비롯한 국내외의 소박한 낙관론과는 달리 합의와 갈등의 반복은 이상과 현실 사이의 괴리를 다시 한 번 보여주었다.

2·13합의와 10·3합의에도 불구하고 9·19베이징공동성명은 현실적으로 이행되기 어려운 구조적 문제점을 가지고 있기 때문에 북핵문제에 대한 근본적인 해결책이 될 수 있을지는 여전히 미지수다. 미국의 세계전략을 고려할 때 6자회담에서 미국의 목표는 북한의 신속하고 검증가능한 비핵화다. CVID로 요약되는 미국의 정책은 북한이 과거와 현재의 모든 핵프로그램과 핵무기를 신고 및 폐기하고 난 후에야 북미관계 정상화 등 실질적인 보상이 현실적으로 가능하다는 입장이다.[7] 따라서 9·19공동성명의 첫 항인 북한의 핵포기가 우선 이루어져야 둘째 항인 북미 간의 관계 개선이 가능하고, 셋째 항인 대북 경제지원과 넷째 항인 한반도 평화체제 구축으로 진행될 수 있다는 것이다(하영선, 2006).

북한의 입장은 6자회담에서 북미관계가 정상화되어 신뢰가 조성되고 미국의 대북 핵위협이 제거될 때 핵프로그램과 핵무기를 포기할 수 있다는 입장이다. 북한으로서는 먼저 핵무기를 포기하는 것은 어떠한 경우라도 받아들일 수 없으며, 대신 북미관계 개선, 대북 경제지원, 한반도 평화체제 구축이 이루어지면 핵프로그램 포기를 논의할 수 있다는 원칙을 가지고 있다. 사실 북한은 핵위기가 북한 스스로가 야기한 문제라기보다는 미국과 한국을 포함한 '조선반도' 전체의 문제로

---

7) 실제 북한은 북미 간의 합의사항인 테러 지원국 명단 삭제 등을 미국이 이행하지 않고 있다고 지속적으로 비난해왔다(≪조선중앙통신≫, 2007.9.3; 10.22; 2008.1.4).

파악하고 있다. 특히 '조선반도' 핵문제의 근원은 북한에 있는 것이 아니라 미국의 핵무기 반입과 대북 핵위협에 있다고 수차례 강조한 바 있다(≪로동신문≫, 1994.1.1; ≪조선중앙통신≫, 2006.10.18). 이러한 관점에서 북한은 미국이 대북 적대시정책을 포기하고 북한에 대한 핵위협을 제거할 때 핵무기를 포기할 수 있으며 그 과정에서 핵포기에 따르는 경제적 손실에 대한 보상이 이루어져야 한다는 점을 강조한다. 이러한 북한의 입장은 핵협상과 그 합의문에서 지속적으로 등장한다. 북한이 주장하는 소위 '행동 대 행동'의 원칙은 북한 핵문제를 단계별로 동시 이행하자고 주장하는 것인데, 이는 '말 대 말'의 원칙적인 합의 이후에도 이행문제가 해결되지 못할 경우 그 합의는 쉽게 붕괴될 수 있다는 점을 보여주는 것이다. 따라서 2007년 2월과 10월 회담에서 9·19공동성명 이행을 위한 초기조치와 2단계조치에 합의했다고 할지라도 완전한 핵폐기로 가는 길에는 아직 수많은 난관이 놓여 있다. 2·13합의의 초기조치 이행이 예정된 시한인 60일이 한참 지난 후에야 이행되었고, 2단계의 핵물질 신고목록 제출도 예정된 2007년 12월 31일의 시한을 넘겨 논란이 계속되고 있는 점은 이를 잘 설명해준다(≪조선중앙통신≫, 2008.1.4). 북한에게 핵무기는 김일성-김정일 체제를 유지하는 마지막 보루이기 때문에 핵포기는 북한의 전략적 선택의 변화 없이는 절대 협상 대상이 될 수 없다. 또한 반테러전쟁과 대량살상무기의 확산방지에 전념하며 세계질서의 변환을 시도하고 있는 미국으로서도 북한의 핵보유와 확산 가능성은 절대 받아들일 수 없는 사항이다(Bush, 2004.2.11). 따라서 핵동결－핵신고－핵폐기의 3단계 로드맵은 2008년 2월 현재 핵신고의 2단계에 도달해 있으며, 북핵폐기 문제가 본격적으로 논의되는 3단계로 들어서는 2008년 이후에는 더 첨예한 갈등이 예상된다.

결국 9·19공동성명 이후 2·13합의 및 10·3합의, 그리고 현재까지 북한 핵위기는 협상과 합의의 이행이라는 선순환구조보다는 합의와 갈등의 반복구조로 전개되었다. 북한은 2006년 7월 미사일 발사와 10월 핵실험을 통해 국제사회를 위협했고, 국제사회는 유엔 안전보장 이사회에서 중국을 포함한 만장일치로 제재결의를 통과시킴으로써 북한에 대한 압박 수위를 높였다. 이러한 갈등의 와중에 2·13 및 10·3합의가 이루어지고 북핵동결이 이루어졌지만, 핵물질 신고와 핵폐기의 단계에 들어서서 북한 지도부가 핵무기 포기라는 전략적 결단을 하기는 쉽지 않을 것이고, 국제사회와의 충돌은 앞으로도 불가피한 측면이 많다. 북미 간의 긴장관계 속에서도 6자회담은 지속되었고, 북한이 6자회담에 복귀하고 일정한 합의가 도출될 때마다 핵문제의 완전한 해결이 기대되었다. 하지만 북핵문제의 해결은 구조적으로 쉽지 않았고, 벌써 20년 가까운 시간을 끌어왔다. 핵문제 해결을 위한 현재의 노력이 결실을 이루지 못한다면 앞으로 북한은 핵위기를 지속적으로 고조시켜 군사적 긴장을 강화하고, 극단적으로는 핵물질 이전 등의 정책을 강행할 가능성도 배제할 수는 없다.

더구나 핵실험까지 강행한 북한의 기대치는 훨씬 더 높아졌을 것이다. 이에 대한 미국 등 국제사회의 강압외교는 더욱 더 강력해질 것이다. 북한의 핵폐기 대상이 기존의 핵프로그램에 더해 핵무기까지 포함되었으며 논란이 계속되고 있는 우라늄 프로그램까지 고려하면 북한의 비핵화 과정이 훨씬 더 복잡해졌다고 할 수 있기 때문이다. 북한의 핵무기 보유와 실험은 북한이 요구하는 보상과 수준을 더욱 높일 것이 분명하기 때문에 국제사회와의 협상과 타협의 과정은 그만큼 어려워질 것이다. 따라서 앞으로도 북한 핵문제는 북미 양자의 근본적인 전략적 결단이 없이는 부분적인 합의에도 불구하고 위기국면으로 지속될 가능성이 높을 것이다. 이러한 측면에서 9·19공동성명과 2·13 및 10·3합의를 북한이나 미국의 전략적 선택의 변화라고 평가하기는 어렵다. 북미간의 갈등관계는 이제 그 반환점을 돌았을 뿐이기 때문이다.

6. 결론: 한국 정부에의 함의

북한의 핵정책은 국내정치가 지속 가능한 상황이라고 가정했을 때 다음과 같이 요약될 수 있다. 우선 1·2차 핵위기에서 잘 나타나듯이, 북한의 지도부는 대외상황이 악화될 경우 모험적인 핵정책의 위험성을 감수하는 경향을 보여주었다. 반면 1990년대 중·후반기처럼 대외상황이 호전되었을 때 유화적인 핵정책을 추구하면서, 위험회피적인 경향을 보여주었다. 또한 1994년 6월의 경우에서 알 수 있듯이 북한의 지도부는 한반도에서 미국과의 전쟁을 회피하려는 모습을 보여주었는데, 이는 극단적 위기의 상황에서는 오히려 위험회피적인 경향을 보여주는 것이다. 그러나 이것은 북한의 국내정치가 지속 가능한 상황을 전제하는 것이며, 국내상황이 극도로 악화되어서 지속 불가능한 상황이 되었을 경우에는 전혀 다른 결과가 나타날 수도 있다. '고난의 행군' 시기처럼 극도로 악화된 대내상황을 대외상황이 지탱해줄 수도 있겠지만, 대외상황의 대내적 영향 자체를 거부하고 북한의 지도부가 모험적인 정책을 추구할 가능성도 전혀 배제할 수는 없을 것이다. 더구나 북한의 지도부가 인식하는 대외상황 역시 악화되어서 북한이 대내외 양쪽 모두에서 손실을 보는 상황에 놓이게 될 경우 북한이 모험적인 외교정책을 추구할 가능성은 더욱 높아질 것으로 분석된다.

이러한 북한의 모습이 국제사회에 던지는 중요한 정책적 의미는 우선 북한 국내정치의 안정이다. 앞에서 살펴보았듯이, 북한의 국내상황이 체제붕괴를 위협할 정도로 악화되는 지속 불가능의 상황이 된다면, 북한의 지도부가 모험주의적 정책을 추구할 가능성도 그만큼 높아지게 된다. 이 경우 북한문제를 다루기가 매우 어려워질 뿐 아니라 동아시아 전체가 안보 딜레마에 휩싸일 우려가 있기 때문에 북한 내부상황을 면밀히 관찰하는 것이 필요하다. 만일 대북정책의 목표가 북한 내부로부터의 붕괴와 이를 통한 흡수통일이 아니라면, 북한의 내부상황이 극도로 악화되지 않도록 국제사회가 여러 가지 방안을 강구할 필요가 있을 것이다.

둘째로 북한의 핵정책에 대한 한국 정부의 대북정책 문제이다. 북한 핵문제에 대해서 한국 정부가 그동안 취해온 정책은 크게 강경책인 대북 압박정책과 온건책인 햇볕정책으로 대별될 수 있다. 북한 핵문제가 국제사회에서 불거지기 시작한 1980년대 후반의 노태우 행정부에서부터 1990년대 전반 1차 핵위기 시 김영삼 행정부까지 추진되었던 대북정책은 일관적이지 않았다. 하지만 북한의 일탈행위에 대해서 엄벌하며 강경하게 대응하는 것이 주요한 정책이었다. 한국 정부 홀로 이러한 정책을 추구할 경우 정책적 효과는 미미할 것이며 남북관계의 경색국면을 가져올 가능성이 크다. 하지만 미국 등 국제사회와의 긴밀한 조정과정 속에서 이루어질 경우에는 커다란 효과를 발휘할 가능성도 있다. 가령 1994년 6월의 경우처럼 북미 간의 갈등이 첨예화되어서 한반도 주변에 군사적 충돌의 기운이 감돌 경우 북한에 대한 강압외교

(coercive diplomacy)가 일정 부분 효율적이었던 것도 사실이다. 실제로 당시 북한은 미국과 군사적으로 충돌함으로써 일어날 국가와 정권의 붕괴라는 최악의 시나리오를 회피하기 위해 핵위기를 해소시킨 측면이 있었다(황지환, 2006). 하지만 위기국면을 의도적으로 형성하기 위해 미국이나 한국이 시종일관 대북 압박정책을 통해 북한을 벼랑 끝으로 내모는 것은 결코 바람직한 정책이 아니다. 이는 북한의 위협인식을 증가시켜 북한 스스로 더 큰 위험성을 감수하는 도박을 감행할 가능성을 높이기 때문이다. 다른 지역 국가와의 인식의 공유가 이루어지지 않은 상황에서 미국 등 특정 국가가 일방적인 대북 강경책을 추구할 경우 오히려 한반도 주변 지역의 안보질서를 악화시킬 가능성이 크다. 이는 북한문제 해결을 더욱 어렵게 만들 수 있다. 예를 들면 2006년 10월 북한의 핵실험 이후 유엔 안전보장이사회의 제재결의 등 북한에 대한 국제사회의 공동대응 노력은 아직 초보적인 단계였다. 하지만 국제사회의 공조를 통한 북한문제 해결 가능성의 단초를 제시해주었고, 부분적으로 이후의 2·13합의에 영향을 주었다. 그동안 한국 정부의 대북정책은 일관적이고 효율적인 강압외교의 모습을 보여주지는 못했다. 가령 김영삼 정부 시대에는 국내정치적인 목적을 위해 강경책과 온건책을 넘나드는 정책혼선을 보여줌으로써 미국과의 정책갈등을 야기시켰다. 김대중 정부와 노무현 정부는 북한문제 해결과 남북관계 개선에 대한 소박한 낙관론에 바탕을 두고 강압외교의 가능성을 완전히 배제해 미국의 한반도 정책과 일정한 차이를 보여주었다.

김대중 정부 이후의 햇볕정책으로 대표되는 대북 포용정책은 남북관계를 개선시켜 북한의 협력을 일정 부분 유도한 측면이 있었다. 북한의 대외상황 인식을 개선시켜주었다는 점에서 긴장완화 효과도 있었다.

실제로 2000년 6월의 남북정상회담 이후 지속적으로 진행된 대북 포용 정책으로 남북관계가 이전과는 질적으로 다른 모습으로 발전하고 있다는 사실은 주목할 만하다. 햇볕정책은 북한에 대한 국제사회의 지원과 포용정책을 전제로 하는데, 북한이 국내정치적인 고려 때문에 반드시 상호성의 원칙에서 유화적인 맞대응 전략을 펼치지는 않는다는 문제점이 지적된다. 햇볕정책에도 불구하고 불안정한 남북관계에서 잘 나타나듯이 북한이 내부적인 이유로 국제사회의 포용정책을 악용할 우려도 있다. 포용정책이 일정기간 내에 북한의 일관된 협력을 이끌어내지 못하면 여론의 속성상 장기간 지속되기 어려운 문제점도 있다. 미사일 시험 발사나 핵실험처럼 북한이 일방적으로 위기를 고조시키는 경우에도 미국과 한국의 대내외 상황을 고려할 때 포용정책이 일관적으로 추진되는 것은 불가능하다.

어떠한 외교정책도 일정한 위험성과 비용이 뒤따르기 때문에, 긍정과 부정의 양면적인 반응을 동시에 감수해야 한다. 따라서 정책의 일관성을 위해서는 북한 핵위기의 상황변화에 따라 민감하게 종속되는 대북정책을 추구하기보다는 국제정치 상황을 주도할 수 있는 정책을 펼쳐야 할 것이다. 그것은 북한의 행동방식에 대한 올바른 이해와 그에 따른 일관된 정책대응을 통해 이루어질 수 있다(Hwang, 2008).

참고문헌

문명자. 2000. "전문공개: 김정일 국방위원장 인터뷰." ≪말≫, 8월호.

하영선 편. 2006. 『북핵위기와 한반도 평화』. 서울: 동아시아연구원.

황장엽. 1999. 『나는 역사의 진실을 보았다』. 서울: 한울.

_____. 2001. 『어둠의 편이 된 햇볕은 어둠을 밝힐 수 없다』. 서울: 월간조선사.

_____. 2003. 『황장엽의 대전략: 김정일과 전쟁하고 않고 이기는 방법』. 서울: 월간조선사.

황지환. 2006. 「전망이론을 통해 본 북한의 핵정책변화: 제1·2차 북한 핵위기의 분석」. ≪국제정치논총≫, 46권 1호.

외교통상부 홈페이지(www.mofat.go.kr). 2005.9.19. "제4차 6자회담 공동성명".

_____. 2007.2.13. "9·19공동성명 이행을 위한 초기조치".

_____. 2007.10.3. "9·19공동성명 이행을 위한 제2단계 조치".

≪로동신문≫. 1990.9.19. "북한 외무성 성명".

_____. 1990.10.5. "딸라로 사고파는 외교관계".

_____. 1994.1.1. "김일성 신년사".

_____. 1994.1.1, 3.13, 4.29, 5.13, 5.16, 5.24, 6.4, 1995.1.1, 2000.11.7, 2002.1.1, 2.1, 3.14, 11.22, 12.13, 12.23, 12.28, 2003.3.18, 3.22, 4.19.

≪연합뉴스≫. 2005.9.9.

≪월간조선≫. 1994. "서동권·김일성·김정일 사이의 비밀회담", 8월호.

_____. 1997. "김일성대학 50주년 기념식에서의 김정일의 연설 전문", 4월호.

≪조선중앙방송≫. 1994.6.7.

≪조선중앙통신≫. 1998.3.2, 1999.9.24, 2001.1.25, 2.21, 2006.10.18, 2007.9.3, 10.22, 2008.1.4.

Albright, Madeleine. 2003. *Madam Secretary*. with Bill Woodward. New York: Miramax Books.

Bush, George W. 2004.2.11. "President Announces New Measures to Counter the Threat of WMD," The White House.

Carter, Ashton B. and William J. Perry. 2002.10.20. "Back to the Brink." *Washington Post*.

Cha, Victor D. 2002. "Hawk Engagement and Preventive Defense on the Korean

Peninsula." *International Security*, 27.

Cha, Victor D. and David C. Kang. 2003. *Nuclear North Korea: Debate on Engagement Strategies*. New York: Columbia University Press.

Creekmore, Marion V. 2006. *A Moment of Crisis: Jimmy Carter, The Power of a Peacemaker and North Korea's Nuclear Ambitions*. New York: Public Affairs.

Department of Defense, 2002.1.9. "Nuclear Posture Review," from http://www.globalsecurity.org/wmd/library/policy/dod/npr.htm. 2006.2.1 검색.

Eberstadt, Nicholas. 1999. *The End of North Korea*. Washington, DC: The AEI Press.

Hamm, Taik-young. 1999. *Arming the Two Koreas: State, Capital and Military Power*. New York: Routledge.

Harrison, Selig. 2002. *Korean Endgame: A Strategy for Reunification and U.S. Disengagement*. Princeton, N.J.: Princeton University Press.

Hwang, Jihwan. 2008. "International Relations Theory and the North Korean Nuclear Crisis: Bridging the Gap between Theory and Practice." *IRI Review*, 13.

Kang, David C. 2003. "International Relations Theory and the Second Korean War." *International Studies Quarterly*, 47.

Korea Initiative. 2003/04. "Documents on North Korea," *Cold War International History Project Bulletin 14/15*. Washington, DC: Woodrow Wilson International Centers for Scholars.

Levy, Jack S. 2000. "Loss Aversion, Framing Effects, and International Conflict: Perspectives from Prospect Theory." in Manus I. Midlarsky(ed.), *Handbook of War Studies II*. Ann Arbor: University of Michigan Press.

Merrill, John. 1994. "North Korea in 1993: In the Eye of the Storm." *Asian Survey*, 34.

Natsios, Andrew S. 2001. *The Great North Korean Famine*. Washington, DC: United States Institute of Peace Press.

Noland, Marcus. 1997. "Why North Korea Will Muddle Through." *Foreign Affairs*, 76.

Oberdorfer, Don. 2001. *The Two Koreas: A Contemporary History*. New York: Basic Books.

Oh, Kongdan and Ralph C. Hassig. 2000. *North Korea Through the Looking Glass*. Washington, DC: Brookings Institution Press.

Pan, Philip P. 2005.11.12. "N. Korea Arms Talks End With Little Progress." *Washington Post*.

Pollack, Jonathan D. 2003. "The United States, North Korea, and the End of the Agreed Framework." *Naval War College Review*, 56.

Reuters, 1994.11.29. "U.N. Says North Korea Halted Nuclear Program." *New York Times*.

Schroeder, Paul. 1994. "Historical Reality vs. Neo-realist Theory." *International Security*, 19.

Sigal, Leon V. 1998. *Disarming Strangers: Nuclear Diplomacy with North Korea*. Princeton: Princeton University Press.

The White House, 2002.9. *The National Security Strategy of the United States of America*.

Waltz, Kenneth. 1979. *Theory of International Politics*. Reading: Addison-Wesley.

______. 1995. "More May Be Better." editied by Scott D. Sagan and Kenneth Waltz. *The Spread of Nuclear Weapons: A Debate*. New York: W.W. Norton.

Wit, Joel S., Daniel B. Poneman, and Robert L. Gallucci. 2004. *Going Critical: The First North Korean Nuclear Crisis*. Washington, DC: Brookings Institution Press.

"Testimony of Donald P. Gregg before the Committee on Foreign Relations of the U.S. Senate, February 4, 2003." http://foreign.senate.gov/testimony/2003/GreggTestimony030204.pdf.

Washington Times. 1992.4.15.

http://www.bok.or.kr/index.jsp

제8장

북한 핵문제의 국내정치

'남남갈등(南南葛藤)'을 중심으로

백종국(경상대학교 정치행정학부)

1. 북핵문제와 남남갈등

어떤 종류의 국제적 의제(議題, agenda)가 각국의 국내정치상황과 가지는 연계(連繫, linkage)에 대한 연구는 국제정치학 분야에서 매우 오래된 영역이다. 대체적으로 국제정치에서 발생한 다양한 갈등은 국내정치와 상호 연관되어서 나타나기 마련이다. 국제체제가 국내체제를 결정짓기도 하고(Waltz, 1959), 국내정치가 국제체제의 변화를 불러일으키기도 하며(Gourevitch, 1986), 국내외를 막론하고 각 의제들 사이에 서로 미치는 영향이 강조되거나(Rosenau, 1969), 혹은 양면의 게임 상황으로 분석되기도 한다(Putnam, 1993).

1993년부터 주요한 국제적 의제로 떠오른 북한 핵문제는 이러한 국내정치 연계에서 가장 전형적인 현상이라고 볼 수 있다. 이 의제의 구조를 보면 일차적으로 북한과 미국이라는 주체들 간의 갈등이지만,

점차 이 갈등 구조에의 국제적 참여자가 증가하고 있을 뿐 아니라 연계된 이슈의 범위와 차원이 확대되고 있는 중이다. 이 국제적 의제의 차원으로 말하자면, 각국의 국내정치와 밀접히 연관을 가지며 특히 대한민국의 국내정치에는 심대한 영향을 미치고 있다.

북한 핵문제를 둘러싸고 나타나는 국내정치적 현상의 핵심은 '남남갈등(南南葛藤)'이라는 용어로 잘 나타난다. 대체로 남남갈등이란 '대북정책과 관련한 남한 내부의 갈등'을 의미하는데(박홍원, 2001: 63), 북한 핵문제가 대북정책의 가장 중요한 의제임에 비추어 북한 핵문제의 국내정치를 설명하는 데 매우 유용한 개념이라고 할 수 있다. 무엇보다도 흥미 있는 점은 이 용어 자체가 사실보도라기보다 시사해설을 위한 언론의 조어(造語)로서 자체의 역동성을 가지고 있다는 점이다. 예컨대 이 용어는 1997년에 탄생하여 부침을 거듭하고 있다. 그러나 만일 한반도의 통일을 통해 '남한'이라는 용어가 사라진다면 이 용어 또한 과거의 역사를 보여주는 유물로 남게 될지도 모른다.

이 장의 목적은 북한 핵문제를 남남갈등이라는 차원에서 살펴보고 이 갈등의 구조를 검토해보는 데 있다. 왜냐하면 남남갈등의 분석이야말로 북한 핵문제를 둘러싼 국내정치의 진실을 보여주는 작업이며 북한 핵문제의 국내적 영향을 균형 있게 파악하고 또 그 해결방안을 모색하도록 돕는 경로이기 때문이다.

먼저 '남남갈등'에 대한 기존 연구들을 살펴보고자 한다. 이 신조어는 1997년 8월 ≪한겨레신문≫ 기사에서 시작되었지만 2003년을 정점으로 2001년과 2005년 사이에 가장 많이 사용되었고 지금은 그 사용이 상대적으로 감소하고 있는 추세다. 이 기간 동안 적지 않은 연구자들이 남남갈등에 대해 다양한 시각으로 분석한 바 있다. 이 연구의 결과물들을 정리해보면 분석의 일정한 흐름이 나타날 수도 있다. 분석의 흐름을 정리하는 실증적 보완으로 언론 보도의 내용분석은 매우 유익하다. 여기에서는 주요 신문들이 사용한 관련 용어의 계량화와 비교를 통해 앞에서 정리한 흐름이 얼마나 건실한지를 검토하게 될 것이다.

그 다음으로 이 문제를 보다 과학적으로 접근하기 위해 정식화를 시도해보고자 한다. 먼저 개념과 변수들의 정의를 확보하고 이 변수들 간의 가설을 정리하는 일이다. 이 작업은 매우 중요하다. 많은 연구들이 이 남남갈등을 이념적 갈등이라고 생각하고 있다. 이를 뒤집어보면 연구자의 이념적 편향이 분석의 결론과 정책대안의 설정에 지대한 영향을 미칠 수 있다는 말도 된다. 그러므로 논의의 구조가 이념적 편향에 쉽게 좌우되지 않는 형태를 수립하는 게 중요하다. 지배연합분석은 이러한 경우에 매우 유익하다. 방법론적 전제를 과도하게 설정하지 않으면서도 복잡한 구조를 단순화시킬 수 있으며, 특히 국내 권력투쟁 국면을 분석하고 이해하는 데 도움이 된다(백종국, 2006).

이러한 방법론적 구조를 기초로 기존 연구들이 남남갈등의 3대 변수로 북핵문제, 국내 권력투쟁, 신냉전체제로 정리한다는 점을 고려하여 북핵문제를 연계되는 독립변수 — 때로는 다른 독립변수들의 종속변수가 되기도 하는 독립변수 — 로서 다루고자 한다. 각각의 변수들이 가지는 연계관계는 특히 중요하며 종종 인과관계의 도치현상도 나타나고 있다. 남남갈등 연구의 요약에서 나타나지만 국내 권력투쟁 혹은 신냉전체제가 북핵문제의 근본적 요인이라는 주장도 있다. 그러나 동시에 북핵문제가 많은 국내 권력투쟁에 영향을 미치고 이를 강화시킨 것이 아닌가 생각해볼 수 있다.

이 장에서는 2007년의 대통령선거를 둘러싼 선거연합의 구성과 경쟁에서 이러한 가설의 정당성을 검토하고자 한다. 실제로 이 선거기간을 전후하여 발생한 정당 집단 간의 이합집산 중 상당 부분이 그 명분을 북핵문제에서 찾고 있다. 이 장에서는 가장 대표적인 사례로서 선거기간 동안에 발생한 한나라당의 분화와 선거 이후 발생한 민주노동당의 분화를 들고자 한다. 문제의 핵심은 권력투쟁이지만 이것이 어떻게 북한 핵문제와 연계되고 있는지를 경험적으로 검토할 필요가 있다.

마지막으로 결론 부분에서 북한 핵문제를 중심으로 남남갈등 해소를 위한 정책적 대안을 생각보고자 한다. 아직 완료되지 않은 분석의 결과를 바탕으로 정책적 대안을 논의하기는 쉽지 않다. 그러나 논의의 정식화(定式化)와 가설의 검증은 각각 방대한 작업이 되기 때문에 동시에 발생하지 않을 수도 있다. 특히 북핵문제는 변수 통제가 어려운 국제적 차원과 긴밀히 연관되어 있기 때문에 정책적 대안의 제기도 매우 가설적이다. 따라서 역사적 현안에 대한 연구자의 사명이라는 차원에서 최소한의 정책적 대안이 있어야 한다고 본다.

2. 남남갈등에 관한 연구 경향

한국사회에서 나타난 남남갈등의 연구는 남남갈등이라는 용어의 역사와 함께 주로 2001년에서 2004년 사이에 집중되어 있다. 남남갈등 연구에서 나타나는 한 가지 흥미로운 점은 2003년과 2004년에 바짝 연구성과들이 나타나더니 그 이후로는 잘 찾아보기 힘들다는 점이다. 이 경향은 남남갈등이 주요 언론들의 지면에서 언급되는 역사적 경향과 일치하고 있다. 남남갈등의 문제가 해결되었다고 보기 때문인지, 해소

〈표 8-1〉 남남갈등에 관한 연구

분류	연구자	원인	해소책
언론 책임론	박홍원 (2001)	패거리 저널리즘의 전략	남남갈등을 의견의 다양성으로 인정
	이우영 (2004)	언론의 극단적 강조	대북문제와 정권의 선호 문제를 분리
역사 구조 책임론	김병로 (2003)	지역대립구조 미국의 대북정책 보수화 세대갈등의 표출 언론의 틀 짓기	갈등존재 인정 포용정책에 대한 합의 민주적 여론절차 안보의식에 대한 신뢰
	임혁백 (2004)	남북분단의 상처 민족국가형성의 실패 김대중 정부의 실패	초당적 평화통일정책의 수립 탈이데올로기적 남남대화와 화해 포용적 민주주의의 수용 분단희생자의 상처치유 시민사회의 역할 강화
	손호철 (2004)	신자유주의적 지구화 김대중 정부의 햇볕정책 포스트 포스트 냉전체제	남남갈등 = 건강한 민주주의의 징표 반공주의의 극복 지역주의의 극복 정파성과 업적주의의 유혹 배제 신자유주의에 대한 비판적 재검토 미 패권주의 변화를 위한 압력
	김재한 (2006)	국내정치적 경쟁관계	
이념 책임론	남궁곤 (2003)	이념갈등 세대갈등 권력투쟁의 수단	대북정책의 일관성 여론의 조화
	강원택 (2004)	반공이데올로기의 잔존 권위주의체제에 대한 인식 차이	
	김갑식 (2007)	냉전반공주의의 해체 지역균열적 정치구조 세대 간 갈등	
정부 책임론	오일환 (2003)	북한의 대남전술	남북 간 신뢰구축
	남궁영 (2004)	대북정책의 신뢰성 지역감정 흑백논리구조	통일보다 평화공존 대북정책의 탈정치화 중도적 상호주의 국내경제기반강화 이념갈등 존재의 인정

책은 더 이상 준비할 필요가 없고 이제는 실천만 남았다고 보기 때문인지, 아니면 역으로 언론에서 언급되어야 연구자의 관심이 부여되는 것인지는 아직 불명료하다.

남남갈등의 주요 연구들을 분류해보면 대략 다음 네 가지로 나눌 수 있다. 첫째는 언론책임론이다. 애당초 이 문제가 한국사회의 주요 관심사로 부각된 것은 주요 언론사의 상업주의적 혹은 이념적 자가발전 때문이라는 주장이다. 둘째는 역사구조책임론이다. 한국의 남남갈등은 오랜 역사구조적 원인을 가지고 있다는 주장이다. 셋째는 이념책임론이다. 현대사에서 나타난 갖가지 이념과 가치 정향들이 엮여서 나타난 현상이라는 주장이다. 넷째는 정부책임론이다. 대개 역사구조책임론의 일부로 간주되지만 때로 완전히 독자적인 주장으로 나타나기도 한다.

남남갈등 연구 중에서 비교적 초기에 나타난 박홍원의 연구는 '언론책임론'의 효시라고 볼 수 있다. 박홍원은 남남갈등을 '대북정책과 관련한 남한 내부의 이념적 갈등'으로 정의하고 이를 보혁갈등(保革葛藤)과 등치시킨다(박홍원, 2001: 63). 이러한 보혁갈등은 어느 사회에서나 항존하고 있지만 한국의 경우에는 언론들이 해당 매체의 구독률을 높이기 위한 상업적 전략으로 이 갈등을 과도하게 강조했다고 보고 있다. 특히 언론사주 혹은 주요 언론엘리트들의 이념적 성향에 따른 심각한 편향은 이러한 갈등 구조를 확대재생산하는 '패거리 저널리즘'을 형성하고 있었다고 한다(박홍원, 2001: 65).

여러 연구에서 박홍원과 유사한 관점들이 다수 발견되고 있다. 이우영은 한국사회에서 나타나는 이념적 괴리는 실제로 그리 크지 않지만, 언론이 이를 과대하게 표출하므로 남남갈등이 더욱 확대되고 있다고 본다(이우영, 2004: 127). 따라서 언론에게 특정 정권에 대한 선호와 대북문제를 분리하여 대응하는 것이 바람직하다고 충고하고 있다(이우영, 2004: 131). 김동률은 이보다 더 강하게 한국 언론의 행태를 비판한다. 김동률이 보기에 한국의 주요 언론은 정치적 이슈의 꼬투리를 잡아 확대재생산하므로 구독률을 높이려는 '가차 저널리즘(gotcha journalism)'의 행태를 보이고 있다(김동률, 2005: 43).

'역사구조책임론'은 남남갈등이 한국사 전체를 관통하는 역사구조적 문제라고 보는 경향이 있다. 이 견해를 대표하는 손호철은 한국의 정치사를 3기로 나누고 또 제3기를 다시 3기로 나누어 각 시기에 나타난 갈등을 다루고 있다(손호철, 2004: 18~32). 이러한 관점에서 보기 때문에 현재의 남남갈등은 과거의 역사에서 형성되었던 모든 종류의 갈등구조 — 이념, 세대, 지역, 정파 등 — 의 종합으로 나타난다고 밝혔다.

임혁백의 주장도 이와 유사하다(임혁백, 2004). 그는 한국의 정치사를 5개의 시기로 나누고 각각의 시기에 발생한 남남갈등을 검토한다. 특히 남북분단구조의 문제를 부각하고 있다. 남북분단은 '분단에 기생해왔던 정치세력들'(임혁백, 2004: 317)을 만들어냈다. 이 세력이야말로 이 남남갈등의 조성자이며 수혜자이다. 이들은 끊임없이 지역갈등과 더불어 남남갈등을 부추기므로 국민통합을 저해하고 그 결과로 자신들의 기득권을 유지하는 일에 총력을 경주하고 있다.

최근에 김재한은 ≪조선일보≫와 ≪한계레신문≫의 사설 분석을 통해 남남갈등이 정권쟁탈의 구조적 균형에 의거한 것임을 경험적으로 잘 보여주고 있다(김재한, 2006). 기본적으로 정권 지지세력과 정권 반대세력 간의 정치적 경쟁이 대북정책의 양극화를 부추긴 경향이 있고 이것이 남남갈등의 뿌리라고 주장한다. 이것은 ≪조선일보≫나 ≪한겨레신문≫의 사설들이 햇볕정책 등이 등장하기 이전부터 이미 각 신문이

지지하는 정권의 입장을 중심으로 일관된 태도를 보여왔다는 데서도 잘 발견할 수 있다고 한다.

김병로는 이러한 대내적 구조에 대외적 구조를 추가하고 있다. 그는 남남갈등의 요인으로 미국 대북정책의 보수화를 지적하고 있다(김병로, 2003: 119~120). 2001년에 등장한 부시 미행정부는 9·11테러 등 미국 정치의 보수화 경향을 대변하여 대북 강경정책을 채택했다. 이러한 미국의 태도는 남한의 친미보수세력들을 자극하여 남남갈등을 촉발시킨 계기를 마련했다. 만일 미국이 이전의 민주당 정부와 같은 화해협력 기조를 유지했다면 적어도 남남갈등 문제는 다른 양상을 보일 수도 있었다고 보고 있다(김병로, 2003: 120).

세 번째는 이데올로기, 즉 정치이념과 가치관에 책임이 있다고 보는 입장이다. 남궁곤(2003)과 강원택(2004), 김갑식(2007)은 정치이념 또는 가치관의 갈등이 남남갈등을 일으킨다고 생각했다. 이러한 가설을 증명하기 위해 강원택은 좌우갈등, 권위주의와 자유주의의 갈등, 근대적 가치와 탈근대적 가치의 갈등, 반공이데올로기의 존속과 폐기를 둘러싼 갈등 등을 독립변수로, 남궁곤은 이념적 차이, 계층갈등, 세대갈등, 지역갈등을 독립변수로 삼아 여론조사를 통한 경험적 분석을 시도했다. 김갑식은 이런 분석들을 정리해 외연확대라는 개념으로 설명하고 있다.

이러한 경험적 분석의 결론은 아이러니하게도 역사구조적 분석의 결론을 지지하고 있는 것으로 보인다. 남궁곤은 남남갈등이 이념적 갈등이라기보다 대북정책을 둘러싼 권력투쟁의 수단이라고 결론 내리고 있다(남궁곤, 2003: 151). 강원택도 "우리 사회의 남남갈등의 이념적 차원은 좌우적인 대립이기보다는 과거 발전국가 시절의 통치이데올로기와 정치, 경제, 사회적 유산을 둘러싼 시각의 차이에 의해 크게 영향

받고 있음을 알 수 있다"는 결론을 내리고 있다(강원택, 2004: 94).

네 번째는 특정한 정부가 남남갈등을 유발하거나 부추기고 있다는 정부책임론이다. 남궁영이 이러한 입장을 대변하고 있다. 그는 남남갈등이 김대중 정부의 실책으로 비롯되었다고 보고 있다. 우선 김대중 정부는 대북정책의 신뢰성을 훼손했으며, 국민으로 하여금 정상회담과 같은 대북정책 결과에 지역주의적 평가를 내리게 만들었고, 대북포용정책에 대한 중도적 입장조차도 포용하지 않은 태도를 보임으로써 남남갈등을 심화시켰다고 주장한다(남궁영, 2004: 29).

손호철과 임혁백도 역사구조적 요인에 더 무게를 두고 있지만 김대중 정부의 대북정책이 남남갈등을 심화했다는 점에서는 같은 입장이다. 손호철은 김대중 대통령이 지역적으로 소수파이기 때문에 남북정상회담이나 햇볕정책과 같은 국민통합적인 정책을 수행하기에 적합하지 못했다고 지적하고 있다. 뿐만 아니라 '정치공학적 잔머리'를 대북문제에 적용하여 비난을 자초했다고 주장하고 있다(손호철, 2004: 43). 임혁백 또한 대북접촉의 영광을 공유하기보다 독점하려 하므로 민족적 과제를 정파적 업적으로 후퇴시켰다고 지적했다(임혁백, 2004: 318).[1)]

오일환은 북한정부의 대남전술이 남남갈등의 주요 원인이라고 보았다. "북한은 6.15 남북공동선언 이후 남한 사회 내에 보혁 세력 간의 반목을 조장시키는 등 의도적으로 '남남갈등'을 유발시키는 방식으로

1) 특정한 정부의 책임에 대한 논의는 각별히 주의해야 한다. 자칫하면 논리적 변증보다는 감정적 공격이 되기 쉽기 때문이다. 손호철의 주장을 예로 들 수 있다. 김대중 대통령이 지역적으로 소수파에 속해 있기 때문에 국민통합적 정책을 수행하는 데 부적절하다는 손호철의 주장은 심각한 지역주의적 편견이라고 할 수 있다.

혼란을 부추기며 국민통합을 해치고, 이를 교묘하게 북한체제 유지에 역이용하는 양상을 보여주고 있다”(오일환, 2003: 265).

3. 북핵문제와 연관된 남남갈등의 가설들

앞에서 언급한 연구들을 검토해보면 북핵문제를 둘러싼 남남갈등에 관한 제반논점들이 거의 다 다루어졌음을 알 수 있다. 이 글은 이러한 논점들을 하나하나 정리하면서 북한 핵문제를 둘러싼 남남갈등의 구조와 해소책을 검토하고자 한다.

무엇보다도 북핵문제는 대북문제 및 한반도평화문제의 영역 중 하나로 존재한다는 점을 지적해야 할 것이다. <그림 8-1>에서 보는 것처럼 북핵문제는 대북지원, 새터민, 경제교류, 이념갈등 등과 같은 대북문제의 일부이며 동시에 6자회담, 미사일개발, 납북일본인, BDA송금, 신냉전체제 등과 같은 한반도평화문제의 일부이다.

대부분의 연구는 북핵문제를 남남갈등의 유일한 이유로 들지 않고 있다. 특히 역사구조적 책임론은 1945년 이후로 형성되어온 한국의 역사구조 안에 남남갈등의 소지가 있음을 지적한다. 남북분단은 한민족을 서로 적대적 이념으로 무장한 두 개의 국가를 탄생시켰다. 그뿐만 아니라 냉전적 헤게모니 확장을 위한 전쟁의 도발은 한반도를 여타의 분단 상황에서는 보기 힘든 정도의 강렬한 적개심을 가진 적대적 관계로 만들었다. 여기에 국제적 동맹의 변화로 말미암은 국가안보의 문제와 신구 세대 간의 갈등 등이 개입되면서 매우 복잡한 심리적 갈등구조를 형성하고 있다.

〈그림 8-1〉 북핵문제의 영역

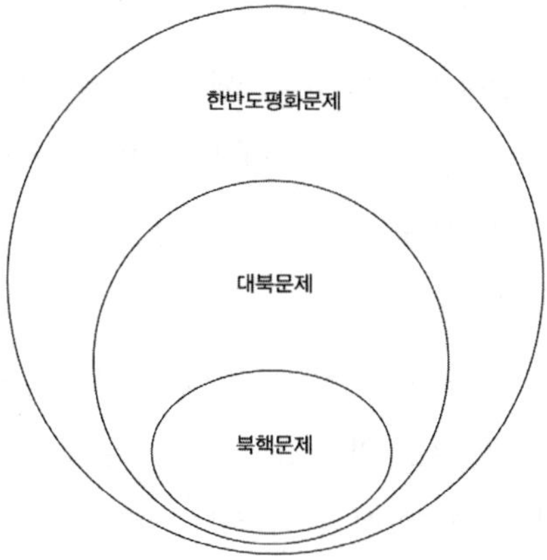

이와 같은 인식은 두 가지 과제를 제시한다. 첫째, 남남갈등을 '북핵문제를 둘러싼 갈등'으로 환원하는 것은 지나친 단순화라는 점이다. 그러나 여러 가지 의제 중에서 북핵문제가 남남갈등에 기여하는 바가 얼마나 크냐 하는 점은 여러 방식으로 측정해볼 수 있을 것이다. 둘째는 의제의 영역이 넓어지면 갈등의 양상이 달라질 것인가 하는 문제이다. 앞의 연구들을 종합해보면 대북문제의 각종 의제들 중에서 어떤 것이 남남갈등을 더욱 강화시키고 있는가에 대한 합의를 찾기 힘들다. 만일 북핵문제라는 의제인식이 대북문제나 한반도평화문제로 확대될 때 남남갈등이 더욱 고착할 것인가 아니면 희석될 것인가 하는 문제는 중요한 연구과제이다.

앞에서 언급한 연구들은 대체로 '남남갈등'을 '대북정책과 관련한 남한 내부의 갈등'으로 정의하는 데 동의하고 있다(박홍원, 2001: 62; 손호철, 2004: 13; 강원식, 2004: 248). 그러나 이 정의의 내포 규정에는 동의하지만 이 정의의 외연을 확정하는 일에 있어서는 학자마다 다르다. 예컨대 역사구조적 설명과 심리분석적 설명은 대체로 이 갈등을 오랜 역사적 과정에서 발생했던 갈등의 연속으로 간주하고 있다. 임혁백과 손호철은 남남갈등의 기원이 분단에서 시작했으며 각자가 규정한 시기에 다양한 형태로 나타났다고 밝혔다(임혁백, 2004: 285~302; 손호철, 2004: 18~32). 이념적 정향을 다루는 남궁곤(2003)과 강원택(2004)의 연구들은 남남갈등의 독립변수들을 역사적 특수성과는 상관이 없는 보편적 성격을 지닌 변수들로 구성했다. 사실 남남갈등은 어느 사회나 가질 수 있는 보편적인 갈등의 일종이라는 입장은 이 개념을 초기에 다룬 박홍원의 다음 설명에서 잘 나타나 있다.

> 대북정책의 방향이나 속도에 관하여 다양한 의견이 존재할 수 있고 이러한 다양성은 민주적 정책 결정과정에서 오히려 긍정적인 면이 많은데도 많은 신문들이 이를 국론분열로 간주하여 혼란을 과장한 것은 크게 잘못된 것이다(박홍원, 2001: 65).

강원택의 이념갈등 연구는 남남갈등의 현상을 가장 직접적으로 보여주는 그림을 제공해준다. 이 연구는 한국정당학회와 중앙일보의 후원을 받아 한국민의 이념적 갈등을 네 가지 차원에서 실증적으로 검토하려는 목적을 가지고 있었다. 그러나 그가 조사 후에 내린 결론은 "한국사회에서 이념적 갈등의 문제가 사회적으로 부각되기 시작한 것은 2002년 대통령선거를 거치고 난 후의 일"이라는 것이었다(강원택, 2004: 68).[2)]

2) 이러한 이념성향은 시기에 따라 변하고 있다. 예컨대 2007년 3월 갤럽이 조선일보와 함께 조사한 바에 따르면 자신이 보수적이라는 사람은 31.0%,

〈그림 8-2〉 한국인의 시기별 이념적 성향

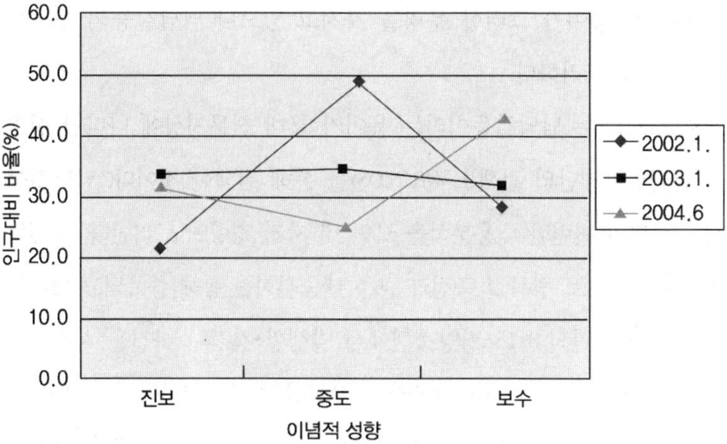

매우 짧은 시간에 급격한 이념형의 변화가 이루어지고 있었다.

<그림 8-2>는 2002년 1월에서 2003년 6월 동안 한국인의 이념적 인식 지형이 얼마나 양극화(polarization)되었는지를 잘 보여주고 있다. 첫 시기에 자신을 '중도적'이라고 응답한 사람은 49.5%였는데 반해, 2003년에는 34.8%로 줄었고, 조사의 마지막 시기에는 25.0%로 급격히 줄어들었다. 이러한 이념적 양극화 현상은 오랜 세월 동안 형성된 좌우 이념의 대립이라기보다 당시의 여러 요인들에 의해 영향을 받아 나타나는 남남갈등의 또 다른 표현이었다(강원택, 2004: 94).

'남남갈등'이란 용어가 가진 가장 독특한 성격은 이것이 역사적이고 특정적인 개념이라는 점이다. 남남갈등이라는 용어는 조어이며 그 용도

중도적은 55.9%, 진보적은 12.5%이었다. 갤럽/조선일보, 『2007국민의식조사』, 2007.3.4, www.gallup.co.kr.

가 역사적 과정에서 태어나고 소멸될 가능성이 있다. 물론 언어의 특성상 다수의 용어가 그러한 운명을 가지고 있으나 남남갈등의 경우는 특히 더욱 그러하다.

<표 8-2>는 남남갈등이라는 용어가 국내 신문지상에 나타난 현황을 한국언론재단의 검색도구(KINDS)를 통해 검색한 것이다. 남남갈등의 기사화와 관련한 내용분석을 보면 몇 가지 경향이 드러난다. 첫째는 남남갈등이 주로 광복절 축전과 같은 대중집회를 통해 증폭되고 있다는 점이다. 2001년의 8·15 평양축전에서 발생한 강정구 사건을 시작으로 매년 광복절이나 3·1절을 비롯하여 2002년의 부산아시안게임, 2003년 대구 유니버시아드대회 등이 남남갈등의 기폭제 역할을 했다. 둘째는 남남갈등의 관련 의제 범위가 매우 광범위하다는 점이다. 2000년 이후로 각 년도마다 거의 모든 주요 정치적 사건과 밀접한 관련성을 보여주고 있다. 이러한 경향은 근본적으로 남남갈등이 단지 대북문제만으로 발생하고 있지 않다는 점을 잘 보여준다.

매우 흥미 있는 사실은 이 용어가 1997년에 탄생한 이래 2003년을 정점으로 그 용도가 감소하고 있다는 점이다. 용어 사용의 뚜렷한 부침으로 볼 때 다른 구조적 상황(예컨대 남북통일)이 없어도 소멸될 가능성이 있다. 물론 이 용어가 항존하는 사회적 갈등의 특수한 국면을 묘사하기 위해 탄생했다고 해도 역시 그 특수성은 우리의 관심을 끈다.

이미 요약한 바처럼, 언론의 책임을 다루는 연구들은 이 용어가 민주화와 동시에 진행된 언론의 역할 증대와 연관이 있다고 설명한다. 민주화를 통해 언론의 범위는 거의 무한정으로 확대되었으며 이러한 언론 자유의 확대를 통해 의제 설정을 넘어 개별 언론사의 의지를 구현하려는 상황에 이르게 되었다고 보고 있다. 김동률의 '가차저널리

〈표 8-2〉 남남갈등 기사검색과 북한핵일지

연도	검색 건수	관련 주요 의제	북한핵일지
2007	261	대선, 남북정상회담, 한미군사동맹, 북한 비핵화	BDA자료, 북 고농축우라늄, 북미 뉴욕실무회담
2006	163	차기 대선, 북한 핵실험, 민노총 방북, 북 미사일 발사, DJ 방북	5차 6자회담, 미 럼스펠드 경질, 미 의회 북핵해법 8가지, 북 10·9핵실험
2005	190	북 인권대회, 보수원로 시국선언, 맥아더 동상 철거, 8·15 대축전, 현충원 참배, 노 대통령 민주평통연설, 기획탈북	4차 6자회담, 김계관-힐 베이징 접촉, 남북차관급회담, 북한 폐연료봉인출, 북 조평통 반기문 장관 비난, 미 안보리 회부 검토발언, 북중 총리 회담
2004	188	미 대선, 미 북한인권법, 송두율 항소심, 6·15 정상회담 4주년, 국보법 폐지, 북 용천 참사	북 조평통 핵억지력 주장, 미 부시 대통령 재선, 미 북한인권법, 3차 6자회담, NYT 북리비아 플루토늄 제공 의혹보도, 2차 6자회담
2003	304	미군 재배치, 제주4·3사건, 재신임선언, 송두율사건, 김두관 장관 해임, 북한 미녀응원단, 인공기 훼손, 대구U대회 충돌, 8·15대회 충돌, 정몽헌 회장 자살, 6·15 정상회담 3주년, 이라크 파병, 대북 특검법 공포, 대북송금, 한기총 3·1절 집회	KEDO 이사회 경수로 건설 중단 결정, 북 6자회담 참가 동의, 1차 6자회담, 미 하원 경수로지원 중단 결정, 한미정상회담, 미 이라크 침공, 북핵확산금지조약 탈퇴 선언
2002	251	노무현 대통령 당선, 여중생사망사건, 대선후보 공약검증, 북핵 개발, 부산아시안게임, 인공기 응원, 서해교전, 국방백서 주적 논란, 금강산 관광, 북 아리랑축전, 부시 '악의 축' 발언, 국민의 정부, 부시 방한	북핵동결 해제선언, 미 CIA 북의 플루토늄 보유 보고, 북 불가침조약 체결 제의, 켈리 북핵개발 시인, 럼스펠드 '세계 최악의 대량살상무기 보유국' 발언, 미 핵태세보고서 의회 제출, 부시 '악의 축' 발언
2001	240	강정구 교수 해직, 대북포용노선, 8·15 평양축전, 금강산사업, 경의선 복원, 임동원 장관 해임, 6·15 정상회담 1주년, 김정일 서울 답방	미 9·11테러 발생, 부시 대통령 취임
2000	35	남베이징협, 김대중 대통령 노벨평화상, 비전향장기수 북송	북미 공동코뮤니케, 6·15남북공동선언, 경수로 본공사 시작
1999	0	(없음)	페리 대북정책권고안 의회 보고, 페리 북한방문, 금창리 현장 실사
1998	0	(없음)	대포동1호 발사, NYT 금창리 핵시설 의혹 보도
1997	1	북한동포돕기운동	신포경수로 부지착공
합계	1,428	-	-

자료: 한국언론재단, KINDS(http://www.kinds.or.kr).

주: 1) 검색기간은 1997.1.1.~2007.12.31.

2) 검색범위는 '제목+본문'

3) 의제순서는 최근 사건순임

〈표 8-3〉 노무현 정부에 대한 주요 언론사의 내부 태도

이름	소속사	주요 내용
1그룹	조선일보	정권타도는 아니더라도 최소한 정권무력화를 위해 흠집내기식 보도를 한다.
	중앙일보	
	동아일보	
2그룹	한겨레신문	친노냐 반노냐에 따라 기사가 달라지며 현 정권과 우호적임을 부인하기 어렵다.
	경향신문	
	서울신문	
3그룹	KBS	보수언론과 현 정권 간에 빚어지고 있는 하나의 정치투쟁, 또는 파워게임 양상이다. ex) 유시민, 정동영에 대한 꼬투리잡기 식 보도
	MBC	
	SBS	

자료: 김동률(2005: 62).

즘' 연구는 주요 언론사 9명의 기자에 대한 심층면접 분석을 통해 특정 언론사들이 자신의 목적을 위해 어떠한 보도행태를 하고 있는가를 보여준다. <표 8-3>에서처럼 그들은 스스로 노무현 정부와의 관계가 언론사에 따라 극심한 차이가 있음을 증언하고 있다.

4. 남남갈등을 초래하는 요인들과 북한 핵문제

만일 남남갈등이라는 용어의 역사적 특수성을 주장하는 이러한 견해가 옳다면 우리는 북핵문제와 같은 의제들을 남남갈등의 독립변수로 다루는 데 좀 더 신중해야 할 것이다. 왜냐하면 북한 핵문제의 발생이 언론의 영역에 자극을 주어 남남갈등적인 보도를 취할 수도 있는 반면에, 이미 설정된 언론사의 목적을 위해 북한 핵문제를 동원할 수도 있기 때문이다. 과거에는 배경으로 설정되었던 요소들이 이제는 직접적

〈그림 8-3〉 북핵과 연계된 남남갈등의 요인들

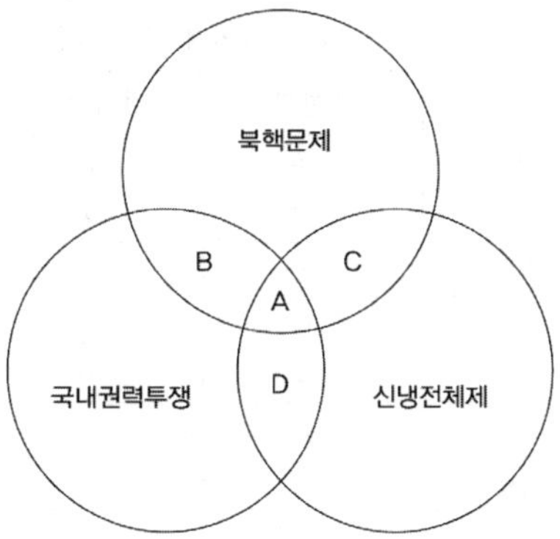

인 변수로 다루어질 수도 있다.

앞서 정리한 연구들을 종합해보면 남남갈등을 초래하는 가장 공통적인 요인들은 <그림 8-3>에서 보는 바와 같이 북핵문제, 국내 권력투쟁 그리고 신냉전체제로 요약할 수 있다.

북한 핵문제를 둘러싼 남남갈등을 이처럼 포괄적인 도표로 정리하는 이유는 다음과 같다. 첫째, 북한 핵문제의 국내정치는 전형적인 연계정치(linkage politics) 형태라는 점이다. 따라서 북핵문제를 다른 영역의 의제와 독립시켜 국내정치에 적용한다면 이는 근본적으로 매우 제한적인 분석이 될 것이다. 둘째로 위와 같은 다이어그램은 의제의 연계상황을 분석하는 데 유리하다. 북핵문제를 정권의 유지나 탈환과 연계하는 태도는 B의 영역이다. 한국의 국내 권력투쟁과는 전혀 상관없는—북미 양자협상처럼—영역인 C의 영역도 존재한다. 아마 가장 격렬한 갈등 투사는 A영역이 되리라고 본다. 만일 그러하다면 북한 핵문제가 남남갈등으로 투사되는 정도는 A, B, C, D의 각 영역에 따라 달라질 수 있고 또 연도별 의제 분석의 경향이 이러한 가능성을 보여주고 있다.

〈표 8-4〉 주요 갈등의제의 신문기사 검색

연도	주요 갈등의제 검색 건수			
	남남갈등	북한핵	한미갈등	국론분열
2007	261	209	14	397
2006	163	377	97	553
2005	190	426	67	660
2004	188	525	21	2,601
2003	304	1,727	59	913
2002	251	411	23	196
2001	240	30	5	510
2000	35	56	4	292
1999	0	72	0	138
1998	0	97	1	103
1997	1	108	5	154
합계	1,428	3,955	282	6,396

자료: 한국언론재단, KINDS(http://www.kinds.or.kr).
주: 1) 검색기간은 1997.1.1.~2007.6.9.
2) 검색범위는 '제목+본문'

비교적 독립된 의제로 간주했을 때 북한 핵문제는 당연히 남남갈등의 가장 직접적인 요인이라고 할 수 있다. 이 개념의 내포가 대북 관계라는 점에서 그러할 뿐만 아니라 북한이 개발하고자 하는 핵무기의 직접적인 적대세력이 바로 남한이라는 점 때문이다. <표 8-4>에서 나타난 두 현상의 언론 검색 건수를 보면 두 현상이 나타나는 빈도에 밀접한 관계가 있음이 발견된다.[3] 북한핵의 언급과 남남갈등의 지적은 — 비록 북한 핵문제가 남남갈등 기사의 의제로 부각되지 않았다 할지라도 — 거의

3) 양 변수의 Pearson 상관계수는 0.05 유의수준(양쪽)에서 0.66으로 나타나고 있다.

동시에 나타나고 있다.

북한 핵문제가 유발하는 남남갈등의 당사자라는 관점에서 분석해볼 수 있다. 예컨대 한쪽 당사자인 보수적인 사람들의 견해는 쉽게 이해할 수 있을 것이다. 많은 연구들이 지적한 바와 같이 한국인들은 분단과 전쟁과 독재를 거치는 오랜 세월 동안 북한에 대한 적대감을 체질화해 왔다. 그렇기 때문에 북한핵 개발과 같은 명백한 적대행위가 발생했을 때 자신의 이념적 성향을 더욱 강화시키는 것은 너무나도 당연하다.

도리어 이 현상에서 실제로 중요한 관심사는 북한 핵문제에도 불구하고 북한에 대한 포용정책을 유지해야 한다고 주장하는 남남갈등의 다른 한쪽인 진보적인 사람들의 입장이라고 할 수 있다. 오랜 이데올로기적 강화를 극복하고 나타난 이 견해는 다양한 요인으로 설명된다. 전두환의 쿠데타로 촉발된 반미운동과 남한의 국력신장으로 인한 자신감 증대, 독일 통일이 보여준 냉전체제의 붕괴 등이 이런 변화를 가능하게 했다. 그러므로 남남갈등의 발생은 대북포용정책의 실패로 발생했다기보다 도리어 성공으로 인해 나타난 것이라고 말할 수도 있다.[4)]

신냉전체제가 남남갈등의 주요 요인이라는 주장도 매우 설득력이 있다. 손호철은 이를 '신자유주의적 지구화'와 '포스트 포스트 냉전체제'라 부른다(손호철, 2004: 12~13). 물론 신자유주의적 지구화도 국내의 대응여론을 극단화할 가능성이 있다. 그러나 남남갈등의 주요 전선은 주로 개혁을 추구하는 진보적 정부 — 김대중·노무현 정부 — 와 권력

4) 만일 이러한 관점이 가능하다면, '남남갈등' 기사 검색에서 보는 바와 같이 이러한 용어의 용례가 감소하고 있는 이유에 대해서도 다양한 해석을 할 수 있다.

을 상실한 보수세력 간에 발생한다. 그런데 만일 이 진보적 정부들이 진정으로 체제의 개방을 추구하는 신자유주의적 지구화를 추구하고 있다면 적어도 이 의제에 있어서만은 남남갈등의 원인이라고 말하기 힘들다. 특히 손호철의 논지에 따를 때 이미 김영삼 대통령 시절부터 진행된 신자유주의적 지구화가 김대중 대통령 집권 말기에 급속히 남남갈등을 초래한 이유가 되기는 힘들다. 반면에 확실히 <표 8-2>에서 보는 바처럼 미국의 신냉전주의적 대북정책은 북핵문제와 남남갈등의 의제에 커다란 영향을 미치고 있다. 김병로의 설명에 따르면, 2001년에 등장한 미국의 부시 행정부는 기본적으로 대북강경책을 선호했으며 9월 11일에 발생한 알카에다의 미국 테러는 미국으로 하여금 국제적 반테러전쟁을 명분으로 하는 신냉전주의적 대외정책을 채택하게 만들었다(김병로, 2003: 120). 남남갈등의 기사검색과 북한핵일지를 대조해 보면 남남갈등에 대한 신냉전주의의 영향을 확인할 수 있을 뿐 아니라, 국론분열의 급증과도 밀접한 관계가 있음을 알 수 있다.

남남갈등의 요인으로서 연구자들의 가장 많은 관심을 유발한 변수는 국내 권력투쟁이었다. 역사구조적 요인을 강조하는 연구자들은 두말할 것도 없고, 국민의 갈등 구조가 개인의 구조적인 신념체계 때문에 발생되었는지를 실증적으로 조사한 남궁곤의 결론도 남남갈등은 권력투쟁의 일환으로 발생했으며 심지어 지역주의적 요인조차 뚜렷하다는 것이다(남궁곤, 2003: 151).

남궁곤뿐만 아니라 임혁백을 비롯한 많은 연구자들이 한국의 권력투쟁에서는 균열을 상징하는 지역주의적 태도가 남남갈등과 밀접한 관련이 있다고 보고 있다. 임혁백의 견해에 따르면, "남북화해와 평화의 달성이 전 국민이 소망하는 것이라 하더라도 그것이 자신이 반대하는

(특정) 지역에 기반한 정권의 업적이 되는 것은 막아야 한다고 생각하는 것이다”(임혁백, 2004: 318).

이 연구가 남남갈등 확대에 대한 언론의 역할을 독립적으로 다루지 않은 이유도 <표 8-3>에서 보는 바와 같이 각각의 언론사들이 각기 자신이 선호하는 정권의 수립을 목표로 보도의 방향을 잡고 있기 때문이다. 어느 사회든지 언론이 오로지 객관적인 보도만을 수행하는 일은 있을 수 없다. 구태여 그것이 ‘자본주의적 헤게모니’에 봉사한다는 식의 인식이 아닐지라도 정치권력의 형성에 관해 일정한 역할을 하기 마련이다. 문제는 한국의 언론이 너무나 노골적이고 자의적이라는 데 있다. 이 경우에 북한 핵문제는 언론의 정치적 목적을 수행하기 위한 의제에 불과할 뿐이다.

소위 ‘민주연합’이라고 부르는 김대중과 노무현 정부하의 지배연합의 성립과 해체가 남남갈등과 어떠한 관계가 있느냐를 살펴보는 것도 흥미롭다. 대체적으로 정치적 갈등은 지배연합의 안정성과 반비례하는 관계를 가진다. 특정한 국가를 지배하는 지배연합은 크기와 이데올로기의 안정성에 따라 정치적 갈등의 통제 능력을 보여준다. <표 8-2>를 보면 남남갈등의 급증 시기가 정치적 기반이 미약한 민주연합이 2기를 연속적으로 집권한 시기와 일치하고 있다. 이로 인한 보수적 인사들의 극도의 상실감은 노무현 정부의 출범 초부터 체제부정적인 견해를 피력하게 만들고 있었다(이도형, 2003: 2). 2003년에 정점에 이른 남남갈등 보도가 이러한 추세를 말해주고 있다.

2004년 이후 남남갈등 보도가 줄어드는 이유는 민주연합의 해체와 밀접한 관련이 있을 수 있다. 예컨대 노무현 정부는 대북특검법 공포, 민주당 분당, 이라크 추가파병, 대연정 제안, 한미자유무역협정 추진등의 정책으로 이 정부의 실질적 근거지인 민주연합의 기반을 급속히 붕괴시켰다(백종국, 2006: 94). 2006년에는 북한이 실제로 핵실험을 수행했음에도 불구하고 도리어 남남갈등의 빈도는 줄어들었다. 2007년 대선을 앞둔 시점에서 '남남갈등'의 용어 사용이 줄어든 이유는 이미 대세가 자신들에게 유리하게 기울었다고 생각하는 남남갈등 한쪽 당사자의 인식 때문이라고도 할 수 있다.

5. 2007년 대선과 북핵 갈등의 정파별 스펙트럼

2007년 12월 19일에 실시한 제17대 대통령선거는 남남갈등의 승자가 누구인지 잘 보여주는 사건이었다. 수구연합이 동원한 '친북좌파의 극복'이라는 논리가 소위 조중동(조선일보·중앙일보·동아일보)이라 불리는 보수적 언론 매체들을 통해 유권자 다수를 설득했음을 증명했다. 이 선거에서 한나라당의 이명박 후보는 48.7%의 득표율로 유효투표의 26.1%를 얻은 열린우리당의 정동영 후보를 무려 531만 표차로 제치고 당선되었다. 이는 직선제 대통령선거가 실시된 이후로 최대 표차였다.

실제로 제17대 대선의 국면에서 수구연합은 매우 높은 득표율을 보여주었다. 보수적인 이명박 후보와 그보다 더욱 보수적인 이회창 후보의 득표율을 합치면 63.8%에 이르고 있다. 이는 2007년 12월 6일자 한국갤럽의 여론조사에 나타난 정당별 지지율에서 한나라당이 52.6%를 점하고 있는 흐름과 유관하다. 실제 득표율은 한나라당이 이러한 정당 지지율에 추가로 같은 조사에서 나타난 바 20.9%에 이르는 부동층의 상당수를 석권했다는 사실을 보여주고 있다.

그러나 한 가지 흥미 있는 사실은 한나라당을 중심으로 하는 수구연합의 챔피언이 이명박과 이회창으로 분화되었다는 점이다. 이러한 분화는 BBK 사건을 비롯한 각종 스캔들에 이명박 후보가 연관되어 있다는 사실 때문에 이회창 후보가 일종의 예비후보로 등장했다고도 볼 수 있다. 그러나 수구연합 내 챔피언의 분화는 정권교체의 가능성을 심각하게 해칠 수도 있기 때문에 이에 대한 충분한 명분이 없다면 이루어지지 않았을 것이다.

북한 핵문제는 제17대 대선에서 수구연합 챔피언의 분화를 촉진한 핵심적 명분 중 하나였다. 2007년 11월 7일 한나라당의 고문직을 맡고 있던 이회창이 대선출마를 선언했을 때 그는 한나라당의 국가정체성에 대해 강력히 비판했다. 특히 북핵문제를 예로 들면서 한나라당이 공약으로 발표한 평화비전으로는 "다가오는 북핵 재앙을 막을 수도, 한반도의 진정한 평화정착도 기대할 수 없으며" 따라서 정권이 교체된다 해도 그 의미를 찾기 힘들다고 주장했다. "이것이 바로 제가 출마를 결심하게 된 근본 이유"라고 설명하고 있다(≪경향신문≫, 2007.11.7).

이 '한반도평화비전'이란 한나라당이 남북정상회담을 앞둔 2007년 7월 4일에 발표한 대북정책을 말한다. 만일 북한이 북핵을 포기하고 체제를 개혁과 개방으로 이끌면 10년 내에 국민소득 3천 달러를 달성할 수 있는 방대한 경제원조를 제공하겠다는 것이 핵심이었다. 이 밖에도 상호주의 원칙과는 달리 우리 사회에서 먼저 북한의 신문과 방송을 개방하고 방대한 인도적 지원을 약속하고 있다. 지금까지 매우 엄격한 상호주의를 주장하던 한나라당의 입장에서는 상당한 변화를 의미한다. 이러한 대북정책변화는, 이 변화를 주도한 정형근 한나라당 평화통일특위 위원장은 "앞서 한나라당의 대북 정책은 실질적으로 유연하지 못했다"는 점 때문이며 "북한을 개혁 개방으로 이끌어내는 것이 중요하다는 데 중점"을 둔 정책임을 주장했다. 그리고 "이것은 북한을 통일주체의 대상으로 인정하는 것"이라고 강조했다(≪노컷뉴스≫, 2007.7.4).

흥미 있게도 북핵문제는 제17대 대선 이후에 진보세력을 대변하는 민주노동당을 분화시키는 촉매가 되었다. 제17대 대선에서 진보진영을 대변하는 민주노동당은 71만 표(약 3%)를 득표했는데, 이는 2002년에 실시한 제16대 대선의 95만 표(약 4%)와 2004년에 실시한 제17대 총선에서 92만 표(약 4.3%)를 획득한 데 비하면 현저히 퇴보한 결과였다. 민주노동당의 각 정파는 이러한 결과를 패배로 규정하고 그 원인과 타개책을 모색하는 문제에서는 서로 일치했다. 그러나 이러한 패배의 원인과 타개책을 둘러싼 정파 간의 치열한 대립은 마침내 2008년 3월 분당으로 결말을 맺었다.

한나라당의 경우에서와 마찬가지로, 민주노동당의 분당 명분은 북핵문제를 둘러싼 대북정책의 방향에 있었다. 민주노동당은 대체로 과거에 민중혁명(PD)을 주장하던 '평등파'와 민족해방(NL)을 강조하는 '자주파' 등의 양대 정파로 구성되어 있었다. 민주노동당을 창건한 파벌은 평등파였지만, 정당의 발전과정에서 점차 자주파가 다수를 차지했다. 평등파는 당권을 장악한 자주파의 '종북주의(從北主義) 패권노선'이 제17대 대선 패배의 원인이라고 주장하는 데 반해, 자주파는 평등파의 이러한 주장이 당권을 장악하기 위한 정파적 전략으로밖에 받아들일 수 없다고 결론지어 당의 분열은 불가피하게 되었다.

종북주의 논쟁에서 북한 핵문제는 핵심적 논점 중 하나였다. 자주파를 대표하는 김창현 전 사무총장과 평등파를 대표하는 조승수 진보정치연구소장이 참여한 ≪한겨레신문≫ 대담에서 조 소장은, "종북파의 사고 때문에 가장 가까이 있었던 문제가 북한의 핵실험이었다. 당내 수많은 논란과 시민사회로부터 민주노동당 북핵에 대한 태도가 뭐냐는 질문에 명확히 입장을 밝히지 못했다. …… 심지어 담당부서에선 자위권, 핵 하나 더 있어야 된다고 해 정책위연구원에서 사과 받은 적도 있다"는 점을 지적했다. 이에 대해 자주파의 김 전 사무총장은, "북핵실험 사태가 야기된 것은 미국 책임이다. 미국은 북한을 핵무기로 위협해 왔다. …… 자위권 주장하는 일부 간부가 있었다는 데, 그것 북한 쪽에서 보면 자위권이라고 얘기했던 것으로 안다"고 반박했다(≪한겨레신문≫, 2007.12.31).

북한 핵문제를 둘러싼 자주파의 반박에 대해 평등파는 자주파의 행태에 훨씬 더 구체적이고 심각한 문제가 있다고 주장하고 있다. 단순히 북한의 입장을 원용했을 뿐이라는 자주파의 반박에 대해 조 소장은 "북핵문제가 났을 때 당내에서 심각한 논란 있었다. 이것 때문에 2006년 10월 20일 확간(확대간부회의)도 했다. 북한 추가 핵실험 반대주장이 있었는데, 이용대 정책위의장이 그것 북한을 압박하는 것이므로 안 된다고 했다"고 보다 자세하게 설명하고 있다. 평등파의 주장을 간추려 보면 민주노동당의 다수를 장악하고 있는 자주파는 무비판적으로 북한의 입장을 따르고 있다는 것이다. 그러므로 북한 핵문제와 같은 주요 정책 과제에서 남한 민중 다수의 의견과 유리하게 되고 결국 보통선거에서 패배를 자초하는 종북주의적 한계를 지니게 된다는 것이다. 더 바람직하지 않은 것은 자주파가 이러한 입장을 유지하고 계속 당을 장악하기 위해 "당내 선거 시에 당 활동과 무관한 친척, 부모를 입당"시키는 조직적이고 '패권주의적' 수단을 동원하고 있다는 것이다(≪한겨레신문≫, 2007.12.31).

민주노동당의 종북주의 문제에 대해 자주파의 입장은 다음 두 가지로 요약될 수 있다. 첫째로 북핵문제를 포함한 대북문제는 '자주(自主)'라는 핵심 가치에 관한 것이므로 양보할 수 없다는 것이다. 북핵문제의 보다 큰 당사자는 미국의 한반도 정책이므로 이와 분리하여 북한의 핵개발만을 문제로 삼는 것은 반공수구 이데올로기적 '조선일보, 조갑제 논리'라는 주장이다(≪한겨레신문≫, 2007.12.31). 예컨대 종북주의 행태로 지적된 일심회의 간첩행위 문제에 대해서도, 비록 대법원의 유죄판결이 있었다 하나 그 유죄의 근거가 「국가보안법」이고 이 법은 인정할 수 없으므로, 유죄에 동의할 수 없다는 주장이다.

둘째로 평등파의 종북주의 문제 제기는 평등파가 지배하는 정당을 새로 만들기 위한 정치적 명분에 불과하다는 것이다. 자주파의 설명에 따르면 북한의 입장을 무조건 추종하는 종북주의와 같은 현상을 있을 수 없고 당내 어떤 정파도 이러한 현상과 합치한 바가 없다는 것이다. 평등파의 문제 제기는 대선의 패배를 자주파의 특정한 입장과 연계시키고 "상대 세력을 이 기회에 무력화시키겠다는, 척결의 기회로 삼겠다는 얄팍한 심사"이다(≪한겨레신문≫, 2007.12.31). 박승호의 주장에 따르면, 자주파는 자신들이 주도했던 대선의 패배를 인정하여 평등파가 주도하는 비상대책회의 구성에 동의했으나, 평등파는 '자주, 즉 민족문제'를 배제하고 당헌 개정과 당내 민주주의를 훼손하는 '정파 등록제에 의한 비례대표 선출'을 추구하고 있다는 것이다(≪오마이뉴스≫, 2008.2.1). 이보다 더 실망스러운 일은 이러한 비상대책위원회의 제안들이 문제를 당내에서 진지하게 토의해보려는 것이라기보다 민주노동당을 탈퇴하고 이미 추진되고 있는 새로운 정당에 참여하려는 명분을 축적하기 위함이라는 것이 그의 견해이다.

북핵문제를 둘러싼 한나라당과 민주노동당의 분화는 당내 권력투쟁이 북핵과 연계되었다는 점에서 <그림 8-3>의 B영역이라고 할 수 있다. 물론 정당의 분화에 영향을 미치는 변수는 매우 다양하고 복잡하므로 단순히 북핵문제만이 가장 결정적 요인이라고 말할 수는 없다. 그러나 정치적 명분으로 북핵문제가 강조되었다는 사실은 북핵문제와 국내 권력투쟁의 연계 정도가 얼마나 중요한지를 잘 보여준다. 흥미있는 것은 민주노동당을 장악하고 있는 자주파는 지속적으로 냉전체제의 존재를 강조하면서 논의의 영역을 B에서 A로 옮기려 시도하고 있다. 그러나 평등파는 이미 이러한 논의의 확대를 차단하고 제도적 해결책으로 옮겨가고 있는 중이다.

좌우의 정당들에서 관찰되는 분화는 중도적 민주연합이 추구하는 햇볕정책의 퇴조와 맞물려 있음이 분명하다. 사실상 국민의 정부에서 참여정부에 이르는 기간 동안 햇볕정책으로 통칭되는 대북포용정책은 대북 관계를 주도하는 헤게모니를 유지하고 있었다. 기본적으로 과거 50여 년간 군사독재정권들이 유지해왔던 강풍정책이 독재 유지를 위한 정치적 동원이며 대북 관계 개선에 악영향을 미쳤다는 반성도 일반화되었다. 따라서 김대중 정부에서 추진한 햇볕정책이 남북정상회담과 금강산 관광, 개성공단 개발을 비롯한 다양한 대북 관계 개선을 조성했기 때문에 다수의 국민은 여전히 햇볕정책적 기조를 지지했다. 예컨대 2007년 6월 23일에 실시한 한국갤럽의 여론조사에서는 응답자 중 87.3%가 햇볕정책을 부분적으로 수정해서라도 계속 추진해야 한다고 답변하고 있다. 반면에 이 정책을 전면 중단해야 한다는 주장은 10.0%에 불과했다.

그러나 북핵문제로 대변되는 북한의 공세적 한반도전략은 '햇볕정

〈표 8-5〉 주요 정당의 북한 핵문제 대응 방안(2008.3. 현재)

주요 정당	자유선진당	한나라당	통합민주당	진보신당	민주노동당
주요 인물	이회창	이명박	손학규	심상정	권영길
비핵화 논의 대상	북한핵	북한핵	북한핵	북한핵/ 주한미군핵	북한핵/ 주한미군핵
북한핵 보유 원인	햇볕정책	햇볕정책	북한의 생존전략	북한의 생존전략	주한미군의 핵무기
비핵화의 주요 수단	엄격한 상호주의	상호주의 (인도적 지원예외)	다자간 안보협력체제	남북한 평화협정	북미 핵무기 동시 폐기
단기 처방	대북 교류의 즉각 중단	인도적 지원 외 교류 중단	6자회담과 교류 강화	남북 교류 강화	한반도 냉전구조 청산
장기 목표	강소국연방제	비핵·개방·3000	한반도 평화체제 구축	한반도 평화경제론	코리아연방 공화국

자료: 각당 후보의 대선 공약집, TV 토론 및 기타 자료에서 취합.

책'에 심각한 대중적 피로를 불러일으킨 것으로 관측된다. 햇볕정책의 주창자들은 이 정책을 통해 북한이 점진적 개방될 수 있으리라는 희망을 선도했다. 그러나 가장 두드러진 안보 문제인 북핵문제의 전개는 이미 북한 체제에서 발생한 다양한 개방적 조치를 압도하고 햇볕론자들의 희망에 의문을 던지기에 충분했다. 이러한 의문은 각 정파별로 대중적 지지를 획득하기 위한 이데올로기적 제안들을 백출하게 하여 햇볕정책의 수혜자였던 민주연합에 대한 지지를 분산시켰다. 제17대 대통령 선거의 과정과 결과는 이러한 의문들이 민주연합을 어떻게 붕괴로 이끌었으며 수구연합이 어떻게 이를 정권 획득에 활용했는지를 잘 보여주고 있다.

<표 8-5>는 이러한 흐름을 기초로 제17대 대선에서 관찰되었던 각 정파들의 북핵 관련 태도들을 요약한 것이다. 이 태도는 각각의

이데올로기적 지평을 따라 극우에서 극좌에 이르기까지 넓게 포진되고 있다. 북핵문제에서 가장 강경한 정파는 이회창이 이끄는 자유선진당이며 가장 동조적 정파는 권영길이 이끄는 민주노동당이고 이명박의 한나라당이나 손학규의 통합민주당, 그리고 심상정의 진보신당은 보다 중도적이라고 할 수 있다. 이들은 한반도 비핵화의 대상에서 크게 차별화된다. 진보적 정파들이 한반도비핵화를 문자 그대로 북한과 미국의 핵을 동시에 철거하는 것으로 해석하는 데 반하여, 보수적인 정파들은 북한핵의 철거가 논의의 대상이라고 주장하고 있다.

북한핵 관련 논점 중 북한의 핵보유 원인에 대한 주장이 가장 정치화되어 있다고 볼 수 있다. 자유선진당이나 한나라당은 햇볕정책 특히 대북송금이나 금강산관광 등 북한에 대한 재정적 지원책이 북한으로 하여금 핵을 개발할 수 있게 만든 재정적 원천이라고 주장한다. 그러나 북한 핵위기 자체가 햇볕정책이 시작된 1998년 이전부터 전개되었다는 점을 고려할 때 이 주장은 근거가 희박하다. 비핵화의 수단에 대해서는 피차간 보다 심각한 논리적 딜레마가 존재한다. 상호주의를 내세우며 북핵폐기를 대북지원과 연계시키자는 수구적 정파들의 주장은 북핵위기가 남측의 경제적 지원과 상관없이 시작했었다는 점을 간과하고 있다. 반면에 진보적 정파들이 견지하는 대북교류의 지속은 지난 10여 년간의 교류가 적어도 북핵문제에 관해서 만큼은 진전을 가져오지 못했다는 지적을 피하기 어렵다.

2007년의 대통령선거에서 수구파가 승리했므로 '남남갈등'의 빈도가 줄어들 가능성은 커졌고 <표 8-4>의 언론보도 분석자료를 보면 실제로 줄어들고 있다. 이미 다양한 측면에서 지적한 바처럼, 이 용어는 수구연합이 정권교체를 달성하기 위해 사용한 측면이 매우 강하기 때문이다. 그러나 남남갈등의 근본적 성격이 변화할 것으로 보이지는 않는다. 아직도 국민 내부에서 이데올로기적 성향의 차이는 매우 크고 이를 활용하려는 정치세력들이 온존해 있기 때문이다.

6. 남남갈등의 해소책: 결론을 대신하여

앞에서 검토한 바에 따르면, 북한 핵문제는 대북문제 나아가서 한반도평화문제라는 포괄적 문제의 한 부분이었음이 밝혀지고 있다. 또한 북한 핵문제는 국내 권력투쟁, 신냉전체제의 성립과 더불어 한국사회 내에서 남남갈등을 증폭시킨 중요한 요인임이 밝혀지고 있다. 어떤 사회의 내부 갈등은 거의 어떤 사회에서 언제나 존재하기 때문에 특정한 시점에 발생한 북한 핵문제가 남남갈등의 근본적 요인이라고는 할 수 없다. 그러나 많은 기존 연구와 언론보도의 빈도수 분석을 통해 검토해본 바로 북한 핵문제는 여타 독립변수들과 밀접한 상관관계를 가지며 서로 영향을 미친다는 사실이 발견되고 있다.

이 연구에서 발견한 바를 요약하면 다음과 같다. 첫째로 남남갈등은 국내 권력투쟁, 즉 지배연합의 구성을 둘러싼 각종 세력들의 경쟁과 갈등이라는 점이다. 이것은 지배권을 다투는 수구연합과 민주연합 사이에서뿐만 아니라, 수구연합과 진보진영의 각종 정파들 사이에서도 심각한 양상으로 전개되었다. 둘째로 북핵문제가 햇볕정책에의 피로감이라는 형태로 남남갈등을 악화시키고 있었다. 현재도 전반적인 여론은 햇볕정책의 기조를 지지하지만 안보적 의제에서 북한의 강경한 태도는 여타의 성과를 퇴색시키기에 충분했다. 셋째로 이제 권력투쟁을 진행하는 각종 정파들이 이 북핵문제를 남남갈등의 명분으로 확장하고 있다는 점이다. 언론보도의 내용분석 결과를 보면 남남갈등의 용어 사용 빈도는 줄어들고 있지만, 도리어 이데올로기적으로 유사한 정파 간의 권력투쟁에서 이 의제가 차지하는 비중이 더욱 커졌다는 사실로 이를 잘 알 수 있다.

북핵문제가 국내의 권력투쟁 및 신냉전체제와 긴밀히 연관되어 있는 이상 이들이 유발하는 남남갈등의 해소책도 이 변수들이 통제하는 방안이라고 말할 수 있다. 이미 <표 8-1>에서 이러한 갈등 해소책들이 정리된 바 있다. 이 해소책들은 근본적으로 어떤 특정한 변수들을 통제하는 방법에 대해 논의이다. 따라서 분석의 방향에 따라 매우 다양한 제안이 가능하다. 그러나 이 해소책의 목록에서 다음과 같은 몇 가지 합의가 발견된다.

첫째는 이데올로기적 관용의 일상화, 즉 서로 다른 견해에 대한 인정이다. 과거에는 북한조차 포용하자는 입장을 가진 사람들이 극소수였으나 여러 가지 이유로 이러한 세력이 증대되었을 뿐 아니라 실제로 정권을 장악했다. 이러한 현실을 인정하지 않고 이러한 견해를 빌미삼아 반역적 세력으로 간주하는 태도는 지극히 편협한 것이다. 동시에 아직도 반공주의적 태도만이 공동체적 번영과 일치성을 유지하는 길이라고 믿고 있는 세력의 존재를 인정하는 것도 중요하다. 이들이 우리 공동체의 미래를 가로막는 장애물이라고만 생각해서는 안 된다. 인류의 역사를 보면 이와 같은 견해의 교차는 늘 있었다. 이러한 이데올로기적 차이를 인정하지 않고 이러한 차이로 상대방 존재의 부정까지 추구하는 극단적 태도들이 권력지상주의적 후유증을 남기고 있다.

둘째는 북핵문제와 권력투쟁의 분리, 즉 민주적 절차에 대한 인정이다. 정권의 획득이나 상실, 혹은 특정한 정책의 실천은 이념의 문제와 상관없이 일어날 수 있다. 예컨대 북한 핵문제를 정권탈환의 이데올로기적 수단으로 사용한 정권이라고 해도 이전의 정권과 마찬가지로 대북포용정책을 사용하지 않을 수 없는 상황에 봉착할 수 있다. 마치 부시 행정부가 북한 정부에 대해 사용할 마땅한 현실적 대안이 없어서 방황하는 것과 같다. 중요한 것은 정당한 절차를 따라 구성된 정부에 승복하는 것이다. 불행하게도 이미 한국의 보수세력은 심각한 원죄를 지게 되었다. 합의된 절차에 따라 구성된 정부에게 승복하지 않았다는 점이다(이도형, 2003). 이로 인하여 권력을 장악했다 할지라도 이전의 군사독재정부와는 다른 형태의 심각한 저항과 갈등에 봉착할 위험을 안고 있는 것이다.

셋째는 신냉전체제를 극복하는 방안의 개발이다. 통제불가능의 외부 변수에 의해 국내정치가 좌우되는 상황을 막고 외부 변수에 대한 우리의 영향력을 최대한 확보하자는 제안이다. 실로 가장 어려운 제안이다. 좀 비관적으로 말하자면 한국과 같은 중소국가에게 국제체제의 연계적 인과관계 방향은 거의 언제나 내부지향적(inward)이다. 햇볕정책이나 균형자론은 이러한 문제의식에서 출발한 것이었지만 현재까지 그다지 성공적인 결과를 보여주지 못하고 있다. 이것은 단지 한국의 역량이 부족해서라기보다 외부 변수에 영향을 미칠 수 있는 역량이 결집되지 못했기 때문이다. 그리고 이 역량 결집이 실패한 이유는 남남갈등 때문일 것이다. 바로 이 점에서 매우 패배주의적인 순환론에 직면하게 된다.

진실을 담대하게 말할 수 있는 역량은 어느 사회에서나 가장 소중한 자원이다. 바로 이러한 역량이 역사구조의 과중한 부담으로 초래되는 패배주의를 극복하고 새로운 역사를 여는 기초이기 때문이다. 북핵의 원인과 대책을 논의하는 부분에서 각자의 가치관에 따른 다양성이 없는 것은 아니다. 그러나 어느 경우에든지 객관적 진실에 대한 신뢰와 탐구는 있어야 한다. 방법론적 상대주의는 보다 더 객관적인 진실을 찾기 위한 수단이다. 그럼에도 불구하고 정치적 목적을 위해 현실을 왜곡하는 일이 북핵문제와 같은 민감한 주제에서는 흔히 발생하고 있다. 그리고 이러한 왜곡들이 공동체 내 의견 수렴을 어렵게 만들고 있다.

적어도 북한 핵문제의 경우 현재 한국인들에게는 네 가지 길이 놓여 있다. 하나는 각자 서로 다른 견해를 끝없이 주장하면서 지리한 공방전을 지속해 공동체의 역동성을 낭비하는 길이다. 아마 아무도 원치 않을 것이다. 다른 하나는 어느 한 쪽이 다른 한 쪽의 견해를 완전히 압도해 최소한 다수 국민 사이에서의 논의 자체가 종식되는 길이다. 현재에도 다수의 이데올로기 신봉자들이 꿈꾸고 있는 바일 것이다. 그 다음의 길은 이러한 선택을 강요하는 구조 자체가 소멸하는 길이다. 예컨대 분단의 종식과 같은 상황이 발생할 경우에 가능하다. 마지막 남은 길은 남을 압도하거나 압도당함이 없이, 지리한 공방으로 과도한 비용을 지불할 필요가 없이, 피차의 의견 차이에 관용으로 대하고 우리의 관심을 본래의 목적인 공동체의 복지증진에 돌리는 길이다.

첫째 방안은 현재 진행 중이므로 특별히 선택할 필요가 없다. 둘째 방안을 놓고 각 세력들은 치열하게 경쟁하고 있는 중이다. 어느 쪽이 성공할지는 현재 알 수가 없다. 셋째 방안도 긴 시각으로 볼 때 충분히 가능하다. 우리가 주체로 나서지 않더라도 분단 상황의 종식 혹은 한반도 내의 적대감의 해소는 다양한 형태로 가능하기 때문이다. 그러나 우리가 적어도 역사의 주체로서 공동체적 발전에 참여하려면 마땅히 네 번째의 길을 선택해야 할 것으로 본다.

참고문헌

강원택. 2004.「남남갈등의 이념적 특성에 대한 경험적 분석」. 경남대극동문제연구소, 『남남갈등: 진단 및 해소방안』. 서울: 경남대학교 출판부. 55~97쪽.

경남대 극동문제연구소 편. 2004.『남남갈등: 진단 및 해소방안』. 서울: 경남대학교 출판부.

김갑식. 2007.「한국사회 남남갈등: 기원, 전개과정 그리고 특성」. ≪한국과 국제정치≫, 23권 2호(여름), 31~59쪽.

김동률. 2005.「가차저널리즘(gotcha journalism), 탐색적 연구: 노무현정부 출범 이후 정치보도를 중심으로」. ≪한국언론정보학보≫, 29호(여름) 43~71쪽.

김병로. 2003.「남남갈등 해소를 위한 정부의 대북정책 방향」. ≪통일정책연구≫, 12권 2호(겨울), 111~140쪽.

김재기. 2003.「6·15 공동선언 3년의 성과와 참여정부의 과제」. ≪한국동북아논총≫, 27, 73~98쪽.

김재한. 2006.「남남갈등과 대북 강온정책」. ≪국제정치연구≫, 9집 2호, 119쪽.

김종갑. 2003.「햇볕정책의 정치적 의미와 남남갈등의 극복방안」. ≪통일정책연구≫, 12권 2호(겨울), 41~58쪽.

남궁곤, 2003.「햇볕정책의 일관성과 여론 분열에 관한 실증적 연구」. ≪한국과 국제정치≫, 19, 123~154쪽.

남궁영. 2004.「김대중 정부의 대북정책에 대한 비판적 해석: 남남갈등의 쟁점을 중심으로」. ≪국제정치연구≫, 7집 2호, 25~43쪽.

박홍원. 2001.「시선 끌기 위해 국론분열로 과장/남남갈등 보도의 정치적 의미」. ≪저널리즘비평≫, 32, 62~66쪽.

백종국. 2003.「한국 내 보혁갈등의 성격과 해소 방안에 대해: 참여정부의 등장을 중심으로」.『갈등, 그 화해의 길』. 제20회 기독학문학회(2003. 11. 8.), 20~31쪽.

_____. 2006.「한국의 민주적 공고화의 현실과 과제: 노무현 정부를 중심으로」. ≪동북아연구≫, 11권, 75~99쪽.

손호철. 2004.「남남갈등의 기원과 전개과정」. 경남대극동문제연구소.『남남갈등 진단 및 해소방안』, 11~53쪽.

오일환. 2003.「남북정상회담 이후 북한의 대남 전술의 특징과 대응책」. ≪국제정치논총≫, 43, 255~273쪽.

유영옥. 2003.「남남이념갈등 극복을 위한 연구」. ≪한국동북아논총≫, 27, 99~129쪽.

이도형. 2003.「한국에 '이념'이 어디 있나 선·악의 대결뿐이지」. kforum.co.kr/bbs/

view. php?id=all&no=115.
이우영. 2004. 「북한관과 남남갈등: 여론조사와 신문기사를 중심으로」. 경남대극동문제연구소. 『남남갈등 진단 및 해소방안』, 101~131쪽.
이정희. 2002. 「통일관련 사회단체의 이념적 차별성 연구: 남북관계와 대북정책의 인식을 중심으로」. ≪국제정치논총≫, 42, 117~149쪽.
이한우. 2003. 「남남갈등을 넘어」. ≪통일정책연구≫, 12권 2호(겨울), 93~110쪽.
임혁백. 2004. 「평화통일정책과 남남갈등의 극복」. 경남대극동문제연구소 『남남갈등 진단 및 해소방안』, 285~334쪽.
조민. 2003. 「통일정책과 국민통합: 보혁갈등을 넘어」. ≪통일정책연구≫, 12권 2호(겨울), 1~40쪽.
최용섭. 2001. 「한국의 정당과 사회 제집단의 북한, 통일관: 남남갈등을 중심으로」. ≪한국동북아논총≫, 20, 65~85쪽.

Gourevitch, Peter. 1986. *Politics in Hard Times*. New York: Cornell University Press.
Huckfeldt, Robert, Kenichi Ikeda and Franz Urban Pappi. 2005. "Patterns of Disagreement in Democratic Politics: Comparaing Germany, Japan, and the United States." *American Journal of Political Science*. Vol. 49, No. 3 (July): 497~514.
Leebron, David W. 2002. "Linkages." *American Journal of International Law*. Vol. 96, No. 1 (January): 5~27.
Putnam, Robert. 1993. *Double-edged Diplomacy*. Berkeley: University of California Press.
Rosenau, James. 1969. *Linkage Politics*. New York: Free Press.
Waltz, Kenneth. 1959. *Man, the State, and War*. New York: Columbia University Press.

지은이 (가나다순)

김준석

미국 시카고 대학교 정치학 박사

현재 가톨릭대학교 국제학부 교수

주요 저서 및 논문: 「연방적 국가의 탄생」, 「규범권력과 유럽연합」 외 다수

김흥규

미국 미시간 대학교 앤아버캠퍼스 정치학 박사

현재 외교안보연구원 교수

주요 저서 및 논문: 『중국의 정책결정과 중앙-지방관계』, 「중국의 정책결정과 민주집중제」, 「중국의 대한반도 정책결정과정」 외 다수

백종국

미국 로스앤젤레스 캘리포니아 대학교(UCLA) 정치학 박사

현재 경상대학교 정치행정학부 교수

주요 저서 및 논문: 『경제민주화의 정치경제』, 『멕시코혁명사』, 「한국의 민주적 공고화의 현실과 과제: 노무현 정부를 중심으로」 외 다수

신성호

미 외교문제연구소(IFPA) 연구원, 미 아태전략연구소(APCSS) 연구교수 역임

현재 서울대학교 국제대학원 교수

주요 저서 및 논문: 「Strategic Thought toward Asia in the Roh Moo-hyun Era」(2008, *SouthKorean Strategic Thought toward Asia*), 「한국의 국가안보전략에 대한 소고: 참여정부의 평화번영정책」 외 다수

이근욱

미국 하버드 대학교 정치학 박사

현재 서강대학교 정치외교학과 교수

주요 저서 및 논문: 「A Phantom Menace」(Winter 2006, *Korean Journal of Defense Analysis*), 「북한 핵전력 지휘-통제체제에 대한 예측」 외 다수

전재성

미국 노스웨스턴 대학교 정치학 박사

현재 서울대학교 외교학과 교수

주요 저서 및 논문: 「1960년대와 1970년대 세계적 데땅뜨의 내부구조」, 「라인홀드 니이버의 기독교적 현실주의 국제정치사상」 외 다수

조동준

미국 펜실베이니아 주립대학교 정치학 박사

현재 서울시립대학교 국제관계학과 교수

주요 저서 및 논문: 「'자주'의 자가당착」, 「Determinants of Nuclear Weapons Proliferation」(2007, 공저, *Journal of Conflict Resolution*) 외 다수

황지환

미국 콜로라도 대학교 볼더캠퍼스 국제정치학 박사

현재 명지대학교 북한학과 교수

주요 저서 및 논문: 「The Second Nuclear Crisis and U.S. Foreign Policy」, 「전망이론을 통해 본 북한의 핵 정책 변화: 제1, 2차 북한 핵 위기의 분석」 외 다수

한울아카데미 1082

한반도평화연구원총서 1

북핵문제와 한반도 평화정착

엮은이 | 윤영관·신성호
지은이 | 김준석·김흥규·백종국·신성호·이근욱·전재성·조동준·황지환
펴낸이 | 김종수
펴낸곳 | 도서출판 한울

편집책임 | 이교혜

초판 1쇄 인쇄 | 2008년 11월 25일
초판 2쇄 발행 | 2009년 9월 15일

주소 | 413-832 파주시 교하읍 문발리 507-2(본사)
121-801 서울시 마포구 공덕동 105-90 서울빌딩 3층(서울 사무소)
전화 | 영업 02-326-0095, 편집 02-336-6183
팩스 | 02-333-7543
홈페이지 | www.hanulbooks.co.kr
등록 | 1980년 3월 13일, 제406-2003-051호

Printed in Korea.
ISBN 978-89-460-5082-2 93340(양장)
ISBN 978-89-460-4143-1 93340(학생판)

* 가격은 겉표지에 있습니다.
* 이 도서는 강의를 위한 학생판 교재를 따로 마련하였습니다.
강의 교재로 사용하실 때에는 본사로 연락해 주십시오.